Eva Wlodarek

Go!

Eva Wlodarek

# Go!

## Mehr Selbstsicherheit gewinnen

Krüger Verlag
Frankfurt am Main

Originalausgabe

Satz: Pinkuin Satz und Datentechnik, Berlin
Druck und Einband: Clausen & Bosse, Leck
Printed in Germany 2002
ISBN 3-8105-2344-5

# Inhalt

# Vorwort

Auf der Straße hielt ein Rundfunkreporter Passanten sein Mikrophon unter die Nase. Im Lotto hatte sich ein Jackpot von 17 Millionen Euro angesammelt, und er wollte wissen: »Was würden Sie mit so viel Geld machen?« Die Antworten kamen meist wie aus der Pistole geschossen: Villa im Grünen. Weltreise. Nie wieder arbeiten. Spende an die Krebshilfe.

Ein nettes Phantasiespiel, aber leider ohne Folgen. Die Chancen, tatsächlich sechs Richtige im Lotto zu tippen, stehen 1:14 Millionen. Im Gegensatz dazu möchte ich Sie hier zu einer anderen Phantasie anregen, die, sobald Sie sie in die Realität umsetzen, einen großen Gewinn verspricht:

Was würden Sie tun, wenn Sie wirklich selbstsicher wären?

Hier einige Kostproben meiner privaten Umfrage: »Ich verlange mehr Geld für meine Arbeit.« »Ich fahre allein in Urlaub.« »Ich sage meiner Mutter klipp und klar, dass ich Weihnachten diesmal nicht bei ihr verbringe.« »Ich reiße im Büro keine einzige Überstunde mehr ab.« »Ich ziehe endlich einen Schlußstrich und trenne mich von meinem Mann.«

So weit einige Stimmen aus meinem Freundes- und Kollegenkreis. Und was fällt Ihnen zu der Frage ein? Ich bin sicher, was immer Ihnen durch den Kopf geht, berührt einen wunden oder zumindest schwachen Punkt in Ihrem Leben. Vielleicht fällt es Ihnen schwer, Nein zu sagen und Grenzen zu setzen.

Oder Sie fühlen sich unwohl, sobald Sie sich in ungewohnter Umgebung befinden. Sie haben Angst davor, Ihre stressige Arbeit aufzugeben und sich etwas Neues zu suchen oder sich aus einer lieblosen Beziehung zu lösen.

Möglicherweise sind es aber auch weniger existenzielle Dinge als vielmehr kleine nagende Ärgernisse und lästige Hemmungen: Ihnen fehlen die passenden Worte, wenn ein Kollege Sie kritisiert. Sobald Sie vor mehr als fünf Leuten sprechen, bekommen Sie feuchte Hände. Sie genieren sich, mit ein paar Pfund Übergewicht ins Schwimmbad zu gehen.

Wie auch immer, mit mehr Selbstsicherheit könnten Sie diese großen und kleinen Probleme angehen und in den meisten Fällen auch lösen. Das wissen Sie gewiss längst. Nur: Wie schaffen Sie es, selbstsicherer zu werden? Im Gegensatz zum Lottogewinn stehen die Chancen dafür ausgesprochen gut. Allerdings unter der Voraussetzung, dass Sie genau wissen, was Sie tun müssen.

Mit diesem Buch möchte ich Ihnen das beste Wissen für mehr Selbstsicherheit vermitteln, das ich im Laufe von 25 Jahren psychologischer Praxis gesammelt habe. Das Besondere daran ist, dass es sich um ein »Rundumpaket« handelt: Sie erhalten psychologische Informationen und praktische Techniken für die Bereiche Denken, Handeln, Sprechen, Auftreten und Sichwehren.

Sie können es als komplettes Programm anwenden und von Anfang bis Ende durchgehen. Dazu ist es Schritt für Schritt aufgebaut. Ebenso gut lässt es sich als Handbuch nutzen, weil jeder Teil in sich abgeschlossen ist. In dem Fall suchen Sie sich einfach den Bereich heraus, der Sie am meisten interessiert oder der gerade in Ihrem Leben aktuell ist.

Schon das Lesen wird Ihnen Schwung und neue Ideen geben. Doch den größten Gewinn haben Sie, wenn Sie mit dem

Buch arbeiten. Durch bloße Lektüre ist schließlich noch niemand zum Millionär geworden, hat sternverdächtig gekocht oder eine Topkarriere gestartet. Das verlangt Praxis. Auch Selbstsicherheit gewinnen Sie, indem Sie Ihr Know-how konsequent umsetzen.

Ich verspreche Ihnen: Das werden aufregende und wunderbare Zeiten. Mehr Selbstsicherheit erlangen Sie nämlich nicht erst am Ende des Weges, sondern schon mit dem ersten Schritt. Sie merken bald, wie sich Ihr Leben positiv verändert: Plötzlich sind Sie für andere Menschen anziehender. Im Beruf traut man Ihnen mehr zu. Sie erhalten Respekt von Frauen und Männern. Neue Möglichkeiten erschließen sich Ihnen.

Natürlich schreiten Sie nicht immer nur lächelnd von Sieg zu Sieg. Manchmal werden Sie bei Ihrem Training für mehr Selbstsicherheit auch auf die Nase fallen. Das macht nichts. Dann hat Sie hoffentlich die Lust an der Veränderung schon so gepackt, dass Sie aufstehen, sich den Staub von den Knien klopfen und weitermachen. Kritisieren Sie sich nicht, geben Sie nicht auf. Es lohnt sich, das verspreche ich Ihnen. Denn Ihr Bemühen um mehr Selbstsicherheit führt Sie zu dem einmaligen Menschen, der Sie wirklich sind und den Sie ab heute nicht länger vor anderen verstecken sollten.

## Mehr Selbstsicherheit bitte!

Lisa war ein extrem schüchternes Kind. Wenn Besuch an der Haustür klingelte, versteckte sie sich ängstlich hinter ihrer Mutter. Im Kindergarten spielte sie meist allein im Sandkasten, und in ihrem Grundschulzeugnis stand regelmäßig: »Lisa muss sich mehr beteiligen.« Mit zwanzig fiel es ihr schwer, auf andere Leute zuzugehen, besonders auf Männer. Sie bemühte sich, in der Öffentlichkeit möglichst wenig aufzufallen, und kleidete sich für ihr Alter zu gediegen. Sie war eindeutig ein Fall für mehr Selbstsicherheit.

Verzeihen Sie mir, aber diese Lebensgeschichte ist frei erfunden. Die Wahrheit, so wie Lisa sie mir während eines Coachings erzählt hat, ist: Wenn Besuch kam, lief sie meist als Erste zur Tür. Ihrer Mutter war es ziemlich peinlich, dass sie in jungen Jahren die Gäste auch schon mal direkt fragte: »Hast du mir etwas mitgebracht?« Im Kindergarten war sie meist mitten in einem Pulk rangelnder Zwerge zu finden, und in der Schule führte sie das große Wort – was ihren Noten nicht unbedingt gut bekam. Kaum zur Ausbildung von zu Hause fort, kaufte sie sich erst einmal eine figurbetonte Garderobe. Den Jungens fielen die Augen aus dem Kopf. Trotzdem war Lisa ein Fall für mehr Selbstsicherheit.

Warum ich Ihnen zu Anfang eine erfundene Geschichte erzählt habe? Um darauf aufmerksam zu machen, dass Frauen, die mehr Selbstbewusstsein haben möchten, nicht unbedingt verhuschte Mäuschen sind. Mangelndes Selbstbewusstsein verbinden wir immer noch gerne mit Rotwerden und bescheidenem Auftreten. Tatsächlich aber sind die Zeiten, in denen aus braven kleinen Mädchen zurückhaltende Frauen werden, längst vorbei. Im Vergleich zu unseren Großmüttern und Müttern haben wir schon eine Menge an innerer und äußerer Freiheit gewonnen. Das zeigt sich besonders, wenn sie uns berichten, wie es früher war.

Im »Hamburger Abendblatt« wurde kürzlich eine 76-jährige Hanseatin interviewt. Sie sprach davon, dass sie in eine »Welt des Hinnehmens und Gehorchens« hineingeboren wurde. »Keiner kam je auf die Idee, uns nach unseren Wünschen und Träumen zu fragen. Wir wurden vor vollendete Tatsachen gestellt und hatten uns zu freuen.«[1]

## Selbstsicherheit erwünscht

Doch auch wenn wir uns nicht mehr ängstlich anpassen, ist das Thema Selbstsicherheit für uns keineswegs überholt. Wie aktuell es immer noch ist, belegt eine repräsentative Umfrage des Allensbacher Instituts für Demoskopie, die im Oktober 2000 für Always durchgeführt wurde. Sie ergab, dass zwei Drittel aller Frauen Selbstsicherheit für ein erstrebenswertes Ziel halten.[2]

Dieses Ergebnis erstaunt mich nicht, sondern deckt sich mit den Erfahrungen aus meiner psychologischen Praxis. Mangelndes Selbstbewusstsein spielt weiterhin eine Rolle, nur hat sich die Form gewandelt, in der es erscheint. In Seminaren und Coachings habe ich viele Frauen kennen gelernt, bei denen von außen garantiert keiner vermutet hätte, dass sie Probleme mit ihrem Selbstwertgefühl haben. Sie sind tüchtig im Job und machen Karriere. Sie schmeißen den Haushalt und ziehen Kinder groß. Sie flirten mit einem Mann, der ihnen gefällt, plaudern auf der Party locker mit Unbekannten und fahren allein in Urlaub. Doch innen sieht es oft anders aus.

### *Heimlich unsicher: das »Scharlatan-Syndrom«*

Manche Frauen verhalten sich souverän, sind aber voller Selbstzweifel. Ihnen fehlt grundlegend das Vertrauen zu sich selbst. Sie leiden unter dem »Scharlatan-Syndrom«. Den Begriff finden Sie übrigens in keinem psychologischen Lehrbuch. Ich habe ihn geprägt, weil sich dieses tief sitzende Minderwertigkeitsgefühl oft in der Aussage zeigt: »Wenn die anderen wüssten, wie ich wirklich bin ...« Dann, so glauben sie, gäbe es beruflich oder privat eine Katastrophe. Weil sie in jungen Jahren zu wenig unterstützt wurden, zweifeln viele Frauen ohne Grund zutiefst an sich. Was immer sie bisher in ihrem Leben erreicht haben – und das ist meist ganz beachtlich –, führen sie auf glückliche Zufälle und das Wohlwollen ihrer Umgebung zurück. Oder auf ihre schauspielerischen Fähigkeiten. Sie sind davon überzeugt, dass sie wie ein Scharlatan ihre Souveränität nur vortäuschen, und glauben nicht, dass sie wirklich gut sind.

### *Unsicher nur in bestimmten Situationen*

Andere kennen im Prinzip durchaus ihren Wert und lassen sich normalerweise nicht die Butter vom Brot nehmen. Trotzdem gibt es für sie Situationen, in denen ihr Selbstbewusstsein wie weggeblasen ist. Etwa wenn sie es mit Autoritäten zu tun haben, wenn sie kritisiert werden, sich dem Partner oder den Eltern gegenüber behaupten müssen.

»Bei älteren Herren vom Typ pensionierter Bankdirektor werde ich automatisch zum wohlerzogenen jungen Mädchen«, erzählte mir eine gestandene Geschäftsfrau. »Das geht sogar so weit, dass ich vorgebe, klassische Musik und Barockmalerei zu lieben, falls das gut ankommt. Mich nervt mein Verhalten, aber ich kann es einfach nicht abstellen.« Eine kreative, sensible Werbetexterin beklagte sich: »Ich reagiere sofort auf Kritik, ob sie berechtigt ist oder nicht. Entweder bin ich am Boden zerstört, oder ich verteidige mich heftig. Meine Freundin sagt immer zu mir: ›Zieh dir doch nicht jeden Schuh an.‹ Ich weiß nicht, wie ich das ändern kann.« Solche Minderwertigkeitsgefühle überfallen die Betroffenen meist ohne Vorwarnung. Sobald das passende Knöpfchen gedrückt wird, ist es schlagartig aus mit der Selbstsicherheit.

### *Unsicher, weil wir Frauen sind*

Denken Sie jetzt bitte nicht: »Na ja, die haben halt ein persönliches Problem mit ihrer Selbstsicherheit.« Wir alle weisen auf diesem Gebiet Defizite auf, allein deshalb, weil wir Frauen sind. Damit stimme ich kein emanzipatorisches Klagelied an, sondern nenne ganz nüchtern Tatsachen: Unsere Erziehung führt weit weniger als bei Männern dazu, unser Selbstbewusstsein zu stärken.

In den USA wurden zu dem Thema gerade fast 200 Studien verschiedener Forschungsinstitute ausgewertet. Heraus kam, dass in 83 Prozent dieser Befragungen Frauen ein schlechteres Selbstwertgefühl bewiesen als Männer. Besonders auffällig ist dabei, dass sich an diesen Zahlen in den letzten 20 Jahren kaum etwas geändert hat.

Egal wie attraktiv, klug und tüchtig wir sind, wir haben von Kindesbeinen an verinnerlicht, dass es nicht ausreicht. Wir müssen uns immer noch mehr anstrengen, bevor wir uns endlich irgendwann einmal auf unseren Lorbeeren ausruhen dürfen. Dieser Perfektionismus ist typisch weiblich und oft hausgemacht. Wir hängen unsere Ziele so hoch, dass wir sie nur mit äußerster Anstrengung oder gar nicht erreichen können. Das gilt im Kleinen wie im Großen. Wir tun in der Konferenz erst den Mund auf, wenn wir sicher sind, dass die Fakten hundertprozentig stimmen. Unsere Tischdekoration ist nur dann gelungen, wenn die Servietten farblich exakt zu dem feinen blauen Rand der Suppenteller passen. Wir wollen im Beruf Erfolg haben, eine gute Mutter und phantasievolle Geliebte sein und den Haushalt tadellos in Schuss halten. Am Ende scheitern wir an unserem eigenen Ideal und nehmen uns das übel. Als unsere schärfsten Kritikerinnen urteilen wir über uns: »Nicht gut genug!« Das geht sogar Frauen so, die sichtbar erfolgreich sind.

Zufällig blätterte ich in einem Bücherjournal. Unter der Rubrik »Autorin des Monats« las ich ein Interview mit einer bekannten Fernsehmoderatorin und Schriftstellerin, die mit ihrem ersten Buch gleich einen Riesenerfolg landete. Auch die folgenden drei Romane waren Bestseller und wurden sogar für das Fernsehen verfilmt. Für ihre Kinderbücher erhielt sie mehrfach Auszeichnungen. Dazu ihr Kommentar: »Mit dem Erfolg bekam ich etwas mehr Selbstvertrauen, aber auch nach mittlerweile neun Büchern empfinde ich mich noch immer als ›Schriftstellerin in der Ausbildung‹.«[3]

Wir Frauen zweifeln nicht nur an uns selbst, wir lernen im Gegensatz zu Männern auch, unsere Qualitäten möglichst indirekt zu vermitteln. Schauen Sie sich um, Sie werden ständig Beweise dafür finden. Hier sind zwei, auf die ich ohne Mühe in den letzten Tagen gestoßen bin:

Ich war zum Jubiläum einer karitativen Einrichtung eingeladen. Wie üblich wurden zu Beginn Grußworte von verschiedenen Verbänden und Parteien überbracht, unter anderem auch von einer Frau. Bei dem Amt, das sie bekleidete, musste sie ganz bestimmt kompetent und tüchtig sein. Auch optisch war sie eine ausgesprochen angenehme Erscheinung. Ihr Grußwort leitete sie so ein: »Meine Damen und Herren, es tut mir Leid, dass Sie jetzt gezwungen sind, mir zuzuhören, anstatt draußen das herrliche Wetter zu genießen …«

Den nächsten Beitrag dieser Art hörte ich wenig später im Radio. In Hamburg fand ein großer Musikwettbewerb statt, der auch im Rundfunk übertragen wurde. Eröffnet wurde er von einer hochrangigen Politikerin. Ihre Rede beendete sie mit den Worten: »Nun will ich Sie aber nicht länger mit meinen Ausführungen langweilen. Ich wünsche Ihnen viel Freude an der Musik.«

Gewiss fallen auch Ihnen zahlreiche Beispiele dieser Art ein. Es liegt auf der Hand, dass es trotz aller bisher erreichten Erfolge für unsere Selbstsicherheit noch eine Menge zu tun gibt. Das betrifft die Defizite aus der persönlichen Lebensgeschichte ebenso wie diejenigen, die ihre Wurzeln in unserer weiblichen Sozialisation haben.

### Was bedeutet Selbstsicherheit?

Wenn wir uns zum Ziel setzen, selbstsicherer zu werden, müssen wir natürlich wissen, was das heißt, damit klar ist, wohin die Reise geht.

Versuchen Sie doch bitte einmal, Selbstsicherheit zu definieren, und zwar so, dass es für alle Fälle gilt:

Selbstsicherheit ist …

Haben Sie gemerkt, wie schwer es fällt, Selbstsicherheit allgemein gültig auf den Punkt zu bringen? Das liegt daran, dass sie so viele Facetten hat. Sie drückt sich beispielsweise in einem frechen Outfit, in besonnenem Zuhören, in Zivilcourage, in einem deutlichen Nein oder einer lockeren Umgangsform aus. Eine Definition, die alles einschließt, ist notwendig dehnbar wie ein Gummiband. So finden Sie etwa in der Brockhaus Enzyklopädie folgende Beschreibung: »Zusammenfassender Begriff für unterschiedliche Fähigkeiten und Kompetenzen, im sozialen Umgang eigene Positionen wahrnehmen, ausdrücken und durchhalten, d. h. sich darin in seiner Persönlichkeit behaupten zu können.«[4]

Ähnlich weit gefasst definiert Dorschs Psychologisches Wörterbuch: »Selbstsicherheit ist die Fähigkeit, in definierten, mikrosozialen Konflikten ohne Angst mit einem adäquaten Verhalten zu reagieren.«[5]

Mal ganz davon abgesehen, dass solche Definitionen für Laien ohnehin etwas verquast klingen, helfen sie uns praktisch nicht weiter. Das haben wohl auch die Herausgeber der Lexika erkannt, denn der »Dorsch« fügt erläuternd hinzu: »Der Begriff Selbstsicherheit sollte auf konkrete Situationen und Verhaltensziele bezogen werden. Als situationsübergreifendes Persönlichkeitsmerkmal ist Selbstsicherheit empirisch nicht bestätigt.« Das will sagen: Selbstsicherheit existiert nicht im luftleeren Raum, sondern zeigt sich konkret in bestimmten Situationen. Und da erkennen wir sie sehr schnell. Wohl aus diesem Grund haben die Wissenschaftlerinnen vom Demoskopischen Institut in Allensbach, die gewiss der Genauigkeit verpflichtet sind, darauf verzichtet, den Begriff vorab für die Befragten zu definieren. Wir alle wissen intuitiv und aus Erfahrung, wie sich ein selbstsicherer Mensch verhält.

Am klarsten verrät das Wort selbst, was darunter zu verstehen ist: Wir müssen unserer selbst sicher sein. Damit ist Selbstsicherheit zu allererst Selbsterfahrung – und zwar im positiven Sinne! Wenn Sie selbstsicher sind, zweifeln Sie nicht an Ihrem Wert, Sie denken gut über sich und nehmen Ihre Bedürfnisse und Gefühle ernst.

Das allein genügt noch nicht. Diese innere Haltung braucht auch die passende Ausdrucksform, denn Selbstsicherheit zeigt sich im Umgang mit anderen. Für viele zwischenmenschliche Situationen gibt es in unserer Gesellschaft Gesetze und Signale der Selbstsicherheit. Sie reichen von der Körpersprache über die Kleidung bis hin zur Wortwahl. Diese Codes müssen Sie kennen und beachten, um von anderen als selbstsicher wahrgenommen zu werden.

Selbstsicher zu sein bedeutet jedoch nicht, möglichst keine Schwäche zu zeigen und jederzeit souverän Herrin der Lage zu sein. Dieses Ideal würde uns nur verkrampfen, vielleicht sogar arrogant, starrköpfig, selbstherrlich und egozentrisch machen oder uns veranlassen, überall die Ellenbogen auszufahren. Und es wäre nicht einmal besonders vorteilhaft! Carola Heldt, Unternehmerin und Mentorin für junge Karrierefrauen, ist davon überzeugt: »Hat jemand Selbstzweifel, so ist er für mich viel mehr zur Chefin geeignet, als wenn er vollkommenes Selbstbewusstsein zur Schau stellt. Die Unsicherheit als Qualität sollte niemand unterschätzen. Wer zweifelt, ist offener, hört besser zu, bleibt beweglich und bereit, immer was zu lernen.«[6]

Echte Selbstsicherheit ist menschlich und lebendig. Dazu gehört, dass wir gelegentlich schüchtern, unsicher und konfliktscheu sind. Ein gutes Symbol dafür bietet ein Stehaufmännchen. Wenn man es heftig anstößt, gerät es aus der Balance. Aber es besitzt einen stabilen Kern, der es kurz darauf wieder in die aufrechte Position zurückbringt. Natürlich kann es Ihnen passieren, dass Sie vorübergehend aus dem Gleichgewicht geraten. Doch dann finden Sie wieder zu sich selbst.

In diesem Sinne lege ich Ihnen ans Herz, sich innere und äußere Selbstsicherheit zum Ziel zu setzen und alles Notwendige dafür zu tun. Nicht nur, dass dadurch Ihr Leben leichter wird, Sie sich besser durchsetzen, mehr Anerkennung gewinnen und häufiger erhalten, was Sie sich wünschen. Es gibt noch einen tieferen Grund, warum es sich lohnt: Selbstsicher drücken Sie Ihre Einzigartigkeit auf die beste Weise aus.

# Kapitel 1
# Denken Sie selbstsicher

Zuerst die gute Nachricht: Selbstsicherheit ist nicht angeboren, sondern wird erlernt. Falls Sie sich also gegenwärtig nicht selbstsicher genug fühlen, können Sie es mit dem richtigen Lernprogramm immer noch werden.

Klingt einfach, nicht wahr? Doch die Sache hat leider einen Haken: Selbstsicherheit eignen wir uns nicht wie eine Fremdsprache oder den Umgang mit Computern an. Es reicht nicht aus, sich das passende Unterrichtsmaterial zu besorgen und dann kräftig zu pauken, um Erfolg zu haben. Bevor wir mit dem Einüben selbstsicherer Verhaltensweisen beginnen, müssen wir zunächst unsere inneren Barrieren überwinden.

Vor einigen Jahren nahm ich an einem Seminar für Zeitmanagement teil. Als einzige Frau saß ich etwas verloren unter lauter Männern in gedeckten Anzügen mit Streifenkrawatte. Der Referent war ein anerkannter Profi auf seinem Gebiet und vermittelte uns die besten Methoden. Wir erfuhren, wie man sich gegen unliebsame Störungen abschirmt, Prioritäten setzt und wasserdichte Tagespläne erstellt. Voller Elan machte ich mich anschließend daran, diese Hinweise umzusetzen. Eine Woche später war ich wieder bis zur Halskrause im Stress. Nicht etwa, weil ich nachlässig wurde und das Gelernte nicht anwandte, sondern weil sich durch das technische Know-how weder mein Perfektionismus noch meine Neigung, immer gleich zur Hilfe zu eilen, verändert hatten. Sie waren die eigentlichen Ursachen meiner Überlastung. Da nutzte es wenig, dass ich mich nun noch geschickter unter Druck setzen konnte.

Beim Thema Selbstsicherheit kommen wir genauso wenig umhin, danach zu fragen, warum wir nicht selbstsicher genug sind. Erst wenn wir das herausgefunden und weitgehend aufgelöst haben, können die guten Techniken, Übungen und Hinweise zu selbstsicherem Auftreten greifen. Ansonsten bleiben sie bloße Tünche. Nur wenn Sie selbstsicher denken und fühlen, können Sie das anderen überzeugend vermitteln. Ihre Umgebung hat nämlich ein untrügliches Gespür dafür, ob Sie wirklich selbstsicher sind oder nur so tun.

Aus diesem Grund ist es sinnvoll, dass Sie sich zunächst ausführlich mit dem Denken und Fühlen beschäftigen. Sie werden sehen, dass es in Ihrem Kopf einiges zu entdecken und zu verändern gibt: Muster und Botschaften, die der Selbstsicherheit hinderlich sind. Negative Vorstellungen über die eigene Person. Abwertende Sätze, mit denen Sie sich selbst entmutigen. Gegensätzliche Empfindungen, die eindeutiges Handeln sabotieren.

Die Arbeit lohnt sich auf jeden Fall: Anstatt sich in Zukunft darüber zu beklagen, dass Menschen oder Situationen Sie verunsichern, sind Sie von ihrer Umgebung unabhängig.

Der griechische Philosoph Seneca sagt: »Was hilft es, über das Meer zu setzen und den Wohnort zu wechseln? Wenn du dem, was dich drückt, entgehen willst, so musst du nicht an einem anderen Ort sein, sondern selbst ein anderer sein.«

Wenn Sie Ihren Kopf entrümpeln und selbstsichere Gedanken und Gefühle entwickeln, werden Sie »eine andere« – und sind doch mehr Sie selbst, als Sie es je vorher waren. Und das Gute ist: Ihren Kopf nehmen Sie überall mit hin!

## Befreien Sie sich von der Vergangenheit

Es war einmal ein kleines Mädchen. Das war auf seine ganz besondere Art schön und klug. Offen ging es auf andere zu und war fest davon überzeugt, dass ihm die Welt gehört und seine Träume wahr werden würden. Es war ganz selbstsicher.

Dieses kleine Mädchen … waren Sie! So sind Sie seinerzeit ins Leben gestartet. Wenn Sie mir das nicht glauben, schauen Sie sich doch einmal die kleinen Kinder in Ihrer Umgebung an, vom Säugling bis zum Krabbelzwerg. Sie sind einzigartig, lebendig und strahlen die pure Selbstsicherheit aus.

Doch leider entfernen wir uns alle im Laufe der Zeit von diesem machtvollen Zustand – je stärker die verunsichernden Einflüsse in unserer Umgebung waren, desto weiter. Das ist Ihnen bestimmt nicht anders ergangen.

Ich möchte hier nicht das beliebte Klagelied anstimmen: »Die Eltern sind an allem schuld.« Sie kommen aber nicht um die Tatsache herum, dass Ihre Eltern Ihre ersten Vorbilder waren und Sie von daher ganz besonders geprägt haben. Von ihnen haben Sie sich abgeschaut, wie man sich im Umgang mit anderen Menschen verhält. Wenn Ihre Mutter überängstlich war oder Ihr Vater immer zu allem Ja und Amen sagte, wenn ein Elternteil niemals Forderungen stellte oder Ungerechtigkeiten hinnahm, dann beeinflusst das garantiert bis heute Ihre Selbstsicherheit.

Auch durch ihre Einstellung vermittelten Ihnen Ihre Eltern Botschaften mit Langzeitwirkung. Wurden Sie beispielsweise häufig mit dem Satz »Was sollen denn die Leute denken?« gemaßregelt, besteht die Gefahr, dass Sie sich weiterhin an den Normen anderer orientieren.

Noch stärker wirken sich in jungen Jahren Kränkungen und Verletzungen auf das Selbstbewusstsein aus. Dabei müssen die

Abwertungen nicht einmal laut ausgesprochen werden. Falls Sie als Kind erlebten, dass Ihre Eltern andere immer wichtiger nahmen als Sie, so hat das Ihr Selbstverständnis ohne große Worte geprägt. Gleiches gilt für ein kaltes oder gewalttätiges Familienklima. Es führt dazu, dass das Kind glaubt: »Wenn ich so behandelt werde, dann habe ich es wohl auch nicht anders verdient.«

Stefanies jüngere Schwester Beate war ein niedliches kleines Mädchen mit dunklen Locken und großen braunen Augen. Stefanie mit ihren aschblonden Haaren und ihrer Brille fiel dagegen deutlich ab. Ihre Mutter machte keinen Hehl daraus, dass ihre älteste Tochter nicht so hübsch war. Oft sah sie Stefanie mitleidig an und seufzte: »Du hast aber auch so gar nichts von Beate …« Noch heute, mit 36 Jahren, fühlt sich Stefanie, was ihr Äußeres anbetrifft, unsicher. Sie geht nur mit perfektem Make-up auf die Straße, selbst wenn sie am Kiosk die Zeitung kauft. Als sie neulich im Schwimmbad ungeschminkt zufällig auf einen Kollegen traf, wäre sie am liebsten sofort im Wasser untergetaucht.

Doch selbst wenn Ihre Eltern liebevoll waren, kann das Milieu, in dem Sie aufgewachsen sind, zu Ihrer Unsicherheit beitragen. Wer keine günstigen Startmöglichkeiten hatte, dem fehlt oft eine gute Portion Selbstvertrauen.

Annemarie, 49, durfte nur den Hauptschulabschluss machen. »Du heiratest ja doch mal«, erklärte ihr Vater und investierte sein Geld lieber in die Ausbildung ihrer Brüder. Annemarie ist eine tüchtige, intelligente und vielseitig interessierte Frau. Sie hat zwei Kinder großgezogen, ist ehrenamtlich im Krankenhaus tätig und unterstützt ihren Mann, einen Politiker. Trotzdem stellt sie ihr Licht unter den Scheffel. Vor allem wenn ihr Gegenüber einen akademischen Titel hat, billigt sie ihm automatisch mehr Kenntnisse zu als sich selbst. Kürzlich sprach sie auf einem Empfang mit dem Chefarzt des örtlichen Krankenhauses. Er vertrat ganz offensichtlich eine falsche Meinung. Obwohl Annemarie gut informiert war, sagte sie bescheiden: »Na ja, Sie wissen das sicher besser als ich.«

Natürlich wird Ihr Selbstbewusstsein nicht nur von Ihren Eltern beeinflusst. Ebenso können die Erzieherinnen im Kindergarten, Lehrer, Mitschülerinnen oder Verwandte traumatische Erlebnisse verursachen.

Vera, 48, Chefredakteurin eines Fachblattes, ist ein Ass am Schreibtisch. Aber sie bekommt Schweißausbrüche, sobald sie vor Publikum reden muss. Krampfhaft hält sie sich an ihrem Manuskript fest und redet so schnell, dass sogar die Zuhörer in der letzten Reihe merken, wie unangenehm ihr der Auftritt ist. Seit sie an einem Rhetorikkurs teilgenommen hat, geht es zwar etwas besser, doch auf dem Podium zu stehen ist für sie noch immer eine Tortur. In der psychologischen Beratung stellte sich heraus, dass ihre Lehrerin in der Grundschule sie jahrelang auf dem Kieker hatte. Regelmäßig zitierte sie Vera an die Tafel und machte sich über ihre vermeintliche Dummheit lustig. Ihre Mitschülerinnen, die selbst vor diesem Drachen Angst hatten, lachten pflichtschuldig.

Solche Erlebnisse in jungen Jahren müssen sich nicht zwingend auf Ihr Selbstbewusstsein auswirken. Es ist durchaus möglich, dass einiges von dem, was ich aufgeführt habe, auf Sie zutrifft, ohne dass sich daraus gravierende Folgen ergeben haben. So können Sie etwa aus einer Arbeiterfamilie stammen und zu Recht stolz auf Ihre Herkunft sein. Oder Sie sind unter schwierigen Bedingungen aufgewachsen und gerade dadurch durchsetzungsfähig geworden. Der Neurologe und Psychotherapeut Boris Cyrulnik bestätigt in seinem Buch »Die Kraft, die im Unglück liegt«: »Emotionale Verletzlichkeit kann sich in emotionale Stärke verwandeln.«[7]

Ob Ihre Vergangenheit tatsächlich heute noch nachwirkt, erkennen Sie daran, wie stark Sie in gegenwärtigen Situationen gefühlsmäßig betroffen sind. Wenn Sie »überreagieren«, wie es so schön heißt, sind sicher alte Ursachen im Spiel. Wie in den folgenden Fällen:

Annes Kollege macht eine flapsige Bemerkung: »Na, heute so aufgebrezelt? Du willst wohl den Chef verführen?« Anne ist tief gekränkt und spricht kein Wort mehr mit ihm.

Zur Hochzeit von Harriets Bruder kommt die ganze Verwandtschaft zusammen. Auch diejenigen, die Harriet früher nichts zugetraut haben. Denen will sie es so richtig zeigen. Sie überzieht ihr Konto für teure Designerkleidung, um damit Eindruck zu schinden.

Nora wird von einer reichen Freundin ihrer Mutter in ein Nobelrestaurant eingeladen. Sie ist so verkrampft damit beschäftigt, alles richtig zu machen, dass sie sich kaum unterhalten kann.

Barbara muss als Geschäftsführerin einer Buchhandlung bei einer Lesung vor großem Publikum einen prominenten Autor begrüßen. Ihr ist hundeelend, und sie rennt zigmal zur Toilette.

Wann immer Sie sich angespannt, stumm wie ein Fisch, klein, überangepasst, unfähig, übermäßig erregt oder von Angst überwältigt fühlen, steckt garantiert mehr dahinter als nur mangelndes Know-how in punkto Selbstsicherheit. Dann lohnt es sich, erst einmal einen Blick auf die frühe Vergangenheit zu werfen.

### *Analysieren Sie Ihre Erfahrungen*

Keine Sorge, Sie müssen nicht sämtliche Situationen unter die Lupe nehmen, in denen Sie sich jemals unsicher gefühlt haben. Schon an einer einzigen typischen können Sie grundsätzlich viel erkennen.

Am besten gehen Sie von einem aktuellen Erlebnis aus, bei dem Sie sich unsicher gefühlt oder verhalten haben. Indem Sie es gründlich unter die Lupe nehmen, stoßen Sie möglicherweise auf alte Botschaften und Muster, die sich immer wiederholen.

Als Leitfaden dazu dienen Ihnen die folgenden Fragen:

- Zeige ich ein ähnliches Verhalten wie mein Vater oder meine Mutter?
- Wann habe ich mich das erste Mal so verhalten wie in der aktuellen Situation? Wie alt war ich da?
- Wann in meinem Leben habe ich dieses Gefühl, z. B. Traurigkeit, Wut, Hilflosigkeit, Schmerz, Unfähigkeit, Scham oder Schuld, zum ersten Mal empfunden?
- Durch welche Umstände oder Personen wurde dieses Gefühl oder Verhalten damals ausgelöst?
- Was habe ich seinerzeit in der Situation gedacht, z. B. »Das schaffe ich nie!«, »Keiner mag mich!«?
- Gab es damals eine Schlüsselszene, z. B. andere Kinder lachten mich im Sportunterricht aus, weil ich zu dick war?
- Welche Botschaft habe ich aus dieser frühen Erfahrung für mich abgeleitet, z. B. »Nimm andere wichtiger als dich!«, »Fall bloß nicht auf!«, »Warte ab, was man dir gibt!«?
- Wird mein Minderwertigkeitsgefühl heute durch ähnliche Signale wie damals ausgelöst, und welche sind das?

Marleen, 29, Assistentin der Geschäftsleitung in einem Verlag, kam sich auf diese Weise auf die Spur. Solange sie sich erinnern kann, fiel es ihr schwer, auf Kritik angemessen zu reagieren. Erst kürzlich hatte sie das wieder erlebt: Ihr Chef beschwerte sich, dass sie seinen Flug zu spät gebucht hatte und der Firma dadurch unnötige Kosten entstanden waren: »Sie müssen doch langsam wissen, dass es billiger ist, wenn Sie das rechtzeitig erledigen!«, grummelte er verärgert. Anstatt sich zu verteidigen oder zumindest ihren Fehler souverän einzugestehen, stand

Marleen wie ein gescholtenes Schulmädchen vor ihm, starrte auf ihre Schuhspitzen und bekam keinen Ton heraus. Am liebsten hätte sie sich auf der Toilette eingeschlossen und geheult.

Nachdem sie sich in ihre Vergangenheit zurückversetzt hatte, wurde ihr klar, warum sie sich bei Kritik jedes Mal wie ein Kaninchen vor der Schlange verhielt:

Für ihre Eltern zählte nur Leistung. Was immer Marleen tat, es hätte noch besser sein können. Kam sie mit einer Zwei in einer Klassenarbeit nach Hause, hieß es nur: »Und wieso hast du keine Eins geschrieben?« Oft dachte sie traurig: »Ich mach's ja doch nicht richtig.« »Ich kann tun was ich will, sie sind nie zufrieden.« »Ich bin zu dumm.« Auch an eine Schlüsselszene im Alter von neun Jahren erinnerte sie sich: Ihr Vater wollte ein Bücherregal aufbauen, und sie sollte ihm dabei zur Hand gehen. In praktischen Dingen nicht sonderlich geschickt, verwechselte sie schon mal ein Brett oder reichte ihm den falschen Schraubenzieher. Schließlich rastete ihr Vater aus und rief wütend: »Wie komme ich nur zu so einer saublöden Tochter?« Aus diesen Erfahrungen verinnerlichte sie die Botschaft: »Es ist schlimm, einen Fehler zu machen. Ich muss mich dafür schämen.« Die Auslöser heute ähneln denen von damals: Ihr Chef hat oft einen ähnlich gereizten Ton wie ihr Vater.

Wenn Sie Ihre eigene Analyse durchführen, gönnen Sie sich dafür Zeit und Ruhe. Sofern Sie seelisch stabil sind, dürfen Sie sie ohne weiteres alleine machen. Rechnen Sie aber damit, dass unangenehme Erinnerungen auftauchen und Sie möglicherweise weinen oder wütend werden. Lassen Sie diese Emotionen ruhig zu, sie haben eine reinigende Wirkung. Wichtig ist nur, dass Sie nicht darin stecken bleiben und sich anschließend wieder auf die Gegenwart besinnen.

### *Filtern Sie die negativen Botschaften heraus*

Ihre Analyse hilft Ihnen, diejenigen Botschaften zu entdecken, die bis heute Ihr selbstsicheres Denken, Fühlen und Handeln beeinträchtigen. Meist lassen sie sich mit einem Satz auf den Punkt bringen. Zur Anregung möchte ich Ihnen hier ein paar besonders häufige aufführen:

- Tu, was die anderen wollen!
- Du bist weniger wert als die anderen!
- Fühle keinen Ärger (Trauer, Wut, Kummer u. s. w.)!
- Trau deinen Empfindungen nicht!
- Fühle dich schuldig!
- Entscheide dich lieber nicht, es könnte falsch sein!
- Es ist nie gut genug!
- Es ist sinnlos, etwas ändern zu wollen!
- Was du tust, geht sowieso nicht gut!
- Werde nicht erfolgreicher als ich (wir)!
- Stelle deine Interessen hinter die der anderen zurück!
- Behalte deine Meinung für dich, sonst bekommst du Schwierigkeiten!
- Nimm immer Rücksicht!
- Zeige deine Gefühle nicht!
- Sei bescheiden!
- Sei vorsichtig!
- Du bist hässlich (dumm, dick, unfähig, egoistisch u. s. w.)!
- Andere wissen das besser als du!
- Stell dich bloß nicht in den Mittelpunkt!
- Sei immer für andere da!

### *Geben Sie die negativen Botschaften zurück*

Haben Sie etwas wieder erkannt? Mit der Erkenntnis allein ist es allerdings noch nicht getan. Sobald Sie Ihre alten Muster und Botschaften entdeckt haben, ist es notwendig, sich konsequent davon abzuwenden. Ich kenne Frauen, die ihre Analyse lediglich als Alibi dafür benutzen, sich weiterhin unsicher zu verhalten. Ständig singen sie das gleiche Klagelied: »Mein Vater war so streng. Deshalb habe ich heute Probleme, mich gegenüber Autoritäten durchzusetzen.« Oder: »Als Zugezogene wurden wir im Dorf abgelehnt. Von daher kann ich mich in Arbeitsgruppen einfach nicht vollwertig fühlen.«

Machen Sie sich klar, dass die Vergangenheit vorbei ist. Wie schlimm sie auch war, nichts von damals kann Sie jemals wieder tangieren, wenn Sie es nicht mit Ihren Gefühlen und Gedanken lebendig halten. Sie müssen sich eindeutig dafür entscheiden, sich nicht länger davon beeinflussen zu lassen. Sicher, das ist manchmal recht schwer, doch wenn Sie wirklich wollen, schaffen Sie es. Ziehen Sie innerlich einen Schlussstrich. Sagen Sie: »Diese Botschaft ist für mein Selbstbewusstsein schädlich. Ich will nicht mehr, dass sie für mich gilt.« So wie eine Raucherin beschließt: »Ab jetzt zünde ich mir keine Zigarette mehr an.«

Besonders wirkungsvoll ist es, den Entschluss durch eine Handlung zu bekräftigen.

Vor Jahren war ich auf Wandertour in Österreich. Beim Gipfelsturm pfiff ich als Raucherin aus dem letzten Loch. Ich beschloss, ab sofort keine Zigarette mehr anzurühren. Um den Entschluss zu bekräftigen, warf ich feierlich meine halb volle Zigarettenpackung samt Feuerzeug mit Schwung in einen Fluss. Die Umweltschützer mögen mir verzeihen, aber diese Geste half mir, meinen Vorsatz ernst zu nehmen.

Ähnlich verstärkend kann es sich auswirken, wenn Sie Ihren Schlussstrich schriftlich ziehen. Geben Sie die Botschaft, von der Sie sich befreien möchten, in einem Abschiedsbrief demjenigen Menschen zurück, der sie Ihnen vermittelt hat. Keine Sorge, Sie müssen diesen Brief nicht abschicken, er dient nur zu Ihrer eigenen Klarheit. Am besten schreiben Sie Ihren Abschiedsbrief in dieser Form:

- Richten Sie ihn an diejenige Person, die Ihnen die Botschaft hauptsächlich vermittelt hat.
- Formulieren Sie die Botschaft in ein, zwei Sätzen.
- Belegen Sie mit Beispielen, wie Sie sie erhalten haben.
- Beschreiben Sie, wie sich die Botschaft bisher für Sie ausgewirkt hat und was Sie daran stört.
- Falls die Botschaft auch etwas Gutes für Sie gebracht hat, bedanken Sie sich dafür.
- Verabschieden Sie sich von der Botschaft, und bekräftigen Sie, dass Sie ab jetzt nichts mehr damit zu tun haben wollen.
- Beschreiben Sie, welche Einstellung oder Verhaltensweise Sie stattdessen anstreben.

Für Ulrike, eine 32-jährige Werbefotografin, war solch ein »Abschiedsbrief« der erste Schritt, sich von einer tief sitzenden elterlichen Botschaft zu befreien.

Ulrike macht hervorragende Arbeit. Trotzdem fiel es ihr schwer, angemessene Honorare zu verlangen. Sobald ein Auftraggeber jammerte, so viel könne er nicht bezahlen, ließ sie sich sofort herunterhandeln, auch wenn sie wusste, dass er durchaus über genügend Geld verfügte. Es wurmte sie jedes Mal, wenn sie erfuhr, was ihre Kollegen selbstbewusst in Rechnung stellten. Aus ihrem Elternhaus hatte Ulrike die Botschaft übernommen: »Leiste viel und fordere wenig.« Nachdem sie das erkannte und ändern wollte, schrieb sie ihrem Vater den folgenden Brief:

*Lieber Papa,*
*schon als Kind habe ich von dir und Mama mitbekommen, dass man zwar immer sein Bestes geben soll, aber nichts dafür verlangen darf. Bei euch war es immer selbstverständlich, sich für ein bloßes Dankeschön einzusetzen. Mama hat jahrelang die alte*

*Frau Bornholt aus der Nachbarschaft betreut, weil sie ihr so Leid tat. Und als die ihr dafür etwas von ihrer bestimmt üppigen Rente geben wollte, hat Mama das strikt abgelehnt, weil Nachbarschaftshilfe doch selbstverständlich ist. Und du hast dich nicht getraut, von dem knickerigen Mersmann eine Gehaltserhöhung zu verlangen. Immer wieder hast du dich hinhalten lassen und Verständnis dafür gezeigt, dass die Zeiten ja so schlecht sind. Dabei lebte Mersmann selbst wie der King, mit Villa und Mercedes. Der hat sich bestimmt nichts verkniffen.*

*Kein Wunder, dass mir in Fleisch und Blut übergegangen ist, dass ich für meine gute Arbeit kaum etwas fordern darf, sondern immer hübsch bescheiden bleiben muss. Okay, ich finde es gut, dass ich auf diese Weise keine geldgierige Else geworden bin, die für alles und jedes die Hand aufhält. Aber ich habe keine Lust mehr, schlechter dazustehen als andere.*

*Ich gebe dir und Mama hiermit die Botschaft zurück: Mit zu viel Verständnis und Bescheidenheit ist Schluss! Meine neue Maxime lautet: Ich mache sehr gute Arbeit und ich will dafür auch sehr gut bezahlt werden! Das werde ich ab jetzt deutlich mitteilen.*

*Trotz alledem in Liebe*
*deine Ulrike*

## Bewältigen Sie Ihre jüngste Vergangenheit

Kindheit und Jugend sind besonders prägend, doch das heißt nicht, dass Sie ab dem sechzehnten Lebensjahr keine negativen Botschaften mehr aufnehmen. Auch als Erwachsene kann Ihr Selbstbewusstsein noch grundlegend erschüttert werden.

In einem Seminar für Sekretärinnen berichtete Lydia, dass sie durch einen mobbenden Chef eine Zeit lang jedes Selbstvertrauen verloren hatte. Ständig kritisierte er ihre Arbeit. Oft stand er mit Schaum vor dem Mund vor ihrem Schreibtisch und brüllte sie an, nur weil sie eine Akte nicht an die richtige Stelle gelegt hatte. Er schaffte es, aus einer fröhlichen, selbstbewussten Frau ein zitterndes Nervenbündel zu machen. Durch sein Verhalten war sie so traumatisiert, dass sie auch nach dem Wechsel der Arbeitsstelle noch lange brauchte, um mit Hilfe netter Kollegen und einer verständnisvollen Chefin wieder selbstsicher zu werden.

Nicht nur im Berufsleben, auch privat gibt es Erschütterungen. So kann eine Trennung, eine schwere Krankheit, ein Unfall oder ein körperliches Handicap Ihre Selbstsicherheit ins Wanken bringen.

Christa, 51, betrachtete sich immer als Glückskind: Seit 24 Jahren führte sie eine gute Ehe, hatte zwei große Töchter, auf die sie stolz war, und eine interessante Tätigkeit in einem Reisebüro. Doch an einem Sonntagabend brach ihre heile Welt zusammen. Ihr Mann kam von einer Fortbildung zurück und eröffnete ihr aus heiterem Himmel, er habe eine andere Frau kennen gelernt. Die sei die Liebe seines Lebens, und er werde zu ihr ziehen. Schon am nächsten Tag packte er seine Koffer und verließ die Wohnung. Christa blieb verzweifelt zurück. Sie kam sich vor wie ein abgelegtes Kleidungsstück. Da half ihr wenig, dass ihre Freundinnen tröstend von einer typischen Midlife-Crisis redeten und ihre Töchter fanden, Papa sei wohl verrückt geworden. Neben dem Schmerz quälten sie Selbstzweifel: Hatte sie sich zu wenig um ihren Mann gekümmert? War der Sex mit ihr zu langweilig geworden? Es dauerte viele Monate, in denen sie sich schließlich auch therapeutische Unterstützung suchte, bis sie ihr Selbstbewusstsein allmählich zurückgewann.

Für Erfahrungen dieser Art gilt ebenso wie für frühe Erlebnisse: Sie vermitteln uns eine Botschaft, die wir meist fraglos annehmen und die von da an unsere Einstellung zu uns selbst und zu unserer Umwelt prägt. Für Lydia lautete sie: »Ich bin unfähig.« Christa glaubte: »Ich bin unattraktiv.« Nehmen Sie sich die Zeit, die unangenehmen Erlebnisse aus Ihrer jüngeren Vergangenheit daraufhin einmal durchzuchecken:

- Welche negativen Erfahrungen habe ich in den letzten Jahren gemacht?
- Welche Botschaft haben sie mir übermittelt?
- Beeinträchtigen diese Botschaften noch heute mein Selbstwertgefühl?

Auch hier kann es Sie stärken, wenn Sie die erworbene Botschaft in einem »Abschiedsbrief« zurückgeben. Schreiben Sie an Ihren tobenden Chef, die intrigante Kollegin, Ihren rücksichtslosen Ex oder die Freundin, die Sie ausgenutzt hat. Beschließen Sie, dass dieses Ereignis nicht länger Ihre Meinung von sich selbst beeinflussen soll.

Was Sie in der Vergangenheit erlebt und erfahren haben, kann so prägend sein, dass es über eine Botschaft hinausgeht: Es ist zu einem Teil Ihrer Persönlichkeit geworden.

Wenn Sie Ihre Altlasten komplett loswerden wollen, müssen wir deshalb auch noch einen ausführlichen Blick auf den Teil werfen, der Ihre Selbstsicherheit untergräbt.

### *Schicken Sie Ihr Aschenputtel in Pension*

»Wenn Sie noch Fragen haben, können Sie mich jederzeit anrufen, meine Telefonnummer kennen Sie ja«, lächelte Sabine freundlich, während sie ihre Klientin verabschiedete. Kaum hatte sie die Bürotür hinter ihr geschlossen, hätte sie sich ohrfeigen können. Warum um Himmels willen hatte sie das bloß wieder gesagt? Sabine ist Rechtsanwältin. Es nervt sie, wenn ständig das Telefon klingelt und sie wegen Kleinigkeiten aus der Arbeit gerissen wird. Oft halten sich ihre Klienten nicht an die Sprechzeiten, manche melden sich sogar am Abend oder am Wochenende bei ihr privat. Deshalb hatte Sabine beschlossen, sich klarer abzugrenzen. Fehlanzeige! »Ich stand förmlich neben mir und hörte mir zu, wie ich mal wieder großzügig meine Hilfe anbot«, erzählte mir Sabine. »Sagen Sie mir bitte, warum tu ich das, obwohl ich mir fest vorgenommen habe, den Mund zu halten?«

Sabine war so irritiert, weil sie auf anderem Gebiet keineswegs ein Double von Mutter Teresa ist. In ihrem Job kann sie beinhart verhandeln, und im Gerichtssaal tritt sie überzeugend auf. Warum also knickt sie im direkten Kontakt mit Klienten immer wieder ein und verhält sich unsicher? Die Erklärung gibt sie ohne es zu wissen selbst, indem sie sagt: »Ich stand regelrecht neben mir.« Sie stand tatsächlich neben sich: Ihr selbstsicherer Teil sah ohnmächtig zu, wie der unsichere die Führung übernahm.

Als Goethe von zwei Seelen in unserer Brust sprach, war er noch bescheiden. Sie dürfen davon ausgehen, dass es wesentlich mehr sind. Am besten kommen wir ihnen auf die Schliche, wenn wir uns selbst belauschen. Ohne dass es uns auffällt, führen wir den ganzen Tag lang innerlich Selbstgespräche. Wir überlegen, ob wir heute Abend einfach nur eine Pizza in den Ofen schieben. Erinnern uns gerne an das nette Telefonat mit unserer Freundin. Denken daran, schnell noch die Bluse aus der Reinigung zu holen. Ärgern uns über die ungerechte Deutschlehrerin unseres Kindes. Grübeln, wie wir die Präsentation unseres Projektes am besten gestalten. Dabei sind wir bei weitem nicht immer mit uns selbst einer Meinung. Wenn Sie genau hinhören, können Sie oft unterschiedliche Stimmen identifizieren.

Erst heute Morgen hatte ich ein interessantes Gespräch mit sieben meiner »Seelen«.

Am Frühstückstisch schlug ich die Zeitung auf und las einen ausführlichen Artikel mit Foto über einen Politiker, der durch sein offen zur Schau gestelltes Glück mit seiner Geliebten seine Karriere als Verteidigungsminister gefährdet. Während ich meinen Kaffee trank, eröffnete meine Coaching-Seele die Talkrunde. Kopfschüttelnd sagte sie: »Der Mann macht alles falsch, was man nur falsch machen kann. Kein Gespür für die Situation, unmögliche Körpersprache.« »Ist doch klar«, erläuterte meine Psychologen-Seele, »wenn Männer, die normalerweise rational sind, endlich ihre Gefühle entdecken, schießen sie oft übers Ziel hinaus.« Meine mitfühlende Seele hängte sich an: »Irgendwie ist das doch auch rührend, verglichen mit den coolen Typen in der Politik.« »Moment mal«, wandte meine professionelle Seele ein: »Der Mann bekleidet ein wichtiges Amt. Er hat die Fürsorgepflicht für die jungen Bundeswehrsoldaten, von denen sich einige zurzeit in einem gefährlichen Nato-Einsatz befinden.« »Stimmt«, pflichtete ihr meine mütterliche Seele bei. »Wenn ich mir vorstelle, unser Felix wäre dabei und sein oberster Vorgesetzter wäre vor lauter Verliebtheit nicht ganz zurechnungsfähig in seinen Entscheidungen, dann würde mir schon mulmig.« »Ach komm«, wandte meine emotional-intelligente Seele empört ein: »Wenn sich ein Politiker Vorteile verschafft, dann kümmert das keinen, aber wenn einer seine Liebe zeigt, dann ist er gleich unten durch.« Das sah meine weiblich-loyale Seele aber ganz anders. Sie rieb sich schadenfroh die Hände: »Ich gönne ihm, dass er auf die Nase fällt. Er ist doch noch nicht mal von seiner Frau geschieden, mit der er seit 30 Jahren verheiratet ist. Wie die sich wohl fühlt, wenn sie in allen Gazetten ihn und seine Geliebte als turtelndes Paar sieht! Darauf nimmt er schließlich auch keine Rücksicht.«

Eine Weile hörte ich mir die verschiedenen Meinungen an, dann klappte ich die Zeitung zu und sagte energisch: »Schluss jetzt! So wichtig ist das Thema ja nun auch wieder nicht.« Das sahen alle sieben Seelen ein.

## Entdecken Sie Ihr »Inneres Team«

Bevor Sie jetzt denken, ich litte unter Persönlichkeitsspaltung, möchte ich einen Kollegen an meine Seite holen, der sich intensiv mit solchen inneren Stimmen beschäftigt. Friedemann Schulz von Thun, Psychologe an der Uni Hamburg, hat dafür die Bezeichnung »Inneres Team« geprägt. Er bestätigt, dass wir keineswegs mit uns selbst ein Herz und eine Seele sind:

»Zu jeder praktischen Fragestellung, vom kleinen Kommunikationsproblem bis zu den existentiellen Grundentscheidungen, gibt es vielfältige und widersprüchliche innere Wortmeldungen, und die Träger dieser inneren Stimmen sind zum Teil sehr tatendurstige Gesellen. Und zwar tatendurstig nach außen (als Wortführer und Handlungsträger) wie nach innen (als Stimmungsmacher und als Teilnehmer am inneren Selbstgespräch.) So erweist sich das ›Ich‹, das nach Übereinstimmung mit sich selbst sucht, als ein multiples Gebilde, erweist sich die innere Pluralität als menschliches Wesensmerkmal.«[8]

Natürlich sitzen nicht lauter Männchen und Weibchen in Ihnen, die sich miteinander streiten oder beraten und Ihre Gefühle und Handlungen beeinflussen. Das »Innere Team« ist ein Modell, mit dem sich ein geistig-seelisches Phänomen erklären lässt. In der psychologischen Literatur sind diese »Team-Mitglieder« schon lange bekannt, auch wenn sie dort anders bezeichnet werden. Der Psychotherapeut Roberto Assagioli spricht von »Elementen der Persönlichkeit«. Die Familientherapeuten Hal und Sidra Stone nennen es »Selbste«.

Der Psychoanalytiker Peter Orban benutzt den Begriff »Innere Personen«. Doch alle meinen dasselbe: Unsere verschiedenen inneren Stimmen.

Mit etwas Phantasie können Sie die einzelnen Stimmen oder »Team-Mitglieder« sogar personifizieren, indem Sie ihnen einen Namen geben. Ein Name macht den jeweiligen Anteil besonders konkret und erhöht die Chance, ihn schnell wieder zu erkennen.

So entdecke ich inzwischen auf Anhieb meine »Gerda Gnadenlos«. Gewöhnlich tritt sie empört auf den Plan, sobald sich jemand nicht korrekt verhält. Etwa auf der falschen Seite Rad fährt und mich dadurch behindert, oder die Hundeleine so hält, dass ich fast darüber stolpere. Ich finde Gerda Gnadenlos ziemlich zickig, zumal ich ja selbst auch nicht fehlerfrei bin. Deshalb sage ich ihr, sobald sie auftaucht: »Gerda, hab' dich doch nicht so!« Darauf reagiert sie inzwischen recht einsichtig.

Ihnen steht es frei, Ihre »Team-Mitglieder« ebenfalls als innere Personen zu betrachten und sich für sie einen passenden Namen auszudenken. Bedienen Sie sich dazu in der Geschichte, im Märchen, bei Comicfiguren oder Prominenten.

### *Führen Sie Ihr »Inneres Team«*

Grundsätzlich gibt es kein gutes oder schlechtes »Team-Mitglied«. Von Hause aus erfüllt jedes eine nützliche Funktion: Es möchte schützen, warnen, motivieren, unterstützen, ermutigen, für notwendige Anpassung, Liebe, Sicherheit, Spaß, Kontakt, Erholung oder den Lebensunterhalt sorgen.

Wenn Sie Ihr »Inneres Team« gut kennen und geschickt einsetzen, erzielen Sie optimale Ergebnisse. Doch Führen will gelernt sein. Das gilt für das »Innere Team« genauso wie für eine

Firma. Vielleicht beschäftigen Sie manche Mitglieder im falschen Projekt, geben ihnen zu viel Vollmacht oder lassen fähige Leute nicht zu Wort kommen. Möglicherweise haben Sie noch nicht gemerkt, dass einige für ihre Aufgabe zwar früher mal bestens geeignet waren, inzwischen aber pensioniert werden müssten.

Ihre Aufgabe als Chefin ist es, dafür zu sorgen, dass alle an der richtigen Stelle tätig sind und keiner offen oder heimlich Ihre Ziele sabotiert. Übersetzt ins nüchterne Psychologen-Deutsch bedeutet das: Sie müssen die Kontroll- und Steuerungsfunktion Ihres Bewusstseins so einsetzen, dass Sie die besten Ergebnisse erzielen. Dabei hilft Ihnen das Modell des »Inneren Teams« zu verstehen, warum Sie sich oft gegen besseres Wissen unsicher verhalten, und gibt Ihnen die Möglichkeit, das zu ändern.

Sina kam in meine Praxis, weil es ihr in einigen beruflichen Situationen schwer fiel, sich selbstsicher zu verhalten. Sie nahm Aufträge an, die ihr keinen Spaß machten oder nur wenig Geld brachten. Außerdem bemühte sie sich übereifrig, ihre Auftraggeber von sich zu überzeugen. Das wäre nicht weiter schlimm, hätte es sich bei Sina um eine Anfängerin gehandelt, die auf jeden Auftrag angewiesen ist und sich erst einmal einen Namen machen muss. Tatsächlich aber ist sie eine gefragte Innenarchitektin, deren Arbeiten schon in auflagenstarken Wohnzeitschriften abgebildet wurden.

Nachdem ich Sina das Modell des »inneren Teams« erklärt hatte, fragte ich sie, ob sie ihren unsicheren Teil personifizieren könnte. Sie dachte eine Weile nach und sagte dann: »Das ist ein eifriges Mädchen.« Es stellte sich heraus, dass sie »das eifrige Mädchen« schon lange kannte. Zu Beginn ihrer Berufstätigkeit hatte es ihr gute Dienste geleistet. Es war fleißig und gab sich immer große Mühe, alles perfekt zu machen. Mit seiner

Hilfe hatte Sina es in die Oberliga der Innenarchitekten geschafft. Doch nun sabotierte es offenbar ihr selbstsicheres Auftreten.

Ich schlug Sina vor, einmal in die Rolle des eifrigen Mädchen zu schlüpfen. Aus dessen Position heraus sagte sie: »Ich muss unbedingt dafür sorgen, dass Sinas Lebensunterhalt gesichert ist. Deshalb nehme ich, was ich kriegen kann, und strenge mich mächtig an.«

Sina hatte aber auch eine andere Seite. In ihrer Arbeit machte ihr so schnell keiner etwas vor. Sie war sich ihrer Kompetenz bewusst und genoss es, sie auch vor den Kunden und Architekten darzustellen. Ich fragte Sina, ob es für diesen selbstsicheren Teil ebenfalls eine Personifizierung gäbe. Spontan sagte sie: »Ja, das ist ›der Star‹. Der ist von seiner Leistung überzeugt und findet sich klasse.«

Im weiteren Gespräch zeigte sich, dass »das eifrige Mädchen« mit seinem Engagement dafür gesorgt hatte, dass »der Star« seine Eigenschaften nach und nach entwickeln konnte. Nur weigert es sich, einzusehen, dass seine Zeit vorüber ist. Es gab keinen Grund mehr, jeden Auftrag anzunehmen und sich anzubieten wie Sauerbier.

Im Rollenspiel bat ich »den Star«, sich bei »dem eifrigen Mädchen« zu bedanken und seinen bisherigen Einsatz zu würdigen. Gleichzeitig sollte er »dem eifrigen Mädchen« klarmachen, dass es heute nicht mehr gebraucht wird. Es darf sich entspannen und seinen Spaß haben. »Der Star« versprach »dem eifrigen Mädchen«, weiterhin intensiv zu arbeiten, um Sina finanziell abzusichern. »Das eifrige Mädchen« war zwar etwas traurig, dass es nun seine wichtige Position aufgeben sollte, schien aber insgesamt zufrieden. Ich riet Sina, sich in Zukunft auf »den Star« zu besinnen, sobald sich »das eifrige Mädchen« wieder melden würde.

Ein paar Wochen später rief Sina mich an. »Es funktioniert tatsächlich«, sagte sie begeistert. »Gestern war ich mal wieder drauf und dran, auf meine Qualitäten hinzuweisen. Stattdessen habe ich mir auf die Zunge gebissen, mich in meinen »Star«-Zustand versetzt und mir einfach ruhig angehört, was der potenzielle Kunde von mir wollte. Schließlich hat er mir eifrig erläutert, warum es sich für mich lohnen würde, seinen Auftrag anzunehmen.«

### Nutzen Sie Ihr »Inneres Team«

Wenn Sie im Prinzip selbstsicher sind, sich jedoch manchmal wie unter einem inneren Zwang unsicher fühlen und verhalten, dann ist das Modell des »Inneren Teams« für Sie besonders geeignet.

Am besten gehen Sie mit folgenden Schritten vor:

• Beobachten Sie, wann Sie unsicher sind.

Ähneln sich die Situationen? Denken Sie dabei immer dasselbe, z. B. »Ich bin nicht gut genug« oder »Eigentlich gehöre ich hier nicht her«? Ist Ihr Verhalten immer gleich? Wie ist es? Auf diese Weise kristallisiert sich der entsprechende Teil oder das »Team-Mitglied« heraus.

• Geben Sie Ihrem unsicheren Teil einen Namen.

Z. B. »Die Außenseiterin«, »Die Perfektionistin«, »Das brave Mädchen«, »Die Arme Maus«, »Die Bescheidene«.

• Finden Sie heraus, was Ihr unsicherer Teil für Sie tun möchte.

Will er Sie vor einer Blamage oder Kritik schützen? Möchte er Ihnen Lob und Wohlwollen der anderen verschaffen? Bewahrt er Sie vor Risiken? Sorgt er dafür, dass Sie nicht aus Ihrer vertrauten Gruppe herauswachsen?

• Schicken Sie Ihren unsicheren Teil in Pension.

Bedanken Sie sich für seinen guten Willen. Erläutern Sie ihm, warum Sie seine Hilfe nicht mehr benötigen. Beweisen Sie ihm mit guten Argumenten, dass er sich keine Sorgen um Sie machen muss. Führen Sie das (Selbst-)Gespräch mit diesem Teil so lange, bis Sie deutlich spüren, dass er einverstanden ist.

- Lassen Sie sich von einem nützlichen Teil Ihres »Inneren Teams« unterstützen.

Es gibt garantiert ein bewährtes Mitglied Ihres »Inneren Teams«, das Ihnen in der verunsichernden Situation zur Seite stehen kann. Etwa »Der Profi«, »Die Zurückhaltende«, »Die Abenteuerin«. Schlüpfen Sie möglichst vollständig in die Rolle dieses Teils. Denken und verhalten Sie sich entsprechend.

- Erinnern Sie Ihren unsicheren Teil an die Abmachung.

Rechnen Sie damit, dass sich der unsichere Teil aus alter Gewohnheit demnächst wieder meldet. Weisen Sie ihn konsequent darauf hin, dass sein Erscheinen unnötig ist.

Sicher kostet es Zeit und Überlegung, diese Schritte zu gehen, doch es lohnt sich. Auf diese Weise lernen Sie Ihre Persönlichkeitsanteile kennen, die bisher im Verborgenen agierten oder die mit bester Absicht Ihre Selbstsicherheit sabotieren. Machen Sie sich bewusst, dass Sie keinen unsicheren Teil mehr brauchen, um sich zu schützen oder Zuneigung zu gewinnen. Inzwischen sind Sie in der Lage, Verantwortung zu übernehmen und für sich geradezustehen. Schicken Sie Ihr Aschenputtel in Pension und übernehmen Sie Ihre Rolle als Prinzessin.

Nachdem Sie sich mit Ihrer Vergangenheit in Form von überholten Botschaften und Persönlichkeitsanteilen beschäftigt haben, wissen Sie besser als zuvor, was Sie heute beeinträchtigt. Die Prägungen von damals wirken sich nicht länger unbewusst aus. Von daher können sie nicht mehr überraschend auftauchen wie das Ungeheuer von Loch Ness. Sie erkennen

Ihre »Nessie«, sobald sie nur den Kopf aus dem Wasser hebt. Außerdem verliert sie ihre Stärke, weil Sie wissen, dass es sich um überholte Erfahrungen handelt. Mit Ihrer Entscheidung, sich davon nicht länger bestimmen zu lassen, haben Sie die Basis für selbstbewusste Gedanken und Gefühle geschaffen. Darauf können Sie nun aufbauen.

## Entwickeln Sie selbstsichere Gedanken und Gefühle

Ein junger australischer Filmstar, der in mehreren erfolgreichen Filmen zu sehen war, wurde von einer Reporterin interviewt. Sie wollte wissen, wie er so erfolgreich werden konnte, ohne jemals einen Fuß in eine Schauspielschule gesetzt zu haben. Sein Geheimnis: Er betrachtete seine Arbeit wie ein Regisseur, suchte seine Fehler und korrigierte sie.

Dieser junge Mann bringt positive Veränderung genial einfach auf den Punkt: Die Fehler suchen und beheben! Das gleiche Prinzip gilt, wenn Sie ungünstige Einstellungen loswerden möchten. Nur dass es sich nicht um Schwächen in der Schauspielkunst handelt, sondern um verunsichernde Gedanken und Gefühle. Das sind die »Fehler« in Ihrem Inneren, die es zu erkennen und zu beheben gilt. Dabei spielt es keine Rolle, ob Sie sie von Kindesbeinen an mit sich herumschleppen oder ob sie spontan aus einer Situation entstanden sind.

### Erkennen Sie nützliche Unsicherheit

Bei verunsichernden Gedanken oder Gefühlen ist es nicht in jedem Fall angebracht, gleich von »Fehlern« zu sprechen. Ähnlich wie die Angst haben sie häufig eine wichtige Funktion: Sie weisen uns auf Lücken und Mängel hin. Unsicherheit signalisiert uns, dass wir wichtige Dinge vernachlässigt oder übersehen haben.

Angenommen, Sie haben sich auf eine Prüfung schlecht vorbereitet. Kurz bevor es ernst wird, bekommen Sie weiche Knie und denken panisch: »Das schaff ich nicht.« Das ist bestimmt kein »Fehler«, sondern eine realistische Einschätzung. Oder: Sie verhalten sich anderen gegenüber egoistisch und arrogant. Irgendwann beschleicht Sie der deprimierende Gedanke: »Mich mag wohl keiner ...« Damit liegen Sie gewiss richtig.

Als Erstes ist es also notwendig, nützliche und hinderliche Unsicherheit auseinander zu halten. Dazu möchte ich Ihnen einen Filter an die Hand geben, mit dem Sie das eine vom anderen klar unterscheiden können. Wann immer ein verunsichernder Gedanke oder ein entsprechendes Gefühl in Ihnen auftaucht, stellen Sie sich zwei Fragen:

- Habe ich alles Notwendige getan?

Eine Grundvoraussetzung für Selbstsicherheit ist, dass Sie Ihren Beitrag geleistet haben. In einem Manager-Magazin las ich einen Spruch, der genau trifft, was damit gemeint ist: »Qualität kennt keinen Zufall.« Zumindest wenn es sich um wichtige Dinge wie ein Vorstellungsgespräch, die Fahrprüfung, ein großes Fest oder eine Reise handelt, sollten Sie sich gründlich vorbereiten. Vergessen Sie dabei nicht Murphys Gesetz: »Was schief gehen kann, geht schief.« Planen Sie gründlich und bauen Sie möglichen Schwierigkeiten vor.

- Macht mich dieser Gedanke oder dieses Gefühl aktiv?

Ob die verunsichernden Gedanken oder Gefühle sinnvoll sind,

erkennen Sie an der Wirkung. Wenn Ihre Gedanken oder Gefühle Sie wach, aufmerksam und aktiv machen, sind sie nützlich. Die Hamburger Diplom-Pädagogin Barbara Berckhan drückt das mit einem schönen Wortspiel aus: Sie helfen Ihnen, Sorgen in Sorgfalt zu verwandeln. Werden Sie jedoch dadurch verzagt, klein, unfähig oder schwach, sind Ihre Gedanken oder Gefühle Gift für Ihre Selbstsicherheit.

Wenn Sie auch nur eine dieser beiden Filter-Fragen bejaht haben, handelt es sich bei Ihren verunsichernden Gedanken oder Gefühlen um »Fehler«, um etwas, das Ihrer Selbstsicherheit schadet. Lassen Sie uns schauen, wie Sie sie entdecken und ändern können.

### *Ändern Sie Ihre Gedanken*

Zu der aus den USA stammenden Lebensphilosophie des Positiven Denkens kann man stehen wie man will – ein Verdienst ist ihr sicher zuzuschreiben: Sie hat uns die Macht des Geistes aufgezeigt. Tatsächlich sind es in den meisten Fällen unsere Gedanken, die Unsicherheit auslösen und ohne die sich das entsprechende Gefühl gar nicht einstellen würde.

Wie leicht das passiert, konnte ich vor einigen Wochen an mir selbst beobachten. Mit meiner Familie machte ich Urlaub an einem einsamen See in Schweden. Eines Morgens – Mann und Sohn waren zu einer Radtour unterwegs – schwamm ich allein weit hinaus. Munter wie ein Fisch im Wasser bedachte ich nicht, dass ich die gleiche Strecke auch wieder zurückschwimmen musste. Als ich mich umdrehte und das Ufer in weiter Ferne sah, schoss es mir durch den Kopf: »Wenn ich jetzt schlappmache, kann mich keiner retten ...« Ich geriet in Panik. Zum Glück bewährt sich Psychologie auch im Wasser. Mitten auf dem See änderte ich bewusst meine Gedanken. Ich redete mir gut zu: »Bleib ruhig. Du bist weder herzkrank, noch neigst du zu Wadenkrämpfen, und du bist fit genug, um zurückzuschwimmen.« Prompt schwand meine Aufregung – und wie Sie diesen Zeilen entnehmen können, erreichte ich wohlbehalten das Ufer.

Gewiss haben Sie, was Ihre Selbstsicherheit betrifft, schon Ähnliches erlebt: Negative Gedanken rauben Ihnen ruckzuck die Energie und schaffen damit den Nährboden für unsicheres Verhalten. Sie klingen etwa so: »Die sind hier alle so schick angezogen.« »Sie sieht viel besser aus als ich.« »Wie peinlich, da bin ich ja mal wieder voll ins Fettnäpfchen getreten.« »Bei den vielen Bewerberinnen nehmen die mich doch sowieso nicht.« »Wenn ich mich falsch entscheide, kann ich nicht mehr zurück.« »Ich bin eine schlechte Mutter.«

Dass Ihnen solche Gedanken gelegentlich durch den Kopf gehen, lässt sich kaum vermeiden, wohl aber, dass sie ihre verunsichernde Wirkung dauerhaft entfalten. Mit den folgenden drei bewährten Methoden können Sie sie entschärfen:

### *Bieten Sie negativen Gedanken Paroli*

Machen Sie sich bitte klar, dass Ihr negativer Gedanke nicht die absolute Wahrheit ist. Es handelt sich lediglich um Ihre subjektive Meinung. Ganz sicher gibt es Menschen, die in einer ähnlichen Lage Ihre Ansicht keineswegs teilen. Während Sie etwa vermuten: »Bei den vielen Bewerbungen nehmen die mich bestimmt nicht«, glaubt eine andere: »Ich habe die gleiche Chance wie alle übrigen und werde mein Bestes geben.« Die Frage »Was würde eine selbstsichere Frau jetzt denken?«, kann Ihnen auf die Sprünge helfen, um Ihren negativen Gedanken positive entgegenzusetzen.

Allerdings reicht es selten aus, nur simpel das Gegenteil zu behaupten. Wenn Sie morgens in den Spiegel schauen und denken: »Ich sehe ja furchtbar aus. Am besten gehe ich heute gar nicht unter die Leute«, dann nutzt es Ihnen wenig, konträr zu formulieren: »Ich bin wunderschön und werde begeisterte Komplimente ernten.« Das wäre eine hohle Phrase, die Sie sich selbst nicht abnehmen. Sie müssen sich schon die Mühe machen, gute Argumente zu suchen. Zum Beispiel: »Ich bin halt etwas unausgeschlafen, aber nach einer heißen Dusche und mit Make-up sehe ich wieder passabel aus. Außerdem ziehe ich meinen Lieblingspulli an, der frischt mich optisch auf.«

Machen Sie einen Sport daraus, Ihre verunsichernden Gedanken aufzuspüren und ihnen sofort contra zu geben. Auf diese Weise trainieren Sie täglich Ihren geistigen Selbstsicherheitsmuskel und werden in diesem Bereich immer fitter.

### *Ändern Sie die Bedeutung der Situation*

Möglicherweise haben Sie bisher überwiegend positiv gedacht, doch dann wurde Ihre Selbstsicherheit plötzlich durch eine Krise erschüttert. Vielleicht durch eine wie diese:

Trixi arbeitete seit vielen Jahren in einem großen Elektrogeschäft und gehörte schon fast zum Inventar. Sie war eine gute Verkäuferin und engagierte sich so, als wäre es ihr eigener Laden. Vor einigen Monaten machte die Firma durch falsche Geschäftsführung Pleite. Jetzt steht Trixi mit 54 Jahren auf der Straße. Ein neuer Arbeitsplatz ist nicht in Sicht.

Petra glaubte, endlich die große Liebe gefunden zu haben. Nach einem wunderschönen halben Jahr hat sich ihr Freund überraschend von ihr getrennt. Mit der Begründung, sie sei wohl doch nicht die Richtige, er hätte bei ihr keine Schmetterlinge im Bauch.

Elkes Tochter steckt heftig in der Pubertät. Jeden Tag gibt es Streit bis aufs Blut. Der Vater hält sich raus. Elke versteht nicht, was aus ihrem lieben kleinen Mädchen geworden ist. Sie fühlt sich als Mutter unfähig, alt und kraftlos.

Renates Frauenärztin hat ihr eröffnet, dass sie Brustkrebs hat. Eine Operation, bei der sie eine Brust verlieren wird, ist unvermeidlich. Renate ist verzweifelt.

Auch in schweren Fällen ist es möglich, sich mental aufzubauen, indem Sie Ihre Sichtweise ändern und nach dem positiven Aspekt Ihrer gegenwärtigen Situation suchen.

Ihr Mann oder Freund hat Sie verlassen? Jetzt sind Sie frei und haben die Möglichkeit, an sich selbst zu denken. Sie haben die Kündigung in der Tasche? Endlich genug Zeit, um über eine Fortbildung, eine Umschulung, einen Job im Ausland, die Selbständigkeit oder eine Erholungspause nachzudenken. Ihr Kind rebelliert gegen Sie? Ein gutes Zeichen. Es ist fähig, sich vom Elternhaus abzunabeln. Sie sind durch einen Unfall oder eine Krankheit beeinträchtigt? Das gibt Ihnen Gelegenheit, Ihr bisheriges Leben zu überdenken und Prioritäten neu zu setzen.

Sollten Sie auch bei intensivem Nachdenken keine gute Seite entdecken, hilft es, nach einem Sinn höherer Ordnung zu suchen.

Fragen Sie sich: Welchen Gewinn vermittelt mir diese Situation für die Entwicklung meiner Persönlichkeit? Vielleicht können Sie

- Geduld üben
- Lebenserfahrung gewinnen
- ein Gefühl für die eigene Stärke bekommen
- neue Möglichkeiten wahrnehmen
- das Glück auch in kleinem Rahmen finden
- unabhängiger von äußeren Dingen werden.

Tatsächlich gibt es keine noch so schlimme Erfahrung, die nicht durch Umdeutung einen positiven Sinn erhalten könnte. Das beweisen Menschen, die auf diese Weise Ereignisse bewältigt haben, an denen sie andernfalls seelisch zerbrochen wären. Wie der amerikanische Literaturprofessor Morrie Schwartz, der seine langsam zum Tode führende Krankheit bewusst nutzte, um zu zeigen, wie ein Mensch bis zum Schluss seine Lebensfreude bewahren kann. Gott sei Dank sind die meisten unserer negativen Erfahrungen nicht so existenziell. Es geht »nur« um unsere Selbstsicherheit. Was sogar für Härtefälle gilt, sollten wir also allemal schaffen. Mit etwas Überlegung finden Sie gewiss Ihre eigene, maßgeschneiderte Umdeutung. Sie werden merken, wie viel neues Selbstbewusstsein Sie dadurch erhalten.

### *Machen Sie einen Gedanken-Stopp*

Wenn trotz dieser geistigen Gegenstrategien bestimmte verunsichernde Gedanken immer wieder auftauchen, handelt es sich meist um »Lieblingsgedanken«, an die Sie sich seit Jahren gewöhnt haben. Entsprechend schwer lassen sie sich vertreiben. Dann empfiehlt es sich, mit den Gedanken umzugehen wie mit einem ungezogenen Kind.

Eine Mutter erzählte mir neulich, dass sie ihrer kleinen Tochter lange und breit erklärt hat, warum sie nicht auf die Straße laufen darf. Als sich das Kind bei einem Spaziergang trotzdem von ihrer Hand losriss und gerade zwischen die Autos laufen wollte, schrie sie so gellend »Halt«, dass sämtliche Passanten zusammenzuckten. »Mein Gebrüll hat Lisa so einen Schock versetzt, dass sie auf der Stelle stehen blieb. Ich bin sicher, sie macht das so schnell nicht wieder«, sagte sie befriedigt.

Verfahren Sie mit Ihren hartnäckigen Gedanken ähnlich energisch. Sagen Sie innerlich: »Stopp! Dieser Gedanke ist unnütz, ich will ihn nicht denken.« Wiederholen Sie das so oft wie nötig. Falls Sie gerade allein sind, können Sie den Effekt noch verstärken, indem Sie laut »Stopp!« rufen und dabei fest mit der Faust auf den Tisch schlagen.

### *Ändern Sie Ihre Gefühle*

Nicht nur unsere Gedanken verunsichern uns. Oft sind Gefühle die Auslöser. Wir werden von Emotionen überrollt, noch bevor wir überhaupt einen klaren Gedanken fassen. Auch hier lassen sich mit wirkungsvollen Techniken die negativen Gefühle umwandeln oder zumindest entschärfen.

### *Wandeln Sie Unsicherheit in Vorsicht*

Erinnern Sie sich noch an Ihren ersten Schultag? Wahrscheinlich haben Sie sich in einer wilden Mischung aus Vorfreude, Angst und Aufregung hinter Ihrer Schultüte versteckt. Oder an den ersten Tag in der neuen Firma? Nach außen souverän, haben Sie innerlich gebetet, dass die Kolleginnen Sie doch bitte akzeptieren. Wissen Sie noch, wie Sie sich vor dem ersten Treffen mit dem Mann fühlten, in den Sie verliebt waren? Bestimmt haben Sie sich zehnmal umgezogen und sich vor dem Spiegel einfach unmöglich gefunden. Ging es Ihnen auch so, dass Sie vor der Begegnung mit Ihren zukünftigen Schwiegereltern schrecklich nervös waren?

Wenn Sie nichts dergleichen erlebt haben, wäre das ein Wunder. Fremde Umgebungen, unbekannte Menschen und neue Gruppen zählen nämlich zu den klassischen Auslösern für Unsicherheit. Ob Sie in eine fremde Stadt ziehen, auf einem

Fest nur die Gastgeber kennen oder eine Gruppenreise mitmachen – Neuland verunsichert. So hat der Kommunikationstrainer Karlheinz Geißler festgestellt, dass sich zu Beginn eines Kurses sämtliche Teilnehmerinnen unsicher fühlen, selbst wenn sie schon auf ähnlichen Veranstaltungen waren. Er erklärt das so: »Eingespielte Verhaltensweisen, Routinen des Alltags, gelten nicht mehr, da ja unsicher ist, was überhaupt gilt. Der Boden schwankt.«[9] Seine Erfahrungen können alte Hasen unter den Seminarteilnehmern nur bestätigen. Selbst sie fühlen sich zu Beginn unsicher. Ihr einziger Vorteil ist meist, dass sie ihre Gedanken und Gefühle besser wahrnehmen und einordnen können.

Dass uns unvertraute Bedingungen verunsichern, liegt in unserem menschlichen Erbe begründet. Für unsere Urahnen war es ziemlich gefährlich, sich blindlings in ein fremdes Milieu zu stürzen. Möglicherweise hätten sie plötzlich einem Säbelzahntiger oder feindlichen Stammesmitgliedern gegenübergestanden. Ihr Gefühl der Unsicherheit brachte sie dazu, erst einmal das Terrain zu sondieren. Diese Funktion hat es bis in die Gegenwart behalten. Hadern Sie deshalb nicht mit Ihrer Unsicherheit, sondern nutzen Sie sie, um genau zu beobachten und daraus Schlüsse zu ziehen. Trösten Sie sich damit, dass Ihr mulmiges Gefühl vergehen wird, sobald Sie die herrschenden Regeln kennen und sich in die fremde Gruppe oder Umgebung integriert haben. Lassen Sie sich von den anderen nicht bluffen. Egal wie souverän und cool die sich geben – sobald sie Neuland betreten, sind sie garantiert genauso aufgeregt wie Sie.

### *Entzaubern Sie Autoritäten*

Fühlen Sie sich auch irgendwie schuldig, wenn Sie einem Polizisten begegnen? Ich checke meist blitzschnell ab, ob ich vielleicht gerade verträumt bei Rot über die Straße gegangen bin oder im Dämmerlicht vergessen habe, das Licht an meinem Fahrrad anzuknipsen.

Andere bekommen den Mund nicht auf, wenn ihnen ein Arzt im weißen Kittel die Diagnose auf Lateinisch verkündet. Oder sie trauen sich nicht, hanebüchenem Unsinn zu widersprechen, nur weil ein Professor Dr. Dr. ihn geäußert hat.

Ebenso wie unbekanntes Terrain zählen auch Autoritäten zu den »klassischen« Auslösern von Unsicherheit. Menschen, die Gesetz, Macht, Einfluss oder Geld repräsentieren, ein spezielles Wissen besitzen oder in einer Hierarchie ganz oben stehen, können uns verunsichern. Dazu gehören Ärzte, Richter, Polizisten, Wissenschaftler, Prominente, Politiker, Beamte, Lehrer oder Vorgesetzte. Doch es muss sich nicht unbedingt um allgemein anerkannte Respektspersonen handeln. Es reicht schon, wenn Sie sie dafür halten. Dann kann Sie auch ein selbstbewusster Handwerker, eine arrogante Verkäuferin, eine strenge Kindergärtnerin oder eine dominante Kollegin irritieren.

Franziska, eine 41-jährige Lehrerin, fühlt sich von Bankangestellten verunsichert. »Gestern wollte ich ein Sparbuch eröffnen«, erzählt sie. »Der Banker bat mich, Platz zu nehmen, um die nötigen Papiere auszufüllen. Ich saß stocksteif im Sessel und umklammerte meine Handtasche wie einen Rettungsring. Das könnte ich ja noch verstehen, wenn ich einen Kredit beantragt oder Aktien gekauft hätte – aber bei einem simplen Sparbuch? Irgendwie macht mich die bloße Tatsache unsicher, mit dem Vertreter eines Geldinstituts in Verbindung zu sein.«

Die Begegnung mit Autoritäten oder denjenigen, die wir dafür halten, katapultiert uns oft gefühlsmäßig in die Kindheit zurück. Plötzlich sind wir wieder das Mädchen, das sich davor fürchtet, etwas falsch zu machen, und brav tut, was man ihm sagt.

In solchen Situationen hilft es, dem Mädchen zur Stärkung innerlich die erwachsene Frau zur Seite zu stellen. Mit souveränen Sätzen gelingt es Ihnen, sich wieder in Ihren erwachsenen Zustand zu bringen. Am besten legen Sie sich die schon vorher zurecht. Sagen Sie sich:

»Diese Person ist für mich da.«

»Die beste Expertin für mich selbst bin ich.«

»Er (sie) wird von meinen Steuergeldern bezahlt.«

»Ich habe ein Recht darauf, dass man mir das genau und verständlich erklärt.«

»Ich bin eine mündige Patientin (Klientin).«

»Schließlich bezahle ich dafür.«

»Der Kunde ist König.«

»Ich werde ein zweites Gutachten einholen.«

»Als Mensch bin ich genauso viel wert wie diese Person.«

Bleiben Sie gegenüber Autoritäten kritisch, und ziehen Sie sich nicht jeden Schuh an, sobald es Probleme gibt. Es gibt keinen Grund, Fachleute automatisch als überlegen zu empfinden.

Eine meiner Klientinnen, eine liebenswerte und kontaktfreudige Sekretärin, war von einer ehemaligen Schulfreundin zu einer Geburtstagsfeier eingeladen, auf der sich lauter Akademiker befanden. Sie versuchte, ins Gespräch zu kommen, aber ohne Erfolg. Man unterhielt sich nur miteinander, so weit man sich kannte. Den ganzen Abend saß sie alleine herum. In der folgenden Therapiestunde äußerte sie zweifelnd: »Wahrscheinlich war ich denen zu ungebildet.« Ich hielt dagegen: »Nein, die waren schlecht erzogen! In einer Gesellschaft jemanden einfach links liegen zu lassen, ist ausgesprochen unhöflich.« Von dieser Seite hatte sie es noch gar nicht betrachtet.

Wenn ein Arzt Fachlatein spricht, müssen Sie sich nicht klein und dumm fühlen. Denken Sie lieber: »Der Mann ist nicht in der Lage, sich für Laien verständlich auszudrücken.« Wenn die Verkäuferin der Edelboutique Sie mit Arroganz einschüchtert, halten Sie innerlich dagegen: »Die Frau hat offenbar keine Ahnung vom Verkaufen.«

Ein chinesisches Sprichwort sagt: »Setze keinen Kopf höher als deinen eigenen.« Indem Sie gezielt selbstsichere Gedanken entwickeln, wird Ihnen das auch gegenüber Autoritäten gelingen.

### Entspannen Sie sich

Außer den »klassischen« Auslösern gibt es natürlich noch viele andere Situationen, die Sie je nach Ihrer individuellen Erfahrung und Einstellung verunsichern können. Häufig sind es gar nicht einmal bedeutende Erlebnisse, sondern ganz alltägliche:

- Auf dem Elternabend in der Schule kandidieren Sie für den Posten als Elternbeirat. Angespannt verfolgen Sie bei der Stimmenauszählung die Strichliste an der Tafel.
- Im Jazzdance-Kurs fühlen Sie sich wie ein aus dem Tritt geratener Tausendfüßler, während alle anderen perfekt die Beine schwingen.
- Sie besuchen eine Bekannte im Krankenhaus, der es sehr schlecht geht. Sie suchen nach passenden Worten, um ihr Mut zu machen.
- In der Konferenz erwartet man von Ihnen interessante Vorschläge. In Ihrem Kopf ist nur Watte.
- Ihr Chef hat Sie gebeten, einen Kunden vom Flughafen abzuholen. Sie fühlen sich verpflichtet, Smalltalk zu machen.

In solchen Situationen setzen wir uns gerne selbst unter Druck, indem wir ein mögliches Versagen als absolute Katastrophe betrachten. Tatsächlich aber geht es selten wie bei

Prinz Hamlet um Sein oder Nichtsein – und selbst dann nützt Ihnen eine entspannte Haltung mehr als ein unsicheres »Oh wie peinlich, was soll ich nur tun?« Relaxen Sie also in Gedanken. Dabei hilft Ihnen, dass Sie die Bedeutung der Situation abschwächen.

Angenommen, Sie haben den Kunden vom Flughafen abgeholt. Nachdem Sie ausgiebig über das Wetter geplaudert und sich erkundigt haben, ob er eine gute Reise hatte, geht Ihnen langsam der Gesprächsstoff aus. Anstatt sich nun das Gehirn nach neuen Themen zu zermartern, sagen Sie sich: »Es macht nichts, wenn wir mal eine Weile schweigen.«

Am Elternabend fiebern Sie während der Stimmenauszählung, ob man Sie zur Beirätin gewählt hat. Entkrampfen Sie sich mit dem Satz: »Ist doch nicht so wichtig.«

Bei fast allen Anlässen können Sie sich mit diesem Gedanken entspannen: »In einem Jahr spricht kein Mensch mehr davon.«

### *Achten Sie auf Ihren Körper*

Joggen Sie oder machen Sie regelmäßig Sport? Dann wissen Sie sicher längst, dass sich negative Gefühle wie Stress, Sorgen und schlechte Laune über den Körper auflösen lassen. Das gilt auch für Unsicherheit. Weil sich Geist und Körper wechselseitig beeinflussen, können Sie ebenso effektiv bei Ihrem Körper ansetzen wie bei Ihren Gedanken. Dazu ist allerdings Aufmerksamkeit notwendig.

Sobald Sie sich unsicher fühlen, teilt Ihr Körper Ihnen das durch vielfältige Signale mit: Ihr Atem ist flach oder stockend. Die Hände werden feucht. Ihr Herz schlägt schneller. Ihre Schultern- und Rückenmuskeln sind angespannt. Ihnen ist flau im Magen. Sie sinken in sich zusammen.

Meist registrieren Sie das nicht im Detail, sondern fühlen

sich nur insgesamt verkrampft. Möglicherweise ist Ihnen sogar nicht einmal bewusst, dass Ihr Körper aktiv ist, während Sie gerade geistig mit der jeweiligen Situation beschäftigt sind.

Der erste Schritt besteht darin, Ihren Körper deutlich wahrzunehmen. Im Zen-Buddhismus benutzt man dazu den Begriff »Achtsamkeit«. Sobald Sie auf Ihren Körper achten, gibt er Ihnen genauen Aufschluss über Ihren gegenwärtigen Zustand.

Am besten probieren Sie das gleich einmal aus: Legen Sie das Buch zur Seite und schließen Sie die Augen. Gehen Sie Ihren Körper langsam von Kopf bis Fuß durch. Was spüren Sie? Vielleicht juckt Ihr linkes Schulterblatt, Sie verspüren einen leichten Hunger, und Ihre neuen Schuhe drücken am kleinen Zeh.

Wenn Sie einen solchen Mini-Check mehrmals täglich spontan durchführen, gelingt es Ihnen immer leichter und schneller, Ihre aktuelle Befindlichkeit zu orten. Bald ist es nicht einmal mehr nötig, die Augen zu schließen, um in sich hineinzuhören. Sie können Ihr unsicheres Gefühl jederzeit über den Körper identifizieren.

Im nächsten Schritt bauen Sie dann Ihre Unsicherheit über Ihren Körper ab: Lösen Sie Ihre Verspannungen bewusst auf, wo Sie sie spüren. Flacher Atem? Sie atmen tief ein und aus. Verkrampfte Hände? Sie legen sie locker auf den Schoss. Herzklopfen? Sie sagen sich: »Ich bin ganz ruhig.« Sie sind in sich zusammengesunken? Richten Sie sich kerzengerade auf.

Auf diese Weise spüren Sie im wahrsten Sinne des Wortes am eigenen Leibe, wie eng Körper und Geist miteinander verbunden sind. Nutzen Sie dieses Wissen und wenden Sie es so oft wie möglich an.

### *Sie bestimmen, was Sie denken*

Jetzt sind Sie mit den wichtigsten Methoden, selbstsicher zu denken, vertraut: Sie wissen, wie Sie Ihre Vergangenheit loslassen, das innere Team richtig führen und Ihre Gedanken ändern können.

Ich hoffe, Sie haben richtig Lust auf Denk-Sport bekommen und sich vorgenommen, Ihre Selbstsicherheit von der Basis her, nämlich Ihrem Kopf, zu entwickeln.

Zugegeben, es erfordert Disziplin und Geduld, den Kopf dauerhaft zu entrümpeln. Von nichts kommt nichts, alles hat seinen Preis. Doch entscheidend ist, dass es funktioniert, wenn Sie es wirklich wollen.

In einem Antiquariat stieß ich auf ein Buch mit dem Titel: »In dir ist die Kraft«. Es stammt aus dem vorigen Jahrhundert. Der Autor ist H. Th. Hamblin, ein englischer Lebensphilosoph. Im Klappentext wird darauf verwiesen, dass er seine Erkenntnisse aus »eigener, reicher Lebenserfahrung« gewonnen hat.

Interessiert blätterte ich darin und schlug wie von selbst eine Seite auf, die sich mit der Umwandlung von Gedanken befasste. Schon damals war man offenbar davon überzeugt, dass sich Denken umformen lässt. Hamblins Einsichten sind so klar formuliert, dass ich sie Ihnen direkt weitergeben möchte:

»Es ist nicht allgemein bekannt, dass wir unsere Gedanken genauso beherrschen und lenken können wie ein Schutzmann den Verkehr kontrolliert und regelt: Er erhebt eine Hand, und der Verkehr hinter ihm stoppt, er hält die Arme seitwärts, und der Verkehr flutet beiderseits vor ihm vorüber. Auf die gleiche Weise können wir unseren Gedankenverkehr regeln, unerwünschte Gedanken stoppen und positiven, aufbauenden Gedanken die Bahn frei halten.

Hier wird ein Leser vielleicht einwenden: ›Aber ich kann doch meinen Gedanken nicht befehlen, wegzubleiben!‹ O doch – antworte ich darauf –, du bist durchaus in der Lage, den Gegenstand deines Denkens nach Belieben zu wechseln, genauso, wie du von einem Gesprächsgegenstand auf einen anderen übergehst. Du musst es nur tun wollen, statt zu denken und zu sagen, dass es nicht gehe. Im Übrigen lässt sich diese Fähigkeit durch Übung und bewusste Gedankenerziehung steigern. Auch der Willensschwächste kann es erreichen; wenn er nur etwas Ausdauer hat, wird er seine Gedanken im Laufe der Zeit bändigen.«[10]

Die Vorstellung, dass wir unsere Gedanken genauso wechseln können wie unsere Gesprächsthemen, ist faszinierend, nicht wahr? Schließlich sind Gedanken nichts anderes als innere Sprache. Bevor Sie also mit anderen Menschen reden, sprechen Sie erst einmal liebevoll, ermutigend und bestärkend mit sich selbst.

## Kapitel 2
## Handeln Sie selbstsicher

Sie liegen im Bett und wollen gerade einschlafen, da steht plötzlich eine Fee vor Ihnen. Verwundert reiben Sie sich die Augen, aber nein, Sie träumen nicht. Die Fee sagt mit sanfter Stimme: »Wir von der Himmlischen Gesellschaft für Persönlichkeitsentfaltung haben mit Freude festgestellt, dass du dich intensiv um Selbstsicherheit bemühst, und haben beschlossen, dich dabei zu unterstützen. Sage mir, was du brauchst, um selbstsicher zu sein, und du wirst es erhalten.« Wie vom Donner gerührt sitzen Sie senkrecht im Bett. Spontan schießen Ihnen einige Möglichkeiten durch den Kopf: Einen Coach, der Ihnen sämtliche Psychotricks beibringt. Einen akademischen Titel, mit dem man Sie respektiert. Designerkleidung, um sich optisch perfekt zu fühlen. Alles gut und schön, aber richtig zufrieden sind Sie damit nicht. »Mir fällt nichts ein, was mich wirklich in allen Lebenslagen selbstsicher macht«, jammern Sie. »Sei nicht traurig«, tröstet die Fee. »Das geht den meisten Menschen so. Und weil du darauf verzichtet hast, dir einfach nur etwas Äußerliches zu wünschen, werde ich dir den ersten Schritt verraten, mit dem du aus eigener Kraft zu selbstsicherem Handeln gelangst: Finde heraus, was du wirklich willst!« Damit entschwindet die Fee in einer Wolke von silbernem Sternenstaub.

## Ihre Wünsche – Kompass für selbstsicheres Handeln

Sie glauben nicht an Feen und mögen es lieber sachlich? Nun gut: Bevor Sie selbstsicher handeln, müssen Sie erst einmal wissen, worauf Ihre Handlung abzielen soll. Schon der Philosoph Epiktet sagt: »Freund, bedenke zuerst, was es ist, das du tun willst.« Deshalb lautet die entscheidende Frage: WAS WOLLEN SIE? Und damit ist keineswegs ein langer Urlaub oder das Treffen mit Ihrem Traummann gemeint, jedenfalls noch nicht an dieser Stelle. Hier gilt erst einmal: »Think big!« Wenn Sie erfahren wollen, wo selbstsicheres Handeln für Sie ein absolutes Muss ist, dann kommen Sie nicht umhin, sich Gedanken über das zu machen, was für Sie im Leben wesentlich ist. Das beste Selbstsicherheitstraining nutzt Ihnen nämlich wenig, wenn Sie es für das falsche Ziel einsetzen.

Wie wichtig es ist, zuerst einmal die Richtung zu bestimmen, lässt sich besonders im Bereich Arbeit belegen. Tom Peters, ein gefragter amerikanischer Unternehmensberater, bestätigt das aus eigener Anschauung: »Es ist eine Katastrophe, wenn man mühsam die Karriereleiter hinaufgeklettert ist und plötzlich feststellen muss, dass sie an der falschen Wand lehnt.« Das gilt nicht nur für Topmanager.

### *Finden Sie heraus, was für Sie wichtig ist*

Karen war künstlerisch begabt und hatte den Wunsch, Malerin zu werden. »Kommt gar nicht in Frage«, erklärte ihr Vater kategorisch. In Karens Familie galt Kunst als unnütz. Sinnvoll war es, anderen zu helfen. Karen gehorchte und studierte Sozialpädagogik. Nach dem Abschluss nahm sie eine Arbeit in der Schulverwaltung an. Sie war sehr erfolgreich, wurde befördert und verdiente gut. Glücklich war sie trotzdem nicht, weil sie das für sie Wesentliche, künstlerische Aktivitäten, unterdrückte. Karen bekam Krebs. Erst die Krankheit gab ihr die innere Erlaubnis, endlich ihrer Neigung nachzugehen. Sie gab ihren Beruf auf und widmete sich der Malerei.

Der amerikanische Psychologe Lawrence LeShan, der Karens Geschichte berichtet, ist im Laufe seiner 40-jährigen Tätigkeit zum Fachmann für das Wesentliche im Leben geworden. In der Krebsforschung hat er herausgefunden, dass der Verlust dessen, was für einen Menschen persönlich bedeutsam ist, zur Krankheit beiträgt, und dass die Wiederentdeckung oft wie durch ein Wunder genesen lässt. Mit Tausenden von Patienten hat LeShan deshalb versucht, das für sie Wesentliche herauszuarbeiten, und sie ermutigt, es auszuleben. Auf diese Weise wurde ihr Immunsystem gestärkt, sie gewannen Lebensfreude und entdeckten für sich einen neuen Sinn.

Dieses »Wesentliche«, das offenbar über Leben und Tod oder, weniger dramatisch, über ein erfülltes oder frustrierendes Dasein entscheidet, ist schwer zu beschreiben. Das Wort selbst bringt am besten auf die Spur. »Wesen« steckt darin. Wesentlich ist, was Ihr Wesen berührt, Sie im Inneren erfasst. Das Wesentliche lässt sich als etwas für den Menschen existenziell Wichtiges definieren.

Die Suche danach ist heutzutage wieder hoch aktuell, neu ist sie aber keineswegs. Schon lange haben sich die Philosophen damit beschäftigt. Ähnlich wie beim Thema »Glück« sind sie dabei nicht auf einen gemeinsamen Nenner gekommen. Das liegt nicht nur an den verschiedenen Schulen oder Zeiteinflüssen, sondern in der Natur der Sache. Was für den einen wesentlich ist, muss es für den anderen noch lange nicht sein. So bieten die großen Denker eine Palette des Wesentlichen an, die allerdings erstaunliche Parallelen zur Gegenwart zeigt. Offenbar hat sich über die Jahrhunderte an dem, was wirklich wichtig ist, kaum etwas geändert.

Für den Stoiker Epikur etwa besteht das Wesentliche im Leben in der Selbstgenügsamkeit – die Basis für die derzeit von Prominenten und in den Medien verkündete neue Bescheidenheit. Der Römer Seneca findet das Wesentliche in innerer Ausgeglichenheit und beeinflusst damit noch heute Wirtschaftsbosse und Politiker. Der hl. Augustinus sieht das Wesentliche darin, dass sich die Seele in Gott geborgen fühlt. Die Ziele der Esoterik-Anhänger sind denen des Kirchenvaters recht ähnlich, auch wenn sie statt von Gott vom Kosmos oder Universum sprechen. Für Spinoza, den niederländischen Philosophen im 16. Jahrhundert, ist entscheidend, dass jeder Mensch seine eigentliche Bestimmung und Aufgabe erfüllt – ein Gedanke, der im Sinne der Selbstverwirklichung auch gegenwärtig Resonanz findet. Neuzeitliche kluge Köpfe wie Herbert Marcuse, Erich Fromm oder Abraham Maslow sehen das Wesentliche vor allem in der Entwicklung der Persönlichkeit, nicht im Anhäufen von Besitz.

Inzwischen gibt es zumindest in Großstädten nicht nur psychologische, sondern auch philosophische Beratungspraxen. Philosophen können Sie inspirieren, die konkrete Umsetzung nehmen sie Ihnen nicht ab. Sie müssen selbst herausfinden, was für Sie wesentlich ist. Leider merken wir oft nicht einmal, dass wir das Wesentliche aus unserem Leben gestrichen haben.

Ein kleiner Check dazu: Stehen Sie morgens ungern auf? Quälen Sie sich durch den Tag? Sind Sie häufig müde oder gestresst? Fühlen Sie sich nutzlos? Das können Anzeichen dafür sein, dass Sie persönlich Wichtiges vernachlässigen. Wenn Sie es dagegen selbstsicher ausleben, fühlen Sie sich lebendiger, zufriedener und schwungvoller. Selbst objektive Belastungen werden dann zum »Eu-Stress« (Glücksstress) wie Hans Selye, der Vater der Stressforschung, positive Herausforderung genannt hat. Als der amerikanische Geschäftsmann George Halas von einem Freund bedauert wurde, dass er sogar am Wochenende arbeiten musste, sagte er lächelnd: »Das ist für mich keine Arbeit. Arbeit ist es nur, wenn man lieber anderswo wäre.«

Eine Tätigkeit zu verrichten, die wirklich zu Ihnen passt, ist nur ein Aspekt des Wesentlichen. Möglicherweise gehen Ihre Sehnsüchte in ganz andere Richtungen. Wir sprechen dann gerne von einem »Lebenstraum«. »I have a dream ...«, »Ich habe einen Traum«, mit diesen Worten leitete der schwarze Bürgerrechtler Martin Luther King seine berühmte Rede ein, in der er seine Vision einer von Rassismus freien amerikanischen Gesellschaft entwarf. Sie zu verwirklichen war sein erklärtes Lebensziel. Auch wenn Sie sich kaum für Politik interessieren, haben Sie wahrscheinlich ebenso einen Traum von dem, was Sie im Leben erreichen wollen. Vielleicht wünschen Sie sich eine große Familie, möchten anderen Menschen helfen. Oder Sie träumen davon, Abenteuer zu erleben oder in der Meditation Erleuchtung zu erlangen. Wie immer das Wesentliche für Sie auch aussieht, charakteristisch ist, dass es Ihre individuellen Anlagen und Neigungen, eben Ihr Wesen, voll erfasst und dass es Ihnen nicht offen oder heimlich von anderen vorgeschrieben wird. Der italienische Psychologe Roberto Assagioli bringt das Ziel auf den Punkt: »Unser Dasein, unser Schaffen und unsere Beziehungen zu anderen sollten uns ganz und gar entsprechen.«

### *Ihre Wünsche leiten Sie zum Wesentlichen*

In der Praxis ist es gar nicht so einfach herauszufinden, was unserem Wesen entspricht und was wir wirklich wollen. Manchmal ist es sinnvoll, eine Auszeit zu nehmen, um in Ruhe darüber nachzudenken. Ann Morrow-Lindbergh, Schriftstellerin, Mutter von fünf Kindern und viel beschäftigte Ehefrau des berühmten Atlantik-Fliegers Lindbergh, hat schon Mitte der fünfziger Jahre in ihrem Buch »Muscheln in meiner Hand« sensibel und anschaulich beschrieben, wie wohltuend es ist, sich für eine Weile aus der hektischen Betriebsamkeit zu lösen und sich selbst wieder zu finden. Ein Kreativurlaub allein nützt Ihnen allerdings wenig. Nachdem Sie sinnend am Timmendorfer Strand entlang gewandert sind oder auf der Zugspitze über Ihr Dasein nachgedacht haben, geht es darum, die gewonnenen Erkenntnisse auch im Alltag umzusetzen. Auch Ann Morrow-Lindbergh hoffte: »Vielleicht sammle ich in den Perioden meiner Einkehr Erkenntnisse, die ich in mein alltägliches Leben zurückbringen kann.«[11] Da stehen Sie dann vor dem Problem: »Ist das hier nun wirklich mein Ding? Lohnt es sich, dass ich mich dafür selbstsicher engagiere?«

Damit Sie sich in diesem Punkt besser auf die Spur kommen, schlage ich Ihnen ein Experiment vor: Vervollständigen Sie bitte den Satz, den ich Ihnen gleich nennen werde. Sie dürfen schreiben, was Sie möchten. Ausgenommen ist jedoch alles, was mit Grenzen setzen, Neinsagen oder Ablehnung zu tun hat, denn damit werden wir uns in einem späteren Teil dieses Buches ausführlich beschäftigen. Also nicht: » … würde ich meinem blöden Chef den Job vor die Füße werfen« oder » … würde ich mich weigern, jeden Sonntag bei meiner Schwiegermutter Kaffee zu trinken.«

Der Satz lautet:

»Wenn ich könnte, wie ich wollte, dann würde ich …«

1 ______________________________________________

______________________________________________

2 ________________________________________

________________________________________

3 ________________________________________

________________________________________

4 ________________________________________

________________________________________

5 ________________________________________

________________________________________

Schade, dass ich jetzt nicht lesen kann, was Sie notiert haben. Als Ersatz habe ich den kleinen Fragebogen an Frauen in meiner Umgebung verteilt – unter anderem mit diesem Ergebnis:

»… einen Sprachkurs in England machen.«

»… Tauchen lernen.«

»… regelmäßig in Ausstellungen gehen.«

»… mir eine Katze anschaffen.«

»… einen Tag auf einer Schönheitsfarm verbringen.«

»… ein Haus am Wasser kaufen.«

»… die Wände in unserer Wohnung farbig streichen.«

»… nach Patagonien reisen.«

»… einen Roman schreiben.«

»… jeden Morgen joggen.«

»… einen ganzen Nachmittag ohne schlechtes Gewissen durch die Stadt bummeln.«

»… mit meinem Mann einen Wochenendtrip nach Rom machen.«

»… mehr Zeit mit meiner kleinen Tochter verbringen.«

Bestimmt liegt vor Ihnen ein ebenso bunter Wunschzettel. Die Frage ist nun, welche dieser Wünsche so wesentlich sind, dass sie selbstsicheres Handeln notwendig machen. Um das zu beurteilen, müssen wir uns zunächst mit den verschiedenen Arten von Wünschen befassen.

Wünsche lassen sich mit einem einfachen System unterteilen, das sich bereits in anderem Zusammenhang bewährt hat – nämlich in Bezug auf das Essen. Vor Jahren war ein Buch ein Geheimtipp mit dem Titel die »Psycho Diät«[12]. Darin wurden Essgelüste in zwei Kategorien eingeteilt: »Winken« und »Summen«.

»Winken« bedeutet, dass Sie auf dieses Nahrungsmittel aufmerksam gemacht werden. Das Bedürfnis danach entsteht nicht von selbst, sondern wird durch äußere Reize hervorgerufen.

Etwa so: In der Mittagspause gehen Sie spazieren. Als Sie beim Bäcker an der Ecke vorbeikommen, dringt ein köstlicher Duft in Ihre Nase. Der Bäcker backt gerade Berliner und hat wegen der Hitze die Türe offen gelassen. »Au ja, Berliner mit Himbeermarmeladenfüllung, das wär's!«, denken Sie. Schon stehen Sie am Tresen und kaufen gleich drei Stück. Das Gebäck hat »gewinkt«.

»Summen« bedeutet, dass der Appetit auf ein bestimmtes Nahrungsmittel aus uns selbst entsteht. In Form von »Schmacht« oder Heißhunger teilt uns unser Körper mit, dass er genau dieses Essen unbedingt braucht, sei es nun aus körperlichen oder seelischen Gründen.

Angenommen, Sie sitzen gerade am Schreibtisch oder bügeln einen Berg Wäsche weg. Plötzlich taucht vor Ihren Augen ganz deutlich das Bild von Schokoladeneis auf, leckere Kugeln in einer knusprigen Waffel. Schon bei der bloßen Vorstellung läuft Ihnen das Wasser im Mund zusammen. Energisch versuchen Sie, sie zu verdrängen. Sie haben überhaupt keine Zeit, sich ein Eis zu holen, und außerdem wäre ein Apfel viel gesünder. Also arbeiten Sie brav weiter. Doch irgendwie klappt es nicht mehr mit der Konzentration. Das Schokoladeneis lässt Sie einfach nicht los. Sie schmecken es förmlich auf der Zunge. Schließlich kapitulieren Sie und treten den Weg zur Eisbude an. Happy End mit Eishörnchen. Das Schokoladeneis hat eindeutig »gesummt«.

### Schätzen Sie Ihre Wünsche richtig ein

Mit den Kategorien »Summen« und »Winken« lassen sich nicht nur die Gelüste auf bestimmte Nahrungsmittel unterscheiden, sondern auch alle übrigen Wünsche.

»Winkende« Wünsche:

»Winkende« Wünsche sind das Produkt zufälligen, spontanen Begehrens. Sie entstehen erst aus Anregungen, die Sie von außen erhalten. Sie entdecken beim Bummeln einen schicken Pulli im Schaufenster und müssen ihn einfach haben. Oder Sie blättern durch die Zeitung und finden eine begeisterte Filmkritik. Den Film sehen Sie sich an.

Im Kleinformat eignen sich »winkende« Wünsche bestens als Belohnung oder Stimmungsaufheller. Sobald sie erfüllt sind, spüren Sie eine belebende Wirkung.

In großem Stil markiert die Befriedigung »winkender« Wünsche häufig einen persönlichen Erfolg, etwa wenn Sie einen Firmenwagen fahren dürfen oder Ihr eigenes Büro bekommen. Oft hängen sie mit Konkurrenz, einem Vergleich mit anderen, Eitelkeit, Kompensation und Besitzstreben zusammen. Die Freude daran hält selten lange an, weil das Erreichte schnell selbstverständlich wird und außerdem ständig neue Reize winken.

Ob ein Wunsch nur »winkt«, erkennen Sie an folgenden Anzeichen:

- Die Idee stammt ursprünglich nicht von Ihnen.
- Andere in Ihrer Umgebung haben das auch.
- Er passt besser zu jemandem, den Sie kennen, als zu Ihnen.

- Menschen, die Ihnen nahe stehen, finden die Erfüllung dieses Wunsches besonders erstrebenswert.
- Der Wunsch ist eine Folge Ihrer Erziehung.
- Der Wunsch wurde durch die Werbung geweckt.
- Bevor Sie das Gewünschte gesehen oder davon gehört haben, haben Sie nicht daran gedacht.
- Das Gewünschte ist mit einer Mode oder einem Trend verbunden.

»Summende« Wünsche:

»Summende« Wünsche sind in Ihrer Persönlichkeit begründet oder beziehen sich auf etwas, das Sie im Augenblick dringend brauchen. Die Erfüllung erscheint Ihnen für Ihr großes oder kleines Glück unverzichtbar.

Doris ist leidenschaftliche Seglerin. Bisher hat sie jeden Sommer mit einer Frauencrew ein Boot gechartert und ist über die Ostsee bis nach Dänemark gefahren. Seit Jahren spart sie auf ein eigenes Boot.

Grit liebt klassische Musik, vor allem Bach und Mozart. Für sie gibt es nichts Schöneres, als sich für ein erfolgreich abgeschlossenes Projekt mit einer Konzertkarte zu belohnen.

Für Wünsche, die »summen«, gilt mindestens eines von diesen Kriterien:
- Sie sind von selbst auf die Idee gekommen.
- Sie liebäugeln schon länger damit.
- Es ist ein heimlicher Wunsch.
- Sie sind bereit, viel einzusetzen, damit er sich erfüllt.
- Es handelt es sich um einen »Herzenswunsch«.
- Er entspricht Ihrem Naturell.

### *Bestimmen Sie die Qualität Ihres Wunsches*

Wenn Sie wissen möchten, welche Bedeutung ein Wunsch für Sie hat, schicken Sie ihn durch diesen Filter: »Summt« das jetzt für mich oder »winkt« es nur? Probieren Sie es gleich einmal für Ihre obige Wunschliste aus. Was dort zutrifft, gilt auch für Ihre sämtlichen anderen Wünsche. Die meisten von ihnen lassen sich eindeutig in eine der beiden Kategorien einordnen. Falls Sie jedoch einmal nicht auf Anhieb erkennen, ob ein Wunsch »winkt« oder »summt«, horchen Sie in sich hinein. Nach einiger Zeit werden Sie spüren, ob sich die Waagschale mehr zum einen oder anderen neigt.

Sie ahnen es sicher schon: »Summende« Wünsche haben für Sie eine weit größere Bedeutung als solche, die nur winken. Bei ihnen handelt es sich um echte Bedürfnisse.

Natürlich haben nicht alle persönlichen Wünsche die gleiche Größenordnung. Manche von ihnen sind so existenziell, dass Ihr Lebensglück davon abhängt. Das bedeutet jedoch nicht, dass die geringeren weniger wichtig sind. Ihre Erfüllung spielt vor allem im Alltag eine Rolle. Etwa das Bedürfnis nach Ruhe oder Zärtlichkeit, die Liebe zur Kunst, die Sehnsucht nach Natur, der Wunsch nach einem Haustier, nach freier Zeit für sich selbst, eigenem Raum oder eigenem Geld. Werden diese kleinen, aber bedeutsamen Wünsche nicht erfüllt, vergeht Ihnen früher oder später die Lebensfreude. Es ist notwendig, dass Sie alle wesentlichen Wünsche ernst nehmen, die großen wie die kleinen.

### *Machen Sie aus Wünschen Ziele*

Ihren wesentlichen Wünschen verleihen Sie noch mehr Kraft, wenn Sie sie als Ziele formulieren. Auf diese Weise wird aus einem hoffnungsvollen »Ich hätte gerne …« eine aktive Ausrichtung. Doch ebenso wie das richtige Wünschen will auch das Zielsetzen gelernt sein. Wenn Sie folgendermaßen vorgehen, erzielen Sie den größten Effekt:

- Beschreiben Sie Ihre Ziele genau.

Vermeiden Sie allgemeine oder vage Beschreibungen. Statt »Ich mache eine Reise« sagen Sie lieber: »Ich toure sechs Wochen lang mit dem Wohnmobil durch Kanada.« An Stelle von »Ich will mehr Anerkennung im Beruf« genauer: »Ich bestehe auf zehn Prozent Gehaltserhöhung und der Beförderung zur Chefsekretärin.«

Oft ist es sogar sinnvoll, noch mehr ins Detail zu gehen und jede dazugehörige Einzelheit aufzulisten. Je genauer Sie wissen, was Sie wollen, desto leichter finden Sie es. Das funktioniert genau so, als ob Sie sich einen Mantel kaufen wollen. Solange Sie nur eine grobe Vorstellung haben, laufen Sie sich die Füße wund und schauen in den Geschäften endlos Kleiderständer durch. Ist Ihnen aber klar, dass es ein dunkelblauer Wollmantel, doppelreihig geknöpft, kniebedeckt mit klassischem Revers sein soll, dann richten Sie Ihre Aufmerksamkeit wie einen Laserstrahl nur auf solche Modelle und werden viel schneller fündig.

Wo immer es möglich ist, sollten Sie Ihre Ziele genau beschreiben. Dadurch nehmen Sie gute Gelegenheiten deutlicher wahr, können präziser nachfragen und effektiver suchen.

- Formulieren Sie Ihre Ziele positiv.

Eine kleine Übung: Denken Sie bitte in den nächsten Sekunden auf keinen Fall an einen rosa Elefanten.

Na, hat es geklappt? Garantiert nicht. Meine Aufforderung hat Sie erst richtig darauf gebracht. Genauso ist es mit negativ formulierten Zielen. Sie verstärken nur die Gedanken an das, was Sie ablehnen. Erwähnen Sie deshalb lieber nicht, was Sie aufgeben oder ablegen wollen, sondern beschreiben Sie positiv die gewünschte Fähigkeit oder die erhoffte Bedingung. Statt »Ich will nicht mehr wütend werden« also: »Ich bleibe ruhig und gelassen.«

- Unterteilen Sie Ihre Ziele in Schritte.

Können Sie zehn Meter weit springen? Wahrscheinlich nicht. Aber zehn Meter gehen? Bestimmt. Genau darin liegt das Geheimnis der Teilschritte. Kleine Portionen sind gut zu bewältigen und führen am Ende zum Ziel. Überlegen Sie deshalb, was alles notwendig ist, um Ihr Ziel zu erreichen, und ordnen Sie es in zeitlicher Reihenfolge.

Nehmen wir mal an, Sie möchten den Roman Ihres Lebens schreiben. Dann sähe das so aus: Idee finden. Inhaltsangabe schreiben. Ein Probekapitel fertig stellen. Verlag suchen. Erstes Kapitel schreiben. Zweites Kapitel schreiben (u. s. w.). Manuskript mit der Lektorin besprechen. Manuskript korrigieren. Druckfahnen lesen. Umschlag und Titel absprechen. Den »Spiegel« abonnieren, um die Bestseller-Liste im Auge zu behalten.

Nachdem Sie Ihr Programm minuziös zusammengestellt haben, arbeiten Sie es Stück für Stück ab.

- Erinnern Sie sich täglich an Ihre Ziele.

Nur gelegentlich an Ihr Ziel zu denken ist so, als ob Sie gute Freunde vernachlässigen. Auf die Dauer verliert man sich aus den Augen. Ihre Ziele erreichen Sie nur, wenn sie fest in Ihrem Bewusstsein verankert sind.

Der erfolgreiche englische Bühnenautor und Fernsehproduzent Raymond Hull sah als besten Weg dazu an, sie aufzuschreiben. Sein Vorschlag ist zwar etwas mühsam, aber effektiv:

Notieren Sie Ihre Ziele genau. Schreiben Sie sie jeden Tag einmal ab – solange, bis Sie Ihnen in Fleisch und Blut übergegangen sind. Dann reicht bereits ein kurzer Gedanke, damit Ihnen Ihr Ziel präsent ist und Sie danach handeln können.[13]

## Ihre Einstellung – Basis für selbstsicheres Handeln

Bis hierher wäre die gute Fee mit Ihnen sehr zufrieden: Sie haben sich intensiv mit Ihren Wünschen und Zielen befasst und damit die Richtung für Ihr selbstsicheres Handeln herausgefunden. Nun wissen Sie, wo Sie unbedingt und mit aller Konsequenz aktiv werden sollten. Ab heute setzen Sie sich entschlossen für Ihre wesentlichen großen und kleinen Wünsche und Ziele ein. Hier sind noch ein paar Tipps, wie Sie das garantiert schaffen.

Sorry, aber so einfach ist es leider nicht, obwohl sich die meisten von uns genau das unter einer Anleitung zum selbstsicheren Handeln vorstellen. In einem Seminar, das ich kürzlich zum Thema »Selbstsicherheit« hielt, kündigte die Veranstalterin mit leuchtenden Augen an: »Und jetzt wird Frau Wlodarek uns ein paar gute Tricks verraten, wie wir in Zukunft richtig selbstsicher sein können.« Natürlich gehören auch wirkungsvolle Techniken dazu, doch ohne eine grundlegende selbstsichere Einstellung wirken die besten Tricks aufgesetzt und angelernt – mal ganz abgesehen davon, dass Sie die Show wahrscheinlich gar nicht bis zum Ende durchhalten können. Wichtiger als irgendwelche Methoden zu trainieren ist es, sich diejenigen Grundeinstellungen zu erarbeiten, die Ihnen selbstsicheres Handeln ermöglichen. Deshalb stelle ich Ihnen im Folgenden die wichtigsten vor.

### *Übernehmen Sie die Verantwortung für Ihr Leben*

Die allererste Voraussetzung ist, dass Sie die Verantwortung für Ihr Leben übernehmen – in Bezug auf Ihre Lebensplanung ebenso wie im Alltag. Das bedeutet, dass Sie ab jetzt nichts mehr auf andere Menschen oder die Umstände schieben, sondern konsequent Ihren Eigenanteil an dem betrachten, was Ihnen widerfährt.

Zugegeben, es fällt ziemlich schwer, die Ursache jederzeit bei sich zu suchen. Wir neigen alle dazu, Verantwortung abzuschieben. Die Ursachen liegen in unserer Erziehung. Schon in jungen Jahren lernen wir, dass man scheinbar besser damit fährt, anderen oder den Umständen die Schuld in die Schuhe zu schieben.

Ein kleines Erlebnis führte mir das wieder einmal deutlich vor Augen: Die Kinder in der Klasse von unserem Sohn Felix sollten für den Deutschunterricht ein Taschenbuch als gemeinsame Lektüre besorgen. Am Stichtag sagte die Lehrerin: »Ich hoffe, ihr habt heute alle das Buch dabei. Hat es irgendjemand nicht?« Zaghaft meldeten sich ein paar Schülerinnen und Schüler, darunter auch Felix. Die Lehrerin wollte von ihnen wissen, warum sie das Buch denn nicht hätten. Die Kinder nannten verschiedene Entschuldigungen, die etwa so klangen: »Ich war in der Bücherei und wollte es ausleihen, aber die war gerade an dem Tag zu.« »Ich hab's gekauft, aber meine Schwester hat es aus Versehen eingesteckt.« »Ich habe es bestellt, aber es kommt erst morgen.« Die Lehrerin ermahnte sie milde. Als die Reihe an Felix kam, sagte er: »Ich habe es vergessen.« Da war Schluss mit lustig. Er bekam einen Minuspunkt für nicht gemachte Hausaufgaben. Verunsichert fragte er mich nach der Schule: »Ich weiß genau, dass sich die anderen die Ausreden ausgedacht haben. War ich dumm, dass ich gesagt habe, wie es wirklich war?« Ich übersah großzügig seine Nachlässigkeit und sagte: »Du hast die Verantwortung dafür übernommen, dass du das Buch vergessen hast. Das war richtig.« Erleichtert verschwand er in seinem Zimmer.

Auf den ersten Blick machen Sie sich auch als Erwachsene

das Leben einfacher, indem Sie die Verantwortung abschieben. Sie entgehen drohenden Konsequenzen und vermeiden Kritik. Man nimmt Ihnen weniger übel. Sie können in Selbstmitleid schwelgen. Außerdem haben Sie eine plausible Erklärung, warum Ihnen etwas nicht gelingt. Doch der Preis dafür ist hoch: Sie schreiben Ihre Opferrolle fest und geben Ihre Macht aus der Hand. Selbstsicher handeln können Sie aber nur aus einer Position der Stärke. Grübeln Sie also nicht länger darüber nach, wer letztlich Schuld an Ihrer Misere hat. Das bringt Sie keinen Schritt weiter. Anstatt zu überlegen, was andere tun sollten, damit es Ihnen gut geht, kümmern Sie sich selbst darum. Fragen Sie sich :

- Was ist mein Anteil?

Eine der folgenden drei Möglichkeiten trifft in jedem Fall zu:

– Sie haben die Situation komplett verursacht, sind es also tatsächlich »selbst schuld«.

Beispiel: Sie haben sich auf eine Prüfung nicht genügend vorbereitet und sind prompt durchgefallen.

– Sie haben jemandem erlaubt, mit Ihnen in bestimmter Weise umzugehen.

Beispiel: Ihr cholerischer Chef brüllt Sie an. Sie trauen sich nicht, ihm zu sagen: »Bitte nicht in diesem Ton!«

– Sie haben Ihre Reaktion nicht im Griff.

Beispiel: Vor einem wichtigen Termin streckt Sie ein Grippevirus nieder. Sie hadern wütend mit Ihrem Schicksal oder sind deprimiert.

- Was kann ich tun, um die Situation zu verändern?

Machen Sie dazu ein Brainstorming mit sich selbst. Schreiben Sie ohne Zensur sämtliche Möglichkeiten auf, die Ihnen einfallen. Voraussetzung ist nur, dass sie allein in Ihrer Macht liegen. Ordnen Sie dann die Punkte auf Ihrer Liste in der Reihenfolge vom Leichten zum Schweren.

Wenn Sie sich diese beiden Fragen gründlich beantwortet haben, wissen Sie, wie Sie handeln müssen und können gezielt und selbstsicher an der richtigen Stelle ansetzen. Sie helfen Ihnen auch, sich an den eigenen Haaren aus dem Sumpf zu ziehen, wenn Sie mal wieder voll in die Opferrolle hineingerauscht sind.

So wie ich kürzlich: Vor mir türmte sich die Arbeit wie ein Berg auf. Vortragsreisen, Schreiben an diesem Buch, Beratungen in der Praxis, Aufträge von Zeitschriften, Seminare. Ich war drauf und dran, mich als armes Hascherl zu fühlen, das furchtbar unter Druck gesetzt wird. Zum Glück fing ich mich, bevor mich das Selbstmitleid überwältigte: Wer hatte denn zu jeder dieser Arbeiten freudig »Ja« gesagt? Wer powerte denn ohne Pause durch, nur um das noch eben fertig zu kriegen? Wer glaubte denn mal wieder, niemanden enttäuschen zu dürfen? Wer ging gnadenlos über seine »summenden« kleinen Wünsche hinweg? Ich, niemand sonst! Nachdem ich meinen Anteil erkannt hatte, konnte ich anfangen, etwas zu ändern.

### *Seien Sie gut, nicht perfekt*

Kennen Sie die Geschichte vom Bauern und dem Esel? Das störrische Tier wollte sich partout nicht fortbewegen. Daraufhin hielt ihm sein schlauer Besitzer eine Möhre so weit vor die Nase, dass er sie nicht schnappen konnte. Prompt galoppierte der Esel los, immer in der Hoffnung, das verlockende Ziel endlich zu erreichen.

Ähnlich funktioniert es mit der Perfektion. Unsere »Möhre« ist ein bestimmtes Idealbild, das uns dazu bringt, über unsere Kräfte und Möglichkeiten hinaus immer noch mehr zu geben.

Wohl jede von uns hätschelt offen oder heimlich ein solches Glanzbild der eigenen Person.

Alexandra, freie Illustratorin, sieht sich gerne als unendlich belastbare Powerfrau, die selbstverständlich kurzfristige Aufträge erledigt, auch wenn das Nacht- und Wochenendschicht bedeutet. In ihrer knappen Mittagspause kocht sie ihrem Sohn aufwendig frisches gesundes Essen. Zwischen zwei Kundenbesprechungen geht sie mit ihrem Mann in die Stadt und berät ihn beim Anzugkauf. Die »tüchtige Alexandra« schafft das locker und lächelt bescheiden, wenn andere sagen: »Toll, wie du das alles hinkriegst.« Die reale Alexandra zuckt derweil nervös mit den Augenlidern und ist so angespannt, dass sie schon ausrastet, wenn sich jemand im Supermarkt mit einer Tüte Milch vordrängen will.

Und wie sieht Ihr Idealbild aus? Vielleicht streben Sie die Herzensgüte von Lady Di an. Oder Sie arbeiten für das Ideal »Das erstklassig erzogene Kind«. Sie kämpfen um den Lorbeerkranz als beliebteste Gastgeberin oder immer gut gelaunte Entertainerin.

Verstehen Sie mich bitte nicht falsch. Es ist überhaupt nichts dagegen einzuwenden, dass Sie das, was Sie tun, gut machen. Im Gegenteil, es ist eine wichtige Voraussetzung für Ihren Erfolg. Auch feste Vorstellungen von dem, was Sie erreichen möchten, und inspirierende Vorbilder sind nützlich. Hier geht es um das Maß! Wenn Sie die Messlatte unrealistisch hoch setzen, quälen Sie sich. Das Gleiche gilt, wenn Sie sich mengenmäßig zu viel zumuten.

Zum Wochenende haben sich Veras Schwiegereltern angekündigt. Am Freitagabend, nach einem anstrengenden Tag in der Bank, zieht sich Vera die Gummihandschuhe an und putzt sämtliche Zimmer blitzblank. Gegen Mitternacht ist sie völlig erschöpft, aber die Wohnung strahlt. Es war ihr ja so peinlich, dass ihre Schwiegermutter beim letzten Besuch bemerkte: »Du bist mit Beruf und Haushalt wohl überfordert. Gib mir einen

Lappen, ich mach das Badezimmer mal gründlich.« Das darf nicht wieder vorkommen.

Lilo hat am nächsten Tag ein Meeting. Natürlich will sie nicht nur perfekt vorbereitet sein, sondern auch top aussehen. Leider hat die Zeit nicht mehr für den Frisör gereicht. Noch spät abends wäscht sie ihre langen Haare und geht mit Lockenwicklern ins Bett, obwohl sie damit schlecht schläft.

Bestimmt erinnern Sie sich an viele Male, wo Sie sich ähnlich überanstrengt haben. Und was steckt hinter dem ganzen Aufwand? Dass Sie es allen recht machen wollen. Dazu schlüpfen Sie gar noch in die Köpfe der anderen und stellen sich vor, was die wohl über Sie denken:

Die Kindergärtnerin hält Sie für eine Rabenmutter, wenn Ihr kleiner Sohn schon den zweiten Tag mit einem Riss in seiner Jeans herumläuft. Ihre Kunden sind enttäuscht, wenn Sie nicht alle 14 Tage das Schaufenster neu dekorieren. Der Kirchenvorstand zweifelt an Ihrer christlichen Nächstenliebe, wenn Sie nicht regelmäßig die Alten und Kranken in der Gemeinde besuchen.

Im Bewusstsein des »Ich denke, dass du denkst …« hecheln Sie Ihrem Ideal hinterher, obwohl es kein ehernes Gesetz gibt, das vorschreibt, wie Sie die Dinge zu tun hätten. Die Regeln existieren allein in Ihrem Kopf. Die Psychoanalytikerin Karen Horney sagt: »Innere Gebote erzeugen immer ein Gefühl von Druck, das umso stärker ist, je mehr ein Mensch versucht, seine Solls in seinem Verhalten zu verwirklichen.«

Damit verbunden ist das Motiv, Bestätigung zu erhalten. Sicher wünscht sich jeder Mensch Zustimmung, das ist normal. Aber Bestätigung hat unterschiedliche Bedeutung: Sie kann das Sahnehäubchen auf dem Kuchen einer Leistung sein, die Sie aus eigenem Interesse exzellent gemacht haben. Oder sie dient dazu, Ihre Unsicherheit zu beschwichtigen.

Für Perfektionistinnen gilt meist das Letztere. Wie der amerikanische Psychologe Wayne Dyer sagt: »Das Bedürfnis nach Bestätigung beruht auf der Voraussetzung: ›Trau dir nicht selbst, frag immer erst jemand anderen.‹«

Die Testfrage, ob es sich um puren Perfektionismus oder echte eigene Ansprüche handelt, lautet: Würden Sie das auch so machen, wenn Sie alleine auf der Welt wären?

Da sieht manches schon anders aus. Klar, eine gewisse Ordnung würden Sie durchaus halten. Sie würden auch nicht im Müll versinken, weil Ihnen das selbst zuwider ist. Aber Sie würden dann aufräumen und putzen, wenn Sie die Zeit und Kraft dazu hätten. Im Job würden Sie Ihre Arbeit gut machen, weil sie Ihnen wichtig ist, aber nicht jeden Auftrag annehmen. Ihre Haare würden Sie zurückbinden und die Wäsche auf später verschieben. Die Kinder-Jeans würden Sie erst am Wochenende flicken und dabei gemütlich fernsehen.

Merken Sie es? Die Einstellung, alles perfekt machen zu wollen, hält Sie davon ab, Ihr Leben so zu führen, wie Sie wirklich möchten. Und das ist alles andere als selbstsicheres Handeln! Finden Sie das richtige Maß zwischen Pflicht und Neigung. Setzen Sie Prioritäten. Entscheiden Sie, wo Sie hundert Prozent geben wollen und wo Sie lieber locker lassen.

Falls Ihnen das schwer fällt, hilft Ihnen vielleicht die folgende Phantasieübung: Stellen Sie sich vor, Ihr letztes Stündlein hat geschlagen und Ihr Leben passiert vor Ihren Augen Revue. Glauben Sie, es hat Bedeutung, dass Ihre Wohnung proper wie aus dem Ikea-Katalog aussah? Oder dass Sie Ihre Referate ohne Tippfehler abgegeben haben? Nein, dann zählt, wie glücklich Sie waren und wie viel Liebe Sie anderen Menschen geschenkt haben. Das sollten Sie sich immer vor Augen halten. Churchill hat einmal gesagt: »Die Menschen beklagen sich, dass ihnen ihre Tage zu knapp bemessen sind, aber sie leben, als wären sie ewig.« Es ist nicht schlecht, gelegentlich daran zu denken, was Sie durch übertriebene Perfektion versäumen.

Es lohnt sich also, selbstsicher Abstriche am eigenen Perfektionismus zu machen. Trotzdem möchte ich Sie fairerweise vorwarnen: Von hundert in einen niedrigeren Gang zu schalten, fällt zunächst gar nicht so leicht.

Ute, Redakteurin, erfuhr das zu ihrem eigenen Erstaunen. Sie zählt zu den Frauen, die immer mit vollem Einsatz arbeiten. Nach einer Bandscheibenoperation musste sie kürzer treten. Sie fuhr zur Kur in eine hübsche Kleinstadt. Die ganze Redaktion beneidete sie. Zeit nur für sich selbst zu haben – der Traum aller viel beschäftigten Frauen. Gut gelaunt packte sie die dicken Romane ein, die sie schon immer mal lesen wollte, freute sich auf geruhsame Spaziergänge und interessante Ausflüge in die Umgebung. Tatsache war, dass sie in den ersten zehn Tagen kaum eine Seite las und wie ein Stein in ihrem Zimmer hockte. Sie langweilte sich und wusste nichts mit sich anzufangen. Erst allmählich entwickelte sie wieder einen Sinn für das, was sie gerne tun wollte.

Alte Gewohnheiten lassen sich nicht Knall auf Fall über Bord werfen. Versuchen Sie deshalb nicht, Ihre Perfektion perfekt abzubauen. Fangen Sie lieber mit kleinen Schritten an und bleiben Sie konsequent dabei. Ein kleiner Trick, damit Sie es nicht vergessen: Überlegen Sie, mit wie viel Prozent Sie noch zufrieden sind. Siebzig Prozent? Achtzig oder neunzig? Schreiben Sie diese Zahl groß auf mehrere Karteikärtchen und verteilen Sie die an Stellen, auf die Sie häufig stoßen. Das wird Sie regelmäßig an Ihre guten Vorsätze erinnern.

### *Gehen Sie auf Distanz zu Ihren Rollen*

Michelangelo wurde einmal von einem Bewunderer gefragt, wie er es denn schaffe, so herrliche Statuen zu schaffen. »Das ist ganz einfach«, antwortete er, »die Statue steckt schon von Anfang an in dem Marmorblock. Ich nehme nur den überflüssigen Stein fort.«

Ähnlich geht es uns mit unserem wahren Selbst. Wir müssen unter unseren vielen verschiedenen Rollen entdecken, wer wir wirklich sind, wenn wir selbstsicher handeln wollen.

Prinzipiell sind Rollen eine gute Sache. Sie stellen eine gesellschaftliche Übereinkunft dar, die es uns und anderen erleichtert, sich zu orientieren. Im Rahmen von bestimmten Rollen müssen wir nicht lange überlegen, wie wir uns verhalten sollen, sondern wissen, was man von uns erwartet.

Störend für Ihre Selbstsicherheit wird eine Rolle erst, wenn Sie sich zu sehr damit identifizieren, wenn Sie nicht mehr eine Rolle einnehmen, sondern sie verkörpern. Besonders bei den folgenden klassischen Frauenrollen besteht dazu leicht die Gefahr:

- Die gute Mutter: Ist geduldig und liebevoll. Opfert sich auf. Widmet ihre Zeit den Kindern. Denkt an sich selbst zuletzt.
- Die loyale Ehefrau: Unterstützt ihren Mann und hält ihm den Rücken frei. Verzichtet auf eigene Erfolge. Ist eine perfekte Gastgeberin. Ignoriert, wenn sie betrogen wird.
- Die nette Kollegin: Vermeidet Konkurrenz. Ist immer hilfsbereit. Steckt zurück, wenn es nötig ist. Gibt alle Informationen selbstlos weiter.
- Die engagierte Mitarbeiterin: Macht klaglos Überstunden. Nimmt am Wochenende Arbeit mit nach Hause. Lässt sich ungeliebte Projekte aufs Auge drücken.
- Die »gute Seele«: Arbeitet ehrenamtlich. Hilft immer aus, für ein Dankeschön. Sagt selten Nein. Gibt meist nach.

- Die treue Freundin: Hört sich jeden Kummer an. Unterstützt mit Rat und Tat. Gibt mehr als sie erhält.
- Die Therapeutin: Kümmert sich um alle seelisch und körperlich bedürftigen Menschen in ihrer Umgebung. Hat immer Zeit und ein offenes Ohr. Wird mit ihren Problemen alleine fertig.
- Die wohlgeratene Tochter: Wählt den passenden Partner. Hat einen anerkannten Beruf. Kümmert sich rührend um ihre Eltern. Zieht sich anständig an.
- Die leidenschaftliche Geliebte: Ist sexuell aufgeschlossen und stets verfügbar.
- Das brave Mädchen: Tut, was die anderen wollen. Versucht, es jedem recht zu machen. Arbeitet daran, von allen geliebt zu werden.

Haben Sie sich in einer dieser Rollen wieder erkannt und festgestellt, dass sie Ihnen bereits zur zweiten Natur geworden ist? Dann besteht Alarmstufe Rot für Ihr selbstsicheres Handeln. Vermutlich haben Sie sich bereits so daran gewöhnt, Ihrer Rolle entsprechend zu agieren, dass Ihre wahren Wünsche und Gefühle zu kurz kommen. Eine Rolle kann wie das Bett des Prokrustes in der griechischen Mythologie sein: Der grausame Riese legte seine Opfer auf ein Bett und hackte alles, was nicht genau hineinpasste, ab. Seelisch gesehen bringen Rollen oft ähnlich schmerzhafte Einschränkungen unserer Persönlichkeit mit sich.

Lilo, 36, arbeitet als Oberschwester in der Chirurgischen Abteilung eines Krankenhauses. Als »Mutter der Station« kümmert sie sich aufopferungsvoll um die Patienten und springt jederzeit für Nachtdienste ein. Ihre Freizeit reicht gerade, um den Haushalt zu versorgen und für die Arbeit aufzutanken. Sie geht voll in der Mutterrolle auf, auch wenn sie keine eigenen Kinder hat. Dabei bleiben ihre eigenen Bedürfnisse auf der Strecke.

Machen Sie sich bewusst, dass Sie weniger einseitig sind, als es Ihre jeweilige Rolle vorgibt. Sie sind ein lebendiger Mensch mit vielen Facetten. Deshalb wird es möglicherweise höchste Zeit für Sie, sich von Ihrer Lieblingsrolle etwas mehr zu distanzieren. Dazu müssen Sie nicht gleich das Kind mit dem Bade ausschütten und komplett aus Ihrer Rolle aussteigen. Es geht lediglich darum, dass Sie sie flexibel einnehmen. Das können Sie trainieren, indem Sie in Zukunft häufiger gegen Ihr Image handeln.

Haben Sie als »nette Kollegin« bisher dazu geschwiegen, dass eine Mitarbeiterin sich regelmäßig die besten Urlaubstermine reserviert? Dann machen Sie jetzt den Mund auf und beanspruchen die günstigste Zeit für sich. Als »gute Seele« schlagen Sie nicht länger bescheiden die Augen nieder, sobald man Ihr Engagement lobt. Stattdessen weisen Sie deutlich darauf hin, wie anstrengend Ihr letzter freiwilliger Einsatz war. Wenn Ihnen danach ist, tragen Sie als »wohlgeratene Tochter« zum Besuch bei Ihren Eltern Jeans und T-Shirt und nicht wie gewohnt das hellblaue Twinset mit Perlenkette.

Am Anfang mögen Ihnen selbst solche kleinen Veränderungen wie schärfste Rebellion vorkommen. In Wirklichkeit sind es nur normale Ablösungserscheinungen von einer zu starren Rolle, die Sie bisher daran gehindert hat, Ihren persönlichen Wünschen gemäß zu handeln. Nehmen Sie Kommentare wie »So kenne ich dich ja gar nicht!« als Bestätigung dafür, dass Sie sich auf dem richtigen Weg vom angepassten zum selbstsicheren Handeln befinden.

## Ihre Konsequenz – Motor für selbstsicheres Handeln

Etwas nur halbherzig zu tun ist genau so effektiv, als ob Sie es gar nicht täten. Meist sprechen wir davon, dass wir etwas »versuchen wollen«. Wenn mir eine Teilnehmerin nach einem Vortrag oder Seminar sagt: »Ich werde versuchen, das umzusetzen«, ahne ich schon, dass sie bald wieder aufgibt. Anders klingt es, wenn jemand sagt: »Das mache ich jetzt!« Was immer Sie erreichen möchten – Sie müssen es konsequent umsetzen. Die folgenden Hinweise geben Ihnen dazu eine kräftige Starthilfe.

### *Packen Sie Ihre Aufgaben zügig an*

Die Übergänge zwischen wohltuendem Trödeln und schwerer Aufschieberitis sind fließend. Wir alle drücken uns gern mal um das herum, was anliegt, und weichen auf bequemere Nebengleise aus. Statt stracks ins Fitness-Studio zu eilen, räkeln wir uns auf der Couch und vertagen unseren sportlichen Anfall auf übermorgen. Der Brief an die Versicherung kann warten, jetzt ist erst einmal ein gemütlicher Telefonschwatz mit der Freundin dran.

Sich nicht zu hetzen und den günstigsten Moment für eine Aktion abzupassen, ist durchaus sinnvoll. Manches erledigt sich sogar in der Warteschleife von selbst. Kritisch wird das Aufschieben erst, wenn Sie damit unnötig Stress erzeugen, sich selbst oder anderen schaden. Dann haben Sie Ihr Handeln nicht mehr im Griff. Verständlich, dass wir uns das nur ungern eingestehen, doch daran führt kein Weg vorbei.

Wenn Sie unter Aufschieberitis leiden, machen Sie sich bitte nichts vor, etwa indem Sie sagen: »Ich habe einfach keine Lust.« Auch wenn es noch so schön lässig klingt, auf Faulheit können Sie sich nicht herausreden. Faule Menschen schieben nichts auf, sondern setzen sich überhaupt keine Ziele. Wer aufschiebt, hat dafür immer gute, wenn auch oft unbewusste Gründe. Falls Sie gerade mal wieder etwas auf die lange Bank schieben, prüfen Sie ehrlich, ob Sie Ihr Motiv in einem der folgenden Ursachen wieder finden:

- Sie haben Angst, zu versagen.
- Sie fürchten die Beurteilung anderer.
- Die Aufgabe liegt Ihnen nicht.
- Sie rebellieren unbewusst, etwa gegen Autorität oder Überlastung.
- Sie stellen zu hohe Ansprüche an sich selbst.
- Sie brauchen den Nervenkitzel, es unter Druck in letzter Minute zu schaffen.
- Schlechte Angewohnheit: Bisher sind Sie mit Aufschieben immer durchgekommen.
- Ihnen fehlen spezielle Kenntnisse für Ihre Aufgabe.
- Ihnen fehlt Know-how, wie Sie am besten eine Arbeit angehen.

Ihre Selbsterkenntnis ist schon der halbe Weg zur Veränderung. Auch wenn vielleicht nicht immer gilt »Gefahr erkannt – Gefahr gebannt«, sabotieren Sie sich jedenfalls nicht länger unbewusst. Erst dann greifen die bewährten Techniken, mit denen Sie sich zum Handeln motivieren können:

- Schreiben Sie eine »Schwarze Liste«.

Schreiben Sie sämtliche negativen Konsequenzen auf, die eine Verzögerung für Sie hätte: Sie verlieren Vertrauen. Die Qualität Ihrer Arbeit leidet. Sie kommen in Stress. Sie verachten sich. Sie schleppen den Druck ständig mit sich herum. Sie bekommen so einen guten Auftrag nicht mehr wieder. Ihr Image wird beschädigt. Ihre Gesundheit leidet. Ihre Lebensfreude nimmt ab.

Lesen Sie sich Ihre »Schwarze Liste« immer wieder durch. Das überzeugt Sie davon, dass Sie Ihre Aufgabe unbedingt in Angriff nehmen müssen.

- Erstellen Sie eine To-do-Liste.

Schreiben Sie wie für einen Einkaufszettel lückenlos alles auf, was in der nächsten Zeit ansteht – große Dinge ebenso wie kleine.

Gehen Sie diese Liste mit Rotstift durch. Vor die Dinge, die wichtig und dringlich sind, schreiben Sie ein »A«. Diejenigen, die wichtig, aber nicht so eilig sind, kennzeichnen Sie mit »B«. Die unwichtigen Dinge erhalten ein »C«.

Nehmen Sie sich die A-Aufgaben vor. Hier ist Aufschieben gefährlich. Wählen Sie sofort die erste Tätigkeit aus.

- Unterteilen Sie Ihre Aufgabe in kleine, konkrete Schritte.

Vor einem Riesenberg verzweifeln Sie leicht. Kleine Portionen dagegen sind meist gut zu bewältigen. Überlegen Sie: Was muss ich als Erstes tun? Was kommt dann? Und so weiter. Notieren Sie diese Punkte. Streichen Sie erledigte Schritte dick durch. Das motiviert zum Weitermachen.

- Besorgen Sie sich notwendige Informationen.

Falls Ihnen zu einer Aufgabe noch Infos fehlen, sollten Sie die vorab einholen. Machen Sie sich kundig, fragen Sie offen. Das ist keineswegs eine intellektuelle Bankrotterklärung. Auch die klügsten Menschen kommen nicht ohne Recherche aus.

- Schätzen Sie Ihren Zeitaufwand ein.

Machen Sie sich einen Zeitplan. Wie lange veranschlagen Sie für jede Tätigkeit? Verdoppeln Sie diese Spanne. Damit fangen Sie unerwartete Verzögerungen locker auf.

- Schaffen Sie eine klare Umgebung.

Das Auge isst nicht nur mit, wie das Sprichwort sagt, es arbeitet auch mit. Ein zugemüllter Schreibtisch ist wenig verlockend. Ebenso lenken andere Arbeiten im Blickfeld ab, etwa wenn Sie dauernd auf die Bügelwäsche schauen. Räumen Sie alles weg, was nicht unmittelbar zu der Aufgabe gehört, die Sie angehen wollen.

- Entwickeln Sie ein Ritual.

Viele Schriftsteller arbeiten mit einem Trick. Sie verwenden beim Schreiben immer den gleichen Füller, tragen einen bestimmten Schal, trinken Tee aus einer speziellen Tasse. Auf diese Weise werden die Musen angelockt, weil sie wissen: »Aha, jetzt geht es los.« Machen Sie es den Künstlern nach. Suchen Sie sich etwas aus, das Sie regelmäßig in Arbeitslaune versetzen soll: Eine Duftkerze, ein Talisman, ein Zeitungsartikel über ein großes Vorbild – was immer zu Ihrem Vorhaben passt.

- Legen Sie ein Startsignal fest.

Setzen Sie sich ein bestimmtes Limit, nach dem Sie ohne Wenn und Aber mit der Arbeit anfangen oder das umsetzen, was Sie sich vorgenommen haben: Nach dem Frühstück. Nach dem Einkauf. Nach diesem Telefonat. Nach der Tagesschau. Halten Sie das konsequent ein, egal ob Sie Lust haben oder nicht.

- Tricksen Sie: Nur ein Viertelstündchen.

Meist ist der Anfang am schwersten. Begeben Sie sich wenigstens für 15 Minuten an die Arbeit. Danach dürfen Sie aufhören, falls sich die Lust überhaupt nicht einstellt. Sie werden merken: Wenn Sie erst einmal dabei sind, hören Sie auch nicht so schnell wieder auf.

- Gehen Sie spielerisch heran.

Wenn Sie zu den Perfektionistinnen zählen, ist dies ein guter Einstieg: Tun Sie so, als wäre dies noch nicht die eigentliche Arbeit, sondern eine unwichtige Vorbereitung. Schreiben Sie z. B. einfach drauflos. Planen Sie, als ob es sich um ein Brainstorming handelt. Sagen Sie sich, dies sei nur ein informelles Gespräch, noch nicht das entscheidende. Auf diese Weise überlisten Sie Ihren hohen Anspruch und erarbeiten sich trotzdem jede Menge gutes Material oder erreichen bereits Ihr Ziel.

- Handeln Sie Ihre inneren Konflikte aus.

Möglicherweise haben Sie zwei Seelen in Ihrer Brust. Sie möchten eine Arbeit fertig machen, aber auch etwas mit Ihrem Partner oder Freunden unternehmen. Eins blockiert das andere. Finden Sie einen Kompromiss: Erst die Arbeit, dann das Spiel. Oder umgekehrt. Setzen Sie für beides ein Zeitlimit, und halten Sie es strikt ein.

- Halten Sie Ihr Ergebnis fest.

Geben Sie sich selbst für jeden Teilschritt Rückmeldung. Hat es geklappt? Sind Sie zufrieden? Erst danach gehen Sie weiter. Auf diese Weise sorgen Sie für solide Grundlagen und gewinnen Selbstbewusstsein für den nächsten Schritt.

- Setzen Sie sich eine Belohnung aus.

Belohnung ist ein guter Anreiz für die Mühe. Überlegen Sie vorab, was Ihnen Freude machen könnte. Gönnen Sie sich das nach jedem erreichten Teilschritt. Es muss ja nichts Großes sein. Sie können ein schönes Bad nehmen, mit Ihrer Freundin telefonieren oder zehn Seiten in dem neuen Roman lesen.

### *Entscheiden Sie sich*

Glauben Sie bitte nicht, dass nur Managerinnen in den oberen Firmenetagen geübte Entscheidungsträgerinnen sind. Vielleicht haben Sie es noch nicht bewusst wahrgenommen, aber auch Sie fällen jeden Tag Dutzende von Entscheidungen:

- Hole ich mir schnell ein Sandwich, oder gehe ich in die Kantine?
- Kaufe ich die auffällige Brille oder lieber die dezente?

– Gehe ich ins Kino, oder lege ich mich gemütlich mit einem Krimi ins Bett?

Alltägliche Beschlüsse haben für Ihr Leben keine tiefe Bedeutung. Trotzdem sollten Sie sie nicht unterschätzen. Mit ihnen trainieren Sie täglich Ihre Selbstsicherheit. Ihr Unterbewusstes nimmt wahr, dass Sie die Herrin Ihrer Entscheidungen sind und nicht die Umstände oder andere Leute. Betrachten Sie Ihre kleinen Entscheidungen als Fingerübungen für die großen. Da weder Ihre Zukunft noch Ihr Glück davon abhängen, können Sie an ihnen unbesorgt selbstsicheres Handeln proben und geraten gar nicht erst in den verhängnisvollen Zauderzustand.

- Erwägen Sie kurz, was Ihnen jede Alternative bringt.

Etwa: »Wenn ich mir ein Sandwich hole und im Büro esse, habe ich die Arbeit früher vom Tisch.« contra »Wenn ich in die Kantine gehe, gewinne ich mehr Abstand zu meiner Arbeit und gehe wieder frisch daran.«

- Entscheiden Sie sich sofort.

Grübeln Sie nicht lange. Wählen Sie das, was Ihnen momentan am sinnvollsten erscheint. Falls sich die Waage partout nicht zu einer Seite neigt, werfen Sie eine Münze. Ob Kopf oder Zahl – tun Sie's.

Große Entscheidungen kommen seltener vor und verlangen natürlich einiges mehr an Überlegung. Offenbar war es zu allen Zeiten ziemlich schwer, sie zu treffen. Nicht umsonst sind die Sagen- und Märchenbücher voller Geschichten, in denen die Heldin oder der Held gezwungen wurde, zwischen zwei Alternativen zu wählen. Meist hing dabei das Leben oder die Glückseligkeit von der richtigen Entscheidung ab.

Manchmal fühlen Sie sich gewiss ähnlich in der Zwickmühle wie Herkules am Scheidewege oder die junge Königin in »Rumpelstilzchen«, die zwischen Leben und Mutterliebe entscheiden musste. Nur dass Ihnen weder eine griechische Göttin zur Seite steht noch es ohne Ihr Zutun einen märchenhaften Ausgang gibt. Sie wissen, dass eine falsche Entscheidung in Situationen wie diesen negative Konsequenzen haben kann:

- Sollen Sie sich selbständig machen oder lieber in der Firma auf der sicheren Seite bleiben?
- Sollen Sie es nochmal mit Ihrem Partner versuchen oder sich scheiden lassen?
- Sollen Sie einer Operation zustimmen oder es mit alternativen Heilmethoden versuchen?

Vielleicht beneiden Sie Menschen, die glasklar wissen, was sie wollen, und das konsequent durchziehen. Sie dagegen erwägen so lange das Für und Wider, bis Ihnen die Umstände schließlich die Wahl abnehmen.

Oder Sie haben sich bisher zwar rasch und überzeugt entschieden, stellten aber hinterher fest, dass Sie einen Riesenfehler gemacht haben. Jetzt sind Sie verunsichert.

Möglicherweise verschwenden Sie auch einfach zu viel Zeit mit unnötigem Grübeln. Ich erinnere mich jedenfalls noch mit Schaudern an ein inneres Hin und Her, das sich über ein ganzes Jahr hinzog. Als Redakteurin für Psychologie hatte ich einen Job, um den mich viele beneideten. Trotzdem fühlte ich mich als Psychologin fehl am Platze. Fast jeden Morgen wachte ich mit der Frage auf: »Soll ich heute kündigen oder nicht?« Schade, dass ich damals noch nicht wusste, dass es eine bessere Entscheidungshilfe gibt als die übliche »Pro- und Contra«-Liste.

Falls es Ihnen schwer fällt, in wichtigen Dingen selbstsicher die richtige Wahl zu treffen, müssen Sie sich nicht länger quälen. Diejenigen, die sich zügig und treffsicher entscheiden, sind keineswegs klüger oder informierter. Sie entscheiden lediglich intuitiv oder bewusst nach wichtigen Kriterien.

Charles Foster, Psychologe und Leiter des Chestnut-Hill-Instituts in Boston, hat dazu eine interessante Studie gemacht.

Er teilte 60 Testpersonen, Frauen und Männer aus unterschiedlichen Gesellschaftsschichten und Berufen, in zwei Gruppen ein: Die einen hatten bisher in ihrem Leben häufig Fehlentscheidungen getroffen, die anderen wählten bis dato gewöhnlich richtig. Foster beobachtete beide Gruppen zwölf Jahre lang. In dieser Zeit protokollierte er, welche Entscheidungen sie trafen und wie diese zustande kamen. Da für jede Versuchsperson durchschnittlich eine große Entscheidung pro Jahr anstand, konnten Foster und sein Team insgesamt etwa 720 Entscheidungen und ihre Folgen beobachten. Die Auswertung verblüffte ihn: »Bevor ich das Ergebnis unserer Studie analysieren konnte, hatte ich erwartet, dass gute Entscheidungsträger einer strengen und komplexen Prozedur folgen, die ihnen gute Resultate garantieren – etwa wie die Leute, die es irgendwie fertig bringen, dass ihr Rasen zu jeder Jahreszeit wie perfekt manikürt aussieht.«[14] Tatsächlich stellte er fest, dass man weder besondere Intelligenz noch eine ausgeklügelte Technik benötigt. Es reicht, einige Überlegungen anzustellen, die uns bereits der gesunde Menschenverstand eingibt.

### *Das Programm für erfolgreiche Entscheidungen*

Wenn Sie sich mit der größtmöglichen Sicherheit entscheiden wollen, dann sollten Sie die Punkte beachten, mit denen auch Fosters Testpersonen gute Ergebnisse erzielten:

- Konzentrieren Sie sich auf das Wichtigste.

Unter den Dingen, die Sie gegeneinander abwägen, gibt es immer einen Faktor, der für Sie persönlich mit Abstand wichtiger als alle anderen ist. Den gilt es herauszufinden, denn er bestimmt, ob Sie sich richtig entscheiden.

Falls Sie nicht gleich erkennen, was das Wichtigste ist: Es

hängt eng mit dem Wesentlichen zusammen, mit dem wir uns zu Beginn befasst haben. Meist handelt es sich um etwas, das Ihrem Charakter entspricht oder mit dem Sinn Ihres Lebens zu tun hat. Hören Sie bei der Entscheidung auch auf Ihre innere Stimme. Sie teilt Ihnen meist untrüglich mit, ob das für Sie Wichtigste erfüllt ist.

Liz stand vor der Frage, ob sie Sebastian heiraten sollte. Sie war in ihn verliebt, er sah gut aus, war als Architekt erfolgreich, liebevoll und treu. »Kind, so ein Goldstück kriegst du nie wieder!«, beschwor ihre Mutter sie. Liz entschied sich trotzdem gegen die Heirat. Der Grund: Sebastian war Besitz ergreifend. Sobald sie etwas ohne ihn unternahm, reagierte er beleidigt. Damit war für Liz die wichtigste Lebensbedingung, nämlich Freiheit, nicht gegeben. Die vielen positiven Eigenschaften wogen diesen Mangel nicht auf.

• Denken Sie an das Gute, das Sie erreichen können.

Normalerweise starren wir bei Entscheidungen wie das Kaninchen auf die Schlange darauf, was uns Fürchterliches passieren kann, wenn diese Entscheidung sich als Fehler erweist. Dabei verlieren wir aus den Augen, welche großartige Chance sie bietet – sonst würden wir sie ja schließlich nicht in Erwägung ziehen. Machen Sie sich bewusst, was Sie gewinnen können. Etwa Anerkennung, Spaß, Geld, Freiheit, Liebe, Selbstachtung, Lebenssinn.

• Sehen Sie sich realistisch.

Um gleich einem möglichen Missverständnis vorzubauen: Es geht nicht darum, dass Sie sich nichts zutrauen sollen. Sie müssen auch keineswegs von vornherein schon alles können. Schließlich wächst man oft mit der Aufgabe, und viele Menschen haben sich durch »learning by doing« weiterentwickelt.

Hier geht es vielmehr darum, sich selbst nicht schönzudenken, und unrealistisch von Eigenschaften auszugehen, die man beim besten Willen nicht besitzt. Ihre Entscheidung sollte immer auf dem gründen, was Sie tatsächlich sind. Gehen Sie ehrlich von dem aus, was Sie bisher über sich wissen, und fragen Sie sich, ob es zu Ihrer Entscheidung passt.

Angenommen, Ihre Freizeit ist Ihnen heilig und Ihre Freunde sind Ihnen sehr wichtig. Auf der Basis dieser Erkenntnis macht es kaum Sinn, den Vertrag für eine Arbeit zu unterschreiben, die Ihnen täglich zwölf Stunden abverlangt, selbst wenn es sich um Ihren Traumjob handelt.

Oder: Sie haben ein starkes Sicherheitsbedürfnis. Schon kleine Unregelmäßigkeiten bereiten Ihnen schlaflose Nächte. Mit dieser Einstellung sollten Sie nicht unbedingt Ihr ganzes Geld in Aktien anlegen, selbst wenn das hohe Gewinne verspricht.

- Entscheiden Sie mit Weitblick.

Überlegen Sie, was Ihre gegenwärtige Entscheidung langfristig für Folgen haben wird.

Oft handelt es sich dabei um die Antwort auf die Frage: »Will ich lieber den Spatz in der Hand oder die Taube auf dem Dach?« Wählen Sie Ihre Aktionen nicht nur danach, was unmittelbar günstig erscheint.

Nachdem Sylvia ihr Examen in Wirtschaftswissenschaften gemacht hatte, schlug der Professor vor, bei ihm zu promovieren. Gleichzeitig bekam sie das Angebot einer Firma, die ihr sofort ein gutes Gehalt versprach. Sylvia entschied sich dafür, ihren Doktor zu machen. Zwar kostete sie das drei harte Jahre, doch danach stiegen ihre Berufsaussichten, sie erhielt mehr Geld und Anerkennung.

Sich weitblickend zu entscheiden bedeutet aber auch, mögliche negative Veränderungen in die Überlegungen einzubeziehen.

Regina und ihr Mann Artur erhielten über Bekannte die Gelegenheit, einen Bauernhof zu kaufen. Obwohl sie dazu einen hohen Kredit aufnehmen mussten, griffen sie zu. Sie fanden es reizvoll, auf dem Land zu leben. Zunächst waren sie mit dieser Entscheidung recht zufrieden. Doch nach vier Jahren fanden sie es nur noch öde. Am Ende zogen sie wieder in die Stadt. Beim Verkauf des Bauernhauses machten sie große finanzielle Verluste. Hätten Regina und Artur die obige Regel beherzigt, so wäre ein Haus zur Miete auf dem Lande die bessere Alternative gewesen.

Bedenken Sie Ihre Entscheidung so gründlich wie möglich, aber setzen Sie sich nicht unter Druck. Es gibt keinen Menschen auf dieser Welt, der sich nicht trotz reiflicher Überlegungen schon mal falsch entschieden hätte. Bleiben Sie auch bei großen Entscheidungen gelassen. Sagen Sie sich, dass es für Ihre Selbstsicherheit immer noch besser ist, sich falsch zu entscheiden, als gar nichts zu tun.

### Nehmen Sie sich, was Sie brauchen

Im ersten Moment klingt das sicher so, als sollten Sie Ihre Ellenbogen ausfahren und sich rücksichtslos aneignen, wonach Ihnen gerade der Sinn steht. Egal, ob es sich um den Mann Ihrer besten Freundin oder die Position Ihrer Kollegin handelt. Das ist jedoch nicht gemeint. Es wäre auch wenig empfehlenswert. Auf diese Weise können Sie vielleicht kurzfristige Erfolge verbuchen, Lustgefühle verspüren oder Karriere machen, doch auf die Dauer verlieren Sie die Zuneigung und den Respekt Ihrer Umgebung. Der Hinweis, sich zu nehmen, was Sie brauchen, soll Ihnen vielmehr helfen, sich aus einer unfruchtbaren Warteposition auf günstigere Umstände zu befreien.

Das gilt vor allem im Hinblick auf Ihre körperlichen und seelischen Kräfte. Gerade wir Frauen erwarten oft, dass die anderen von selbst darauf kommen, wie dringend wir Erholung brauchen. Wir wünschen uns, sie mögen endlich sehen, wie es uns geht, und sich entsprechend rücksichtsvoll verhalten. Leider werden wir oft enttäuscht.

Inas Mann ist Schriftsteller. Neben Haushalt und Kindern hat Ina einen Fulltime-Job als seine Assistentin. Sie hört sich seine Romanideen an, diskutiert die Entwürfe, tippt seine handschriftlichen Manuskripte und liest Korrektur. Kürzlich fühlte sie sich unwohl und hätte sich am liebsten ins Bett gelegt. Ihr Mann hatte sich jedoch in den Kopf gesetzt, jeden Tag ein bestimmtes Schreibpensum zu erledigen. Ohne Rücksicht drängte er Ina, ihren Teil der Arbeit wie bisher zu tun. Obwohl sie kaum die Kraft dazu hatte, beugte sie sich seinem Willen. Bleich und schwächelnd schlich sie durch die Gegend und dachte verzweifelt: »Er muss doch sehen, wie schlecht es mir geht.« Das tat der sensible Künstler mitnichten. Hauptsache, sein Werk machte Fortschritte.

Für Ina galt eindeutig: Hole dir, was du brauchst, nämlich die nötige Bettruhe, um wieder fit zu werden.

Auch in punkto Zeit warten wir gerne auf ein Wunder von außen. Auf einen einsichtigen Chef, der sagt: »Lassen wir das mit den Überstunden. Sie machen jetzt Feierabend und gehen ins Kino.« Wir spekulieren darauf, dass Mann und Kinder endlich kapieren, dass Mama wenigstens eine halbe Stunde am Tag mal ganz in Ruhe einen Roman lesen oder vor sich hinträumen möchte.

Sogar Selbständige und Singles, die im Prinzip mehr Freiheiten haben, bleiben von solchen heimlichen Erwartungen nicht verschont.

Melanie arbeitet als Kostümbildnerin. Weil sie gut und schnell ist, kann sie über mangelnde Aufträge nicht klagen. Oft sitzt sie an mehreren Projekten gleichzeitig, den Termindruck im Nacken. Sie hat keine Zeit, Freunde zu treffen, mal eine

Stunde bummeln zu gehen oder eine Ausstellung zu besuchen. Sehnsüchtig durchforstet sie ihren Kalender, wann denn die Arbeiten beendet sind und sie sich eine Pause gönnen kann. Seltsamerweise kommt dieser Punkt nie. Sobald eine Staffel abgeschlossen ist, steht schon die nächste auf dem Programm. »Ist ja schön, dass ich so gefragt bin«, stöhnt Melanie, »aber ich hätte auch gerne mal wieder ein bisschen Zeit für mich.«

Freude ist ebenfalls eines der Güter, die wir stillschweigend von anderen erwarten. Besonders von unserem Partner. Wenn Frauen sich bei mir in der Beratung über den Zustand ihrer Ehe beklagen, höre ich häufig den Satz: »Wenn er mich wirklich liebt, dann wüsste er, was ich mir wünsche.« Also ergehen sie sich höchstens in vagen Andeutungen. »Stell dir vor, Jonas hat Monika zum Hochzeitstag mit einer Kreuzfahrt überrascht!« Unausgesprochene Botschaft: »So was hätte ich von dir auch gerne.« Und dann sind sie tief enttäuscht, weil sie an ihrem Ehrentag einen Dreistufenmixer anstelle eines Tickets für die MS Europa bekommen, weil ihr Liebster leider keine Antenne für undeutliche Signale hatte.

Die Erwartung, Ihre Mitmenschen müssten doch sehen, was mit Ihnen los ist, und entsprechend verständnisvoll reagieren, ist kindlich. Die anderen sind nicht Mama und Papa. Sie können auch keine Gedanken lesen. Möglicherweise gibt es ja gelegentlich eine sensible Seele, die spürt, was Sie brauchen, und es Ihnen gibt. Doch den meisten Menschen ist nun mal das Hemd näher als die Jacke. Aus ihrer Sicht besteht absolut kein Grund, einen für sie angenehmen Zustand freiwillig zu beenden. Solange Sie den Mund nicht aufmachen und eine Veränderung für sich einfordern, tut sich garantiert nichts.

Wenn Sie deutlich sagen, was Sie wollen, werden Sie in den meisten Fällen überrascht sein, wie selbstverständlich Ihre Forderung aufgenommen wird.

An einem meiner Seminare nahm Ilona, eine Computerfachfrau, teil. In ihrer Abteilung ist sie die einzige Frau im Team. Dort herrscht die ungeschriebene Regel, dass man mindestens eine Überstunde an die reguläre Arbeitszeit hängt. Offenbar hatte es bisher keiner der Herren besonders eilig, nach Hause zu kommen. Ilona litt darunter, traute sich aber nicht, es anders zu machen. Sie fürchtete, die Kollegen würden an ihrer Motivation zweifeln oder sie als nicht belastbar einstufen. Ich riet ihr, selbstsicher anzukündigen, dass sie ab sofort die Arbeitszeiten einhalten wolle. Wenig später rief sie mich an und sagte: »Ich bin total perplex. Ich habe einen Riesenaufstand erwartet. Stattdessen sagten sie nur: ›Ist okay‹.«

Selbstsicher zu handeln bedeutet eben auch, dass Sie auf sich selbst aufpassen. Sorgen Sie dafür, dass Sie sich genügend Zeit für die Dinge nehmen, die Ihnen wichtig sind. Achten Sie darauf, dass Sie so viel Erholung bekommen, wie Sie brauchen. Lassen Sie andere wissen, womit sie Ihnen eine Freude machen können. Bestehen Sie darauf, dass man Sie so behandelt, wie Sie es möchten. Machen Sie sich klar, dass Sie vieles nur deshalb nicht erhalten, weil niemand weiß, dass Sie es haben wollen. In diesem Sinne: Nehmen Sie sich, was Sie brauchen. Sonst kriegen Sie es nie.

## Ihr Mut – Waffe gegen die Unsicherheit

Sie wissen, was Sie wollen. Die richtige Einstellung haben Sie auch entwickelt. Ihnen ist klar, was Sie tun müssen. Trotzdem fühlen Sie sich wie gelähmt und schaffen es einfach nicht, selbstsicher zu handeln? Dann gibt es nur noch einen Grund: Sie haben Angst.

Im Prinzip ist Angst ein nützliches Gefühl. Ähnlich wie Schmerz dient sie dazu, Ihre Aufmerksamkeit zu wecken. Während Schmerz auf eine körperliche Schädigung hinweist und Sie dazu bringt, Heilung zu suchen, ist es die Aufgabe der Angst, Sie auf eine Gefahr vorzubereiten. Die Symptome kennen wir alle: Sie reichen von einem mulmigen Gefühl bis hin zur Panik. Schlimmstenfalls erleben wir Herzklopfen, feuchte Hände, Zittern, Übelkeit, die Muskeln sind angespannt. Das Gehirn arbeitet fieberhaft, die Gedanken laufen im Kreis.

Doch auch wenn es so scheint, als würden Sie von dem Angstgefühl überfallen und seien ihm machtlos ausgeliefert, beruht es bei näherem Hinsehen vor allem auf Ihrer Vorstellungskraft. Jede Angst beginnt im Kopf.

Können Sie über ein 50 Zentimeter breites Brett von fünf Meter Länge gehen? Garantiert gelingt Ihnen das mühelos, vorausgesetzt, Sie sind in der Lage, sich zu bewegen, besitzen ein intaktes Gleichgewichtsorgan und sind stocknüchtern. Aber schaffen Sie es, genauso lässig über das gleiche Brett zu spazieren, wenn es im 16. Stock zwei Hochhäuser miteinander verbindet? Höchstwahrscheinlich nicht, es sei denn, Sie sind Hochseilartistin oder zählen zu den Indianern, die in New York schlafwandlerisch sicher auf Baustellen in luftiger Höhe arbeiten. Warum klappt das bei Ihnen nicht? Schließlich ist das Brett doch genauso breit und lang wie vorher. Ganz einfach: Weil Sie sich die Möglichkeit vorstellen, beim Balancieren abzustürzen. Dadurch verlieren Sie Ihre ursprüngliche Sicherheit.

Was passiert, wenn wir Angst haben, hat ein Kollege von mir so ausgedrückt: »Wir schalten auf den Verwundbarkeitsmodus um.« Meist geschieht das unbewusst und blitzschnell in folgenden Schritten:

– Sie werden mit einer (scheinbar) gefährlichen Situation konfrontiert.

– Sie beurteilen subjektiv, wie groß die Gefahr ist.
– Sie glauben, dass Ihre Fähigkeiten nicht ausreichen, um dieser Gefahr zu begegnen.
– Sie werden von Selbstzweifeln erfasst und reagieren mit Angst.

Ob Sie Angst haben oder nicht, hängt also nicht allein davon ab, wie groß die Gefahr tatsächlich ist, sondern vor allem von Ihrem inneren Zustand. Wie eine kleine Geschichte aus dem Zen-Buddhismus illustriert:

Ein Mönch wandert durch den Wald. Plötzlich greift ihn ein Tiger an. Der Mönch versucht zu entkommen. Sein einziger Fluchtweg ist ein Abgrund. In seiner Bedrängnis springt er den steilen Berghang hinunter. Auf halber Höhe stoppt ein Strauch seinen Fall, der Mönch klammert sich an den schwachen Ästen fest. Über ihm faucht der Tiger, unter ihm gähnt die Tiefe. Da entdeckt er, dass an dem Strauch eine Beere hängt. Er pflückt sie, steckt sie in den Mund und sagt entzückt: »Köstlich!«

Im Blick auf selbstsicheres Handeln könnten wir uns durchaus solche Gelassenheit leisten. Schließlich müssen wir uns weder reißenden Tigern stellen noch in schwindelnder Höhe balancieren. In den seltensten Fällen wird unsere Gesundheit, unsere Existenz oder unser guter Ruf ernsthaft gefährdet, wenn wir uns klar für unsere Wünsche einsetzen. Tatsächlich bestehen die meisten der fürchterlichen Folgen bloß in der Phantasie. Dass sie uns so wirkungsvoll lähmt, liegt daran, dass die Ängste mit sozialen Sanktionen zusammenhängen.

### *Das größte Hindernis sind soziale Ängste*

Wir sind »Gesellschaftswesen«, wie es Aristoteles ausdrückt. Von daher bedeutet es für uns die härteste Konsequenz, von unseren Mitmenschen abgelehnt zu werden. Nicht umsonst zählt bei den Naturvölkern die Isolierung zu den schlimmsten Strafen. Der englische Forscher Max Freedom Long berichtet, dass es auf Hawaii noch Anfang des 19. Jahrhunderts einem Todesurteil gleichkam, wenn die Kahunas, die eingeborenen Magier, einen Dorfbewohner mit einem Tabu belegten und niemand mit ihm Kontakt aufnehmen durfte.

Auch in unseren Breitengraden beruhten Strafen auf sozialer Ächtung. So wurden im Mittelalter unliebsame Bürger am Pranger angekettet und der Menge zum Spott preisgegeben.

Heute treibt uns zwar niemand mehr in die Wildnis oder stellt uns auf dem Marktplatz aus, doch die Angst vor Ablehnung haben auch wir modernen Menschen verinnerlicht. Deshalb scheuen wir uns, selbstsicher zu handeln, auch wenn wir es als notwendig ansehen. Etwa in diesen Fällen:

Karla versucht immer wieder, ihren Mann vom Fernsehen loszueisen und ihn in einen Film oder eine Ausstellung zu locken, doch er winkt nur ab: »Ach Mäuschen, wir haben es hier doch so gemütlich.« Sie müsste ihm endlich einmal energisch sagen, dass sie keine Lust hat, an seiner Seite als Couchpotato zu enden.

Hilke und Sabine haben zusammen eine Präsentation ausgearbeitet. Hilke fällt es schwer, vor Publikum zu reden. »Mir liegt das nicht, mach du das lieber«, sagt sie. Natürlich erntet Sabine die Lorbeeren. Hilke weiß, dass sie endlich über ihren Schatten springen muss.

Der Kunde auf Claras Anrufbeantworter klingt ziemlich sauer. »Bitte rufen Sie mich zurück.« Clara schwant nichts Gutes. Wahrscheinlich hat ihm ihr Entwurf missfallen. Sie schiebt den unangenehmen Rückruf immer wieder auf, obwohl sie weiß, dass sie es dadurch schlimmer macht.

Ulla hasst ihre Schüchternheit. Sobald ein attraktiver Mann sie anschaut, senkt sie verlegen den Blick wie ein Schulmädchen. Langsam fürchtet sie, dass sie auf diese Weise nie einen Partner findet.

Claudia fühlt sich ausgebrannt und möchte ein »Sabbatical« machen. Sie traut sich nicht, danach zu fragen. Schließlich kann sie sich ausmalen, wie ihr Chef reagiert, wenn seine Assistentin für ein halbes Jahr aussteigen will.

Welche selbstsichere Handlung steht bei Ihnen an? Was immer Sie sich vorgenommen haben, prüfen Sie bitte, ob eine der folgenden Ängste vor sozialen Konsequenzen Sie hindert:

- Sie verlieren Anerkennung.
- Man kritisiert Sie.
- Ihre Gruppe schließt Sie aus. Z. B. Freunde laden Sie nicht mehr ein, Informationen werden an Ihnen vorbeigeschleust.
- Keiner will mehr etwas mit Ihnen zu tun haben.
- Man wertet Sie ab.
- Man ist von Ihnen enttäuscht. »Ich dachte, du liebst mich ...« »Sie wollen uns wirklich im Stich lassen?«
- Sie verlieren Ihre Position oder Ihren Status.
- Sie werden abgefertigt. »So haben wir das noch nie gemacht.«
- Sie werden angefeindet. »Die hält sich wohl für was Besseres.«
- Man lehnt Sie ab. »Dann nehmen wir lieber jemand anderes.«
- Man macht Sie fertig. Ihr Gegenüber reagiert wütend, arrogant.
- Man hat eine schlechte Meinung von Ihnen, hält Sie z. B. für egoistisch, geldgierig, größenwahnsinnig, leichtsinnig.

Wenn Sie Ihre Ängste im Kopf aufbauen können, dann muss es auch ebenso möglich sein, sie wieder abzubauen. Nachdem Sie sich Ihre spezielle soziale Angst bewusst gemacht haben, beginnen Sie damit, sie mit Vernunft zu entkräften:

- Begründen Sie für sich, warum Sie ein Recht auf Ihr selbstsicheres Handeln haben.

Beispiel: »Ich habe im letzten Jahr mehr geleistet als bisher und bin ein höheres Gehalt wert.«

- Fragen Sie sich: »Wenn diese Menschen so ablehnend auf eine mir wichtige Angelegenheit reagieren, sind sie dann noch der richtige Umgang für *mich?*«

Haben Sie keine Angst vor momentaner Einsamkeit. Sie werden neue Freunde oder Kollegen finden, die besser zu Ihrem Selbstwertgefühl passen.

Die meisten Ihrer Horrorvorstellungen werden ohnehin niemals oder bei weitem nicht im angenommenen Maße eintreffen.

Die Fernsehmoderatorin Sabrina Fox, die heute als spirituelle Beraterin in Los Angeles lebt, hat das in jüngster Zeit erfahren. Ein hartnäckiger Autor wollte sie unbedingt in seinem geplanten Buch »Die neuen Frauen« porträtieren. Sie hatten sich schon mehrfach zu ausführlichen Interviews getroffen, und langsam wurde Sabrina der Zeitaufwand zu viel. Sie mochte dem Autor das nicht mitteilen, weil sie fürchtete, ihn damit zu verletzen oder sich unbeliebt zu machen. Als er sich wieder meldete und ein weiteres Treffen vorschlug, fasste sie sich ein Herz: »Mein lieber Tom, das geht leider nicht, denn ich möchte nur noch Dinge in meinem Leben tun, die mir entweder Frieden oder Freude bringen, und dein Vorschlag bringt mir weder das eine noch das andere.« Über ihre mutigen Worte war sie selbst überrascht: »Ich holte tief Luft. Ich konnte es immer noch nicht glauben, dass ich das gerade gesagt hatte. Was nun? Da war Stille am Ende der Leitung. Einundzwanzig, zweiundzwanzig, dreiundzwanzig. Hat er aufgelegt? ›Tom?‹, fragte ich vorsichtig? ›Ja‹, kam es zögernd vom anderen Ende – und dann ein Seufzer: ›Ich wünschte mir auch, dass ich so leben könnte.‹ Ich traute meinen Ohren nicht. Wie bitte? ›Versuch es einfach, Tom‹, schlug ich vor, ›nachdem man sich mal dafür entschieden hat, ist es gar nicht mal so schwer.‹ Ich fühlte mich erleichtert. Das war ja einfacher, als ich gedacht hatte.«[15]

### *Stellen Sie sich Ihrer Angst*

Haben Sie schon mal im Schwimmbad auf dem Sprungturm gestanden? Fünf Meter können ziemlich hoch sein, von zehn ganz zu schweigen. Es sind schon manche mutig hinaufgestiegen und nach einem langen Blick in die Tiefe die Treppe kleinlaut wieder heruntergeschlichen. Je länger Sie oben auf dem Brett stehen und überlegen, ob Sie es wirklich wagen sollen, desto schwieriger wird es. Wenn Sie sich entschlossen haben, dann springen Sie! Das gilt auch für selbstsicheres Handeln. Susan Jeffers, die als Psychologin in New York Seminare gegen Ängste leitet, hat es auf eine griffige Formel gebracht: »Habe die Angst – und tu es!«

- Handeln Sie so, als wären Sie mutig.

Ich bin sicher, Sie wissen genau, wie es aussieht, wenn Sie Ihr Ziel selbstsicher umsetzen. Nehmen Sie sich einen Moment Zeit. Schließen Sie die Augen und stellen es sich in allen Einzelheiten vor. Wie bewegen Sie sich? Wie sitzen Sie? Was sagen Sie? Wie klingt Ihre Stimme?

Damit haben Sie das komplette Drehbuch für Ihr Handeln. Halten Sie sich genau daran, ähnlich wie eine gute Schauspielerin. Sie werden erleben, dass Sie mit Ihrer Rolle verschmelzen. Der amerikanische Präsident Theodore Roosevelt bekannte am Ende seines Lebens: »Ich habe oft Angst gehabt. Aber ich habe nicht klein beigegeben. Ich tat einfach so, als hätte ich keine Angst, und bald verschwand sie.«

- Tun Sie immer wieder, wovor Sie Angst haben.

In der Verhaltenstherapie wendet man bei Ängsten erfolgreich die »systematische Desensibilisierung« an. Hinter diesem kompliziert klingenden Fachausdruck steckt ein einfaches Prinzip: Wenn Sie etwas immer wieder tun, stumpft sich der negative Reiz ab und die Angst vergeht.

Vor kurzem fragte mich ein junger Journalist vor einer großen Veranstaltung: »Sind Sie aufgeregt?« Ich antwortete ihm: »Nein, nur angeregt.« Hätte er mich das allerdings Jahre früher vor meinem ersten Vortrag gefragt, hätte ich ehrlich sagen müssen: »Und wie! Ich habe Knie wie Wackelpudding.« Der Unterschied zwischen damals und heute besteht darin, dass ich inzwischen Hunderte von Vorträgen und Seminaren gehalten habe.

Sie werden sehen, je häufiger Sie selbstsicher handeln, desto leichter fällt es Ihnen. Ihr Mut wächst von Mal zu Mal. Nicht zuletzt deshalb, weil Sie feststellen, dass die erwarteten Katastrophen gar nicht eintreffen.

Vergessen Sie nie: Sie haben ein Recht darauf, selbstsicher zu handeln und für sich einzustehen. Sollte der Preis dafür sein, dass Sie Ihre Einstellung ändern oder Ängste überwinden müssen, dann zahlen Sie ihn. Es lohnt sich unbedingt.

### *Keine faulen Ausreden mehr*

Verständlich, dass wir unsere Angst ungern zugeben. Das ist uns nicht nur vor anderen peinlich, sondern auch vor uns selbst. Lieber sehen wir uns mutig und entschlossen. Um dieses Bild aufrechtzuerhalten, haben wir uns ein Repertoire an Ausreden zugelegt. Hier finden Sie die beliebtesten:

»Das kann ich doch (meinem Mann, meinen Kindern, meinen Eltern, meinen Kollegen) nicht antun!«

Warum eigentlich nicht? Möglicherweise hat Ihre Umgebung

bisher Signale der Hilflosigkeit oder Unfähigkeit ausgesandt, um Sie zu einem bestimmten Verhalten zu bewegen. Oder Sie halten sich für wichtiger, als Sie tatsächlich sind, und unterschätzen die anderen. Sie werden sehen: Wenn es Ihnen mit Ihrem Entschluss ernst ist, kommen die meist besser zurecht, als Sie glauben.

»Das geht erst, wenn …«

die Kinder aus dem Haus sind, das Examen bestanden ist, Sie mehr Geld verdienen usw. Geduld ist gut und schön, aber sie kann auch daran hindern, für die Gegenwart kreative Zwischenlösungen zu finden. Schließlich garantiert Ihnen keiner, dass sich die Zukunft tatsächlich nach Ihren Wünschen entwickelt. Wenn Sie hier und jetzt eine Möglichkeit zur Veränderung suchen, können Sie gleich ausprobieren, ob es wirklich das ist, was Sie wollen.

»Dazu bin ich zu …«

alt, jung, dick, dumm, häßlich oder was auch immer. Auf diese Weise begrenzen Sie sich unnötig durch Vorstellungen, wie Sie für eine Veränderung sein müssten. Tatsächlich gibt es für jede Regel viele Ausnahmen. Z. B. junge Unternehmerinnen, mollige Models, erfolgreiche Leute ohne Abitur. Setzen Sie sich über Ihr scheinbares Handicap einfach hinweg und fangen Sie an. Oder unternehmen Sie etwas dagegen, falls es möglich ist.

»Mein Mann (meine Kinder, meine Eltern usw.) lässt mich nicht.«

Sie sind erwachsen, und die Sklaverei ist längst abgeschafft. Sie könnten also, wenn Sie wollten. Vermutlich fürchten Sie, dass Sie Liebe, Wohlwollen oder Anerkennung verlieren, wenn

Sie sich durchsetzen. Möglicherweisen haben Sie Angst vor Streit und Disharmonie. Doch überlegen Sie bitte: Wie viel ist Ihnen eine Liebe wert, die nur auf Anpassung beruht?

»Lieber den Spatz in der Hand als die Taube auf dem Dach.«

Etwas zu verändern bedeutet immer ein Risiko. Am Anfang steht die Angst, ob man es auch schafft, ob es sich wirklich lohnt, ob es die richtige Entscheidung war. Dafür gibt es keine Garantie. Andererseits haben Sie nur so die Chance, die Taube auf dem Dach vielleicht doch zu fangen.

»So wichtig ist mir das nun auch wieder nicht.«

Komisch, immer wenn es ernst wird, verwandelt sich der heiße Wunsch plötzlich in eine belanglose Gedankenspielerei. Man hat ja nur mal überlegt, was wäre wenn, aber so wild ist man schließlich nicht darauf, berufstätig zu werden, zu reisen, seine Meinung zu sagen, mehr im Mittelpunkt zu stehen.

Dass der Gedanke trotzdem immer wieder auftaucht, sollte stutzig machen. Psychologen wissen: Gleichgültigkeit ist meist eine Form des inneren Widerstandes, und dahinter steckt Angst.

»Es ist ja schon besser geworden.«

Ihr Ehemann knappst sich ein wenig mehr Zeit für die Familie ab, der Chef lobt Sie hier und da doch mal, oder Sie haben nicht mehr so häufig Migräne wie früher. Kaum ist der akute Leidensdruck, der Sie zur Veränderung zwingen wollte, nicht mehr so stark, beschwichtigen Sie sich selbst.

Mal ehrlich, reicht das bisschen schon aus, um zufrieden und glücklich zu sein? Als Anfang ist eine kleine Verbesserung in Ordnung, aber lassen Sie sich nicht mit einem Almosen abspeisen.

»Ich komme einfach nicht dazu!«

Stimmt nicht! Zu den Dingen, die Ihnen wirklich wichtig sind, kommen Sie immer. Dazu müssen Sie allerdings Ihre Prioritäten anders setzen. Ein Fernsehfilm weniger, und Sie können Italienisch lernen. Im Haushalt fünfe gerade sein lassen, dafür gewinnen Sie mehr Zeit für Freunde. Ihnen wird schon einfallen, wo Sie Zeit sparen können, wenn Sie es tatsächlich wollen.

»Anderen geht es doch noch viel schlechter als mir.«

Eine Entschuldigung, die wir Frauen besonders gerne verwenden, weil wir gelernt haben, bescheiden zu sein. Schließlich will man ja nicht egoistisch mehr vom Leben verlangen als andere.

Diese Einstellung jedoch nutzt weder Ihnen noch denjenigen, denen es noch schlechter geht. Im Gegenteil: Wenn Sie es schaffen, etwas in Ihrem Leben zu ändern, macht das auch anderen Mut. Also: Orientieren Sie sich lieber nach oben als nach unten. Unter diesem Blickwinkel sehen Sie, was tatsächlich möglich ist.

»Man kann schließlich nicht alles haben.«

Klingt sehr vernünftig. Nur stellt sich diese Weisheit beim näheren Hinschauen meist als Resignation heraus. Präziser müsste es heißen: »Ich bekomme ja doch nicht, was ich möchte.«

Alles können Sie zwar nicht haben, aber Sie sollten nicht darauf verzichten, einen Herzenswunsch zu realisieren.

»Ich habe es doch ein paar Mal versucht.«

Na und? Edison hat tausend vergebliche Versuche gemacht, bevor er die Glühbirne erfand. Dass Ihre Anläufe zur Veränderung nicht erfolgreich waren, beweist nur, dass die richtige Methode noch nicht dabei war. Daraus lässt sich immerhin lernen, wie man es vielleicht demnächst besser machen kann. Lassen Sie sich von Niederlagen nicht umwerfen, sondern sagen Sie: »Jetzt gerade.«

»Bei der (dem) hat das auch nicht geklappt.«

Wie gut, dass es abschreckende Vorbilder gibt, damit Sie gar nicht erst in Versuchung kommen, etwas zu ändern: Die Nachbarin, die reumütig zu ihrem Mann zurückgekehrt ist. Der Kollege, der nach Australien ausgewandert ist und nach einem Jahr mit Sack und Pack wieder in der Heimat ankam. Die Freundin, deren Sohn Drogen nahm, als sie anfing zu arbeiten.

Negativbeispiele geben Ihnen nur nützliche Hinweise darauf, was Sie bedenken sollten – mehr nicht. Umstände sind nie völlig gleich, und jede(r) besitzt eine andere Persönlichkeit.

»Vielleicht ändert sich das von selbst.«

Kann sein. Kann aber auch sein, dass es sich niemals ändern wird. Warum sollte es auch, wenn es bisher so gelaufen ist. Jedenfalls geben Sie mit diesem Satz die Kontrolle über Ihr Leben ab und machen sich zum passiven Geschöpf. Warten Sie nicht auf Wunder, sondern planen Sie die Veränderung. Dann können Sie auch den Zeitraum bestimmen, in dem sie vor sich gehen soll.

»Ja, die (der) kann das, aber ich doch nicht.«

Ein bisschen Neid und viel Minderwertigkeitsgefühl schwingen in diesem Ausspruch mit. Dabei besteht kein Grund, andere auf den Sockel zu heben. Das ist eine Klein-Mädchen-Position.

Wie wäre es, wenn Sie stattdessen mal überlegten, was Ihre eigenen Stärken sind und was Sie sich abschauen können?

»Das kann ich auch noch später machen.«

Sind Sie da so sicher? Vielleicht sind Sie dann krank, längst verheiratet, auf dem Karrieretrip, müssen Ihre alte Mutter pflegen oder was die Zukunft sonst noch an Überraschungen für Sie bereithält. Wenn Sie etwas in Ihrem Leben verändern wollen, tun Sie es jetzt. Sonst ist die Chance vielleicht vorbei.

Haben Sie einen dieser Alibisätze wieder erkannt? Dann wissen Sie jetzt, was dahinter steckt. Machen Sie sich nichts vor, handeln Sie selbstsicher.

## Kapitel 3
## Sprechen Sie selbstsicher

Also, ich finde es eigentlich ziemlich schade, dass man uns Frauen nie richtig zuhört. Dabei haben wir doch wirklich Wichtiges zu sagen, nicht wahr? Jedenfalls habe ich das Gefühl, dass es sich für uns lohnen würde, daran zu arbeiten, und fände es ziemlich gut, wenn ich Sie mit diesem Kapitel davon überzeugen könnte.

Mal ehrlich, kamen Ihnen die Sätze eben etwas merkwürdig vor? Ich gebe zu, dass ich klammheimlich mit Ihnen verbal »Finde das Mäuschen« gespielt habe. Gewiss kennen Sie dieses Suchspiel für Kinder, bei dem ein Zeichner irgendwo auf seinem Bild eine kleine Maus versteckt hat, die es zu finden gilt. Ähnlich habe ich einige typisch weibliche Sprachwendungen untergebracht. (Welche das sind, wissen Sie garantiert, sobald Sie dieses Kapitel zu Ende gelesen haben.)

Sollte Ihnen nichts aufgefallen sein, kann ich es Ihnen nicht einmal verdenken. Wir Frauen sind so gewohnt, uns auf spezifische Weise zu verständigen, dass wir es kaum noch registrieren. Was wir allerdings sehr wohl bemerken, ist, dass wir oft nicht ernst genommen und unsere Beiträge überhört werden. Vor allem bei Männern passiert uns das häufig. Die scheinen manchmal gar nicht aufzunehmen, was wir sagen. Und das gilt keineswegs nur für überhebliche Machos, sondern auch für solche, die uns lieben und respektieren. Die Ursache dafür liegt in der unterschiedlichen Einstellung der Geschlechter zu ihrer Umwelt, die sich deutlich in der Sprache niederschlägt.

Zahlreiche Untersuchungen haben sich bisher mit dem Zusammenhang von Sprache und Geschlecht befasst. Am anschaulichsten bringt die amerikanische Soziolinguistin Deborah Tannen die Ergebnisse auf den Punkt, indem sie sagt: Frauen leben in einer »Beziehungswelt«, Männer in einer »Statuswelt«. Von daher sprechen sie eine unterschiedliche Sprache. Schauen wir uns doch zunächst einmal diese beiden »Welten« an:

### »Statuswelt« und »Beziehungswelt«

Das Passwort für die weibliche »Beziehungswelt« lautet Verbundenheit. Uns Frauen ist besonders an Harmonie gelegen. Wir bemühen uns, möglichst Übereinstimmung herzustellen. Dazu gehört, dass wir jeden Anschein von Überlegenheit meiden und Unterschiede herunterspielen. Vermutlich haben Sie selbst schon gemerkt, wie leicht Sie sich Ihrem Gegenüber anpassen. Das geht oft bis hin zu Äußerlichkeiten. Eine Kollegin erzählte mir, dass sie ihre teure Designer-Uhr blitzschnell in der Handtasche verschwinden lässt, sobald sie feststellt, dass die Seminarteilnehmerinnen schlichter gekleidet sind als sie.

Bewusst oder unbewusst fahren wir Frauen ständig unsere Antennen aus, um zu orten, wie es den Menschen in unserer Nähe geht. Kein Wunder, dass wir es darin inzwischen zur Meisterschaft gebracht haben. So hat eine Untersuchung ergeben, dass Frauen weitaus besser als Männer die Stimmung einer Person an ihrer Mimik erkennen können.

In der Beziehungswelt spricht man eine Sprache mit wenig Ecken und Kanten. Ich nenne sie die »Seidenpapier-Sprache«, weil alle Aussagen möglichst weich und zart verpackt werden, damit nur ja niemand Anstoß daran nimmt. Grammatikalisch geschieht das vor allem durch die Möglichkeitsform: »Könnten Sie mir bitte mal den Zucker reichen?« »Ich würde mich freuen, wenn Sie mich anriefen.« Außerdem enthält die Beziehungssprache zahlreiche Floskeln, die Bescheidenheit suggerieren, wie: »Es ist vielleicht eine dumme Frage, aber …« Sie lässt dem Gesprächspartner auch gerne die Wahl, worauf er reagieren will, indem sie zwei Botschaften gleichzeitig transportiert. So antworten viele Frauen auf die Frage, wie es ihnen geht: »Eigentlich ganz gut.« Selbst schärfere Töne werden mit einem soften Vorspann gemildert: »Würden Sie bitte so freundlich sein und mich nicht immer unterbrechen?« Gewiss merken Sie schon an diesen wenigen Beispielen: Die Sprache der Beziehungswelt schafft ein prima Klima, in dem sich alle wohl fühlen.

In der männlichen »Statuswelt« geht es weniger verbindlich zu. Typisch ist, dass man(n) sich unabhängig gibt. Das zeigt sich schon in alltäglichen Dingen. Haben Sie einmal mit einem Mann am Steuer eine Straße gesucht? Dann wissen Sie, dass er lieber dreimal um den Block fährt und sich den Hals nach Straßenschildern verrenkt als das Fenster herunterzukurbeln und einen Passanten nach dem Weg zu fragen. Um Hilfe bitten bedeutet in der Statuswelt, Schwäche zu zeigen. Oft erlebe ich in meiner Praxis, wie schwer es besonders den männlichen Klienten zu Beginn fällt, über ihre Schwierigkeiten zu sprechen. Für viele kommt es einer Bankrotterklärung gleich, dass sie ihre Probleme nicht selbst lösen können. Meist wenden sie sich erst an mich, wenn sie absolut keinen Ausweg mehr wissen, und sogar dann überwiegend auf Anraten eines weiblichen Wesens in ihrer Umgebung.

Rangordnung ist in der Statuswelt von besonderer Bedeutung. Den größten Status besitzt, wer das Sagen hat. Wer Anordnungen entgegen nimmt, steht auf einer niedrigeren Stufe. Von daher ist es nur logisch, dass hier Anweisungen eine wichtige Rolle spielen: »Machen Sie das bis morgen früh fertig.« Aussagen sind meist kurz und knapp formuliert: »Das passt mir nicht.« Über Gefühle spricht man(n) äußerst ungern. Schließlich sind sie die Achillesferse jeder Dominanz.

### *Sie werden in Ihre Sprachwelt geboren*

Wahrscheinlich fragen Sie sich nun, wie wir eigentlich in diese verschiedenen (Sprach-)Welten geraten. Ganz einfach: Wir werden hineingeboren. Von unserem Geschlecht hängt ab, worauf wir als Heranwachsende hauptsächlich unsere Aufmerksamkeit richten. Gleichzeitig liegt damit fest, welche Art von Sprache wir lernen.

Die Wissenschaft ist sich immer noch nicht einig, wieweit diese Unterschiede nun angeboren oder angelernt sind. Ganz sicher aber haben gesellschaftliche Normen großen Einfluss. Wie man »richtig« spricht, lernen Jungen und Mädchen vor allem von ihren Spielkameraden. Das belegt eine einfache Tatsache: Wenn Eltern mit einem ausländischen Akzent oder starkem Dialekt in eine andere Gegend ziehen, übernehmen ihre kleinen Kinder nicht die Aussprache von Vater und Mutter, sondern die der Region.

Mit der Sprache übernehmen Jungen und Mädchen natürlich auch das Verhalten von ihrer Umwelt. Schließlich findet Sprache ja nicht im luftleeren Raum statt, sondern in einem bestimmten Milieu: Kleine Jungen bevorzugen größere Gruppen, die hierarchisch strukturiert sind. Meist haben ihre Gruppen einen Anführer, der sagt, was getan werden soll. Bei ihren Spielen gibt es fast immer Gewinner und Verlierer. Mädchen dagegen bevorzugen kleine Gruppen. Dabei achten sie sehr darauf, dass alle gleich viel zu sagen haben. Sie handeln eher Kompromisse aus und bevorzugen Spiele, bei denen es nicht ums Gewinnen geht, zum Beispiel »Mutter und Kind« oder »Sich verkleiden«.

An diesen Einflüssen ändern auch aufgeschlossene Mütter und Väter wenig. Wenn ein modernes Elternpaar es völlig normal findet, dass ihre kleine Tochter »Winnetou« liest und den Jungs aus der Nachbarschaft zeigt, wie man Tore schießt, geben garantiert Gleichaltrige deutlich zu verstehen, dass mit ihr etwas nicht stimmt. Falls sich das kleine Mädchen nicht isolieren will, muss es sich notgedrungen im Verhalten und in der Sprache anpassen.

Einem kleinen Jungen in gleicher Lage geht es übrigens kaum besser. Obwohl Mama ihn ermutigt, seine Gefühle zu zeigen und auch mal zu weinen, treiben ihm seine Freunde in Kindergarten und Schule die Sensibilität schnell wieder aus. Schließlich will er nicht als Weichei dastehen.

Sind wir endlich erwachsen, hat sich die seit Jahrzehnten geübte Einstellung in der Sprache meist so verfestigt, dass wir sie gar nicht mehr hinterfragen.

Möglicherweise klingt diese Beschreibung der weiblichen »Beziehungswelt« und der männlichen »Statuswelt« mitsamt den dazugehörigen Sprachen in Ihren Ohren reichlich klischeehaft. Sie könnten Beispiele anführen, wo Frauen im harschen Befehlston ein Dutzend Männer herumkommandieren oder Männer sich soft in ihre Freundinnen einfühlen. Ich bestreite nicht, dass es Ausnahmen gibt. Doch insgesamt verändern sich Geschlechterrollen nur langsam. Falls Sie daran zweifeln, dass wir Frauen uns überwiegend in der »Beziehungswelt« aufhalten, machen Sie doch einmal den folgenden kleinen Check. Beantworten Sie die Frage entweder für sich oder für ein Paar, das Sie gut kennen:

- Wer schreibt im Urlaub die Postkarten, sie oder er?
- Wer lädt häufiger Freunde ein?
- Wer denkt an die Geburtstage von Eltern, Freunden, Kollegen?
- Wer hat die meisten Ideen für Weihnachtsgeschenke?
- Wer ruft häufig an, nur »um mal zu hören, wie es so geht«?
- Wer wird eher angesprochen, wenn es um Probleme geht?
- Wer sieht gerne Liebesfilme?

Nun möchte ich allerdings nicht den Eindruck erwecken, dass wir als Bewohnerinnen der Beziehungswelt die besseren Menschen sind, die sich stets mit ausgesuchter Liebenswürdigkeit äußern, während die Bewohner der Statuswelt wie Cowboys verbal durch die Gegend ballern. Schließlich spielt neben der Form auch der Inhalt eine Rolle. Man kann auch zuckersüß Gemeinheiten von sich geben!

Um ein »besser« oder »schlechter« geht es ohnehin nicht. Sondern darum, mit welcher Sprache Sie selbstsicherer wirken. Die »weibliche« Sprache ist zwar höflich und behutsam, kommt aber oft schwach und missverständlich an. Dagegen klingt die »männliche« Sprache häufig etwas barsch, erscheint dafür klar und deutlich. Aus diesem Grund klingt sie souveräner als die weibliche verbale Verpackungskunst.

Sie kommen also nicht umhin, einen Sprachkurs der besonderen Art zu machen: Lernen Sie die »Sprache der Stärke« zu beherrschen, wie die amerikanische Wirtschaftsberaterin Phyllis Mindell den klaren, direkten Ausdruck nennt.[16]

## Wählen Sie Ihre Worte

Sie möchten sich in dieser Hinsicht fit machen? Gut, dann fangen wir an. Hier sind die grundlegenden Elemente einer selbstsicheren Sprache.

### *Halten Sie sich raus*

Falls Sie schon einmal an einem Kommunikationstraining oder ähnlichen Seminaren teilgenommen haben, hat man Ihnen wahrscheinlich nahe gelegt, Ihre Aussagen möglichst mit »ich« zu beginnen. Wie viele meiner Kolleginnen und Kollegen habe ich selbst noch vor einiger Zeit überzeugt verkündet: »Senden Sie Ich-Botschaften!« Die heißen sinnigerweise so, weil sie mit dem Wörtchen »ich« beginnen. Etwa: »Ich fühle mich gekränkt, wenn du mich immer unterbrichst.« »Ich möchte, dass du den Mülleimer runterbringst.« Ziel einer Ich-Botschaft ist es, Verantwortung für die eigenen Wünsche, Gefühle und Anweisungen zu übernehmen.

Im Prinzip ist es durchaus richtig, sich als Senderin einer Botschaft zu outen – doch gilt das nicht so absolut, wie es gerne verbreitet wird. Indem wir uns per »ich« ins Spiel bringen, schwächen wir unsere Aussage nämlich häufig ab. Lassen Sie dazu doch einmal die folgenden Sätze auf sich wirken:

»Ich finde, dass das zu weit geht.«

Oder: »Das geht zu weit.«

»Ich habe den Eindruck, wenn Sie so langsam arbeiten, werden Sie mit Ihrer Arbeit nicht rechtzeitig fertig.«

Oder: »Wenn Sie so langsam arbeiten, werden Sie mit Ihrer Arbeit nicht rechtzeitig fertig.«

Merken Sie, dass die »Ich-Botschaft« der Aussage die Klarheit und Schärfe nimmt? Außerdem bringen Sie sich durch eine Ich-Botschaft möglicherweise mit Verhaltensweisen in

Verbindung, für die Sie nicht verantwortlich sind. Etwa wenn Sie sagen: »Ich finde, die Dame am Empfang könnte wirklich etwas freundlicher sein.« Okay, könnte sie. Aber was hat das mit Ihnen zu tun?

Darüber hinaus klingen Ich-Sätze oft unreif. Einem Teenager nimmt man es kaum übel, wenn er sich als Nabel der Welt betrachtet und alles, was er erlebt, mit »Ich finde ...«, »Ich meine ...«, »Ich glaube ...« kommentiert. Schließlich ist er noch auf der Suche nach seinem Standpunkt. Doch als Erwachsene sollten Sie Dinge ansprechen, ohne sich dabei ständig persönlich einzubringen.

Anstatt automatisch mit »Ich« zu beginnen, fragen Sie sich: Was ist eigentlich der Kern meiner Aussage? Was ist mein Thema? Überlegen Sie genau, worauf Sie die Aufmerksamkeit Ihrer Zuhörer lenken wollen.

Angenommen, Ihre Chefin hat Ihrem Team zu viel Arbeit übertragen. Es ist abzusehen, dass der Auftrag nicht in der vorgegebenen Zeit bewältigt werden kann. Sie machen einen Termin mit Ihrer Vorgesetzten, um darüber zu sprechen. Nun haben Sie mehrere Möglichkeiten, den Brennpunkt Ihrer Aussage zu bestimmen, indem Sie das Subjekt des Satzes sorgfältig auswählen:

- Falls es tatsächlich um Ihre persönliche Wahrnehmung geht, machen Sie selbst sich zum Subjekt: »Ich glaube, wir schaffen das nicht in der angegebenen Zeit.« Hier ist die Ich-Botschaft angebracht.
- Wenn Sie Ihr Team vertreten und für alle sprechen, liegt der Schwerpunkt auf dem »Wir«: »Wir haben zu wenig Zeit, um den Auftrag zu erfüllen.«
- Wollen Sie Ihre Chefin kritisieren, sprechen Sie sie direkt an: »Sie haben uns diesmal für die kurze Zeit zu viel Arbeit übertragen.«

• Möchten Sie das Problem sachlich in den Mittelpunkt rücken, sagen Sie: »Die Arbeit ist in der vorgegebenen Zeit einfach nicht zu schaffen.«

Sie haben viel mehr Möglichkeiten als nur die übliche »Ich-Botschaft« zu senden. Phyllis Mindell sagt dazu ganz rigoros: »Beginnen Sie niemals einen Satz mit dem Wörtchen ›Ich‹, wenn es nicht ausdrücklich um Sie geht.«[17]

Wie wichtig es sein kann, die richtige Perspektive zu wählen, bestätigte sich für mich kürzlich wieder auf einem Seminar für weibliche Führungskräfte. Die Frauen nutzten die Begegnung zum offenen Austausch über ihre Probleme. Eine beklagte sich, dass sie völlig überlastet sei. Sie hatte sich darüber schon mehrfach bei ihrem Vorgesetzten beschwert, aber der hatte nicht reagiert. Ich fragte: »Was haben Sie denn genau zu ihm gesagt?« »Nun, ich habe gesagt: ›Ich schaffe die Arbeit einfach nicht.‹« »Und was hat er geantwortet?« »Dann müssen Sie sie eben besser organisieren.« Ich riet ihr, demnächst zu sagen: »Die Arbeit ist nicht zu bewältigen.« Es war ihr anzumerken, wie es förmlich »klick« machte. Sie sagte: »Klar, das ist es! Wenn es an der Arbeit liegt und nicht an mir, dann kann er den Fehler nicht mehr so leicht auf mich schieben.«

### *Verzichten Sie auf Gefühle*

Haben Sie den Film »Rossini« gesehen? In einer Szene drückt ein Banker dem Filmproduzenten, der ihn zur Finanzierung eines Films überredet hat, beim Abschied verzückt die Hand und jubelt über das gemeinsame Projekt: »Ich habe ein gutes Gefühl, ich habe ein gutes Gefühl!« An dieser Stelle lachte das ganze Kino. Weil es einfach zu komisch war, wie dieser steife Typ plötzlich in Begeisterung ausbrach.

Nichts gegen Spontaneität und Gefühle. Wenn Sie in meinem Buch »Mich übersieht keiner mehr« das Kapitel »Zeigen Sie Gefühle« gelesen haben, dann wissen Sie, dass ich jederzeit eine Lanze für die Emotionen breche. Sie sind lebenswichtig und machen lebendig.

Doch im Zusammenhang mit einer selbstsicheren Sprache sollten Sie vorsichtig mit ihnen umgehen. Das gilt vor allem im Job, aber auch, wenn Sie privat etwas durchsetzen wollen.

Hier ist eine Musterkollektion gefühlvoller Sätze, die wir besonders gerne als Vorspann zur eigentlichen Aussage benutzen:

- »Ich bin so froh, dass …«
- »Ich bin gar nicht froh darüber, dass …«
- »Ich empfinde es als Zumutung, dass …«
- »Ich fühle mich geehrt, dass Sie …«
- »Ich bin glücklich darüber, dass …«
- »Ich bin ganz unglücklich mit …«
- »Ich habe das Gefühl, wir sollten …«
- »Ich mag die Art, wie Sie …«
- »Ich mag es nicht, wenn Sie …«
- »Ich schätze es, wenn …«
- »Ich schätze es gar nicht, dass …«
- »Ich fühle mich unbehaglich bei dem Gedanken, dass …«
- »Ich freue mich, dass …«
- »Ich bin sauer darüber, dass …«

Mit Wendungen, die Ihre Gefühle ausdrücken, wirken Ihre Sätze wie weichgespült. Achten Sie deshalb darauf, dass Sie Ihre Aussagen nicht unnötig emotional verbrämen. Streichen Sie Gefühlsäußerungen aus Ihren mündlichen und schriftlichen Kommentaren. Sie werden sehen, wie sehr Ihre Worte und Texte dadurch an Autorität gewinnen. Als Faustregel gilt: Gefühle nur, wenn es auch um Gefühle geht.

Keine Sorge, Sie werden dadurch nicht zum eiskalten Engel.

Wenn Ihnen ein netter Bekannter ein Kompliment macht oder die Kolleginnen Sie zum Geburtstag mit Sekt überraschen, dürfen Sie nach wie vor Ihre Gefühle offen zeigen.

### *Machen Sie Schluss mit falscher Bescheidenheit*

Aus welcher Ecke bei uns Frauen die Bescheidenheit kommt, wissen Sie ja bereits: In der »Beziehungswelt« steht Gleichheit hoch im Kurs. Uns ist wichtig, weder überheblich noch besserwisserisch zu erscheinen. Von daher nutzen wir gerne Floskeln, mit denen wir verbal den Kopf einziehen:

- »Ich bin mir nicht sicher, aber …«
- »Ich bin ja auf diesem Gebiet keine Expertin, aber …«
- »Darf ich mal eine ganz dumme Frage stellen?«
- »Möglicherweise liege ich damit falsch, aber …«
- »Sie kennen sich doch sicher besser aus als ich …«
- »Ich möchte Ihnen nicht zur Last fallen …«
- »Falls es Ihnen nicht zu viel Mühe macht …«

Was im ersten Augenblick so höflich und angenehm zurückhaltend klingt, ist in Wahrheit ein unangemessenes Sich-klein-Machen. Sie signalisieren Ihrem Gegenüber, wie harmlos Sie sind und dass Sie keineswegs vorhaben, ihm das Terrain streitig zu machen.

Doch warum wollen Sie Ihre Stärke oder Kompetenz verstecken? Damit man Sie mag? Es ist fraglich, ob Sie das überhaupt auf diese Weise erreichen. Viel wahrscheinlicher ist, dass Sie an Respekt verlieren.

Oder möchten Sie bewirken, dass sich Ihr Gegenüber gleichwertig fühlt, obwohl das gar nicht der Fall ist? »Einem Lahmen nutzt es nichts, wenn der Gesunde neben ihm hinkt«, sagt der Volksmund. Mit verbalen Bücklingen können Sie weder Neid noch Aggression verhindern. Wie sehr Sie sich auch darum bemühen, die anderen spüren doch intuitiv, ob sie Ihnen unterlegen sind.

Geben Sie also die falsche Bescheidenheit auf und stellen Sie Ihr Licht nicht länger unter den Scheffel. Lassen Sie in Zukunft die Duckmäuser-Floskeln weg und machen Sie sich mit Ihren Worten so groß, wie Sie wirklich sind.

### Seien Sie eindeutig

Die Engländer sagen: »Du kannst den Kuchen nicht gleichzeitig behalten und essen.« Genau das versuchen Sie, wenn Sie eine Aussage treffen und sie im gleichen Atemzug wieder in Frage stellen.

»*Eigentlich* muss der Bericht bis heute Abend fertig sein.« Muss er oder muss er nicht?

»*Ich denke mal*, wir kommen so gegen sieben Uhr.« Kommen Sie nun um sieben Uhr oder nicht?

»*Ich werde versuchen*, das so bald wie möglich zu erledigen.« Werden Sie es nur versuchen, oder werden Sie es tun?

Solche Doppelbotschaften dienen meist dazu, uns nach allen Seiten hin abzusichern. Einerseits möchten wir unsere Wünsche und Meinungen durchsetzen, andererseits wollen wir nicht zu sehr auftrumpfen oder unser Gegenüber vor den Kopf stoßen. Möglicherweise sind wir unserer Sache auch nicht ganz sicher oder haben zwei Seelen in der Brust, die sich auf diese Weise äußern.

Aus dem gleichen Grund stellen wir auch gerne Fragen, ohne dass wir uns wirklich informieren wollen. Sie dienen nur dazu, uns geschickt ein Hintertürchen offen zu lassen. »Sollten wir uns nicht mal treffen?«, statt: »Ich möchte mich gerne mit dir verabreden.« Falls Widerspruch kommt, können Sie problemlos einen Rückzieher machen: »Ich hab' ja bloß mal so gefragt …«

Eine beliebte Variante dazu sind Anhängsel, mit denen Sie Ihre ursprüngliche Aussage in eine Frage verwandeln:

»Der Typ ist doch Klasse, oder?«

»Wir sollten den nächsten Zug nehmen, meinst du nicht?«

»Du kriegst das schon fertig, okay?«

Ob Sie nun Doppelbotschaften oder Scheinfragen benutzen – das Ergebnis ist immer das Gleiche: Sie wirken uneindeutig und damit weniger souverän. Beobachten Sie deshalb aufmerksam, wie häufig Sie Ihre Aussagen relativieren. Entscheiden Sie sich bewusst für eine klare Äußerung.

### Verzichten Sie auf Übertreibung

Zum Glück ist die »werte Gattin« inzwischen ausgestorben, niemand dankt mehr für ein »geschätztes Schreiben« oder verabschiedet sich mit besonderer Hochachtung. Trotzdem schlagen wir häufig weiterhin verbal das Pfauenrad, weil wir glauben, auf diese Weise besonderen Eindruck zu machen. Dazu benutzen wir Worte und Wendungen, die eine Nummer größer sind, als es dem Anlass entspricht.

Fremdwörter machen scheinbar besonders viel her. Wir sprechen von »Konzeptualisierung« anstatt schlicht von einem »Entwurf«, setzen »Prioritäten« statt »Schwerpunkte«, loben die »Selektion« an Stelle der »Auswahl.« Im Hinterkopf haben wir dabei, dass man uns auf diese Weise für gebildet und wissenschaftlich beschlagen hält.

Bei jüngeren Frauen sind englische und amerikanische Ausdrücke noch beliebter. Neulich verabschiedete sich eine Bekannte von mir mit den Worten, sie müsse jetzt ins »Office«. Meines Wissens arbeitet sie seit Jahren in einem ganz normalen Büro. Eine andere fand, dass der »Hype« um die Tournee eines bekannten Popstars doch reichlich überzogen sei. »Rummel« oder »Wirbel« klang für sie offenbar nicht modern genug. Manche lassen andere grübeln, was denn wohl ein »Ranking« ist und zeigen damit, dass sie ein cleveres »Working Girl« sind das »Standing Ovations« für seine Ausdrucksfähigkeit verdient hat.

Ich vertrete nicht die Ansicht, dass wir sämtliche Fremdwörter krampfhaft eindeutschen müssen. Oder dass wir es wie die Franzosen halten sollten, die ihre Muttersprache sogar per Gesetz gegen amerikanischen Einfluss abschotten. Manche englischen Ausdrücke sind längst in den deutschen Sprachgebrauch übergegangen, etwa »Computer«, »Outfit« oder »Lifestyle«. Auch Sätze wie »Go for it« oder »Just do it« sind schon zu geflügelten Worten geworden.

Nur: Verschanzen Sie sich nicht aus Unsicherheit hinter Wortgeklingel oder Fachchinesisch. Nutzen Sie Fachausdrücke – ob nun lateinischen, griechischen oder amerikanischen Ursprungs – ausschließlich vor Fachpublikum. Für Laien sind sie unverständlich und werden schnell als Angeberei entlarvt. Wenn Sie vor einem »gemischten« Publikum reden, nennen Sie zu dem Fachbegriff einfach beiläufig seine Bedeutung.

Natürlich ist es auch möglich, Sätze in deutscher Sprache aufzublähen. Dazu neigen wir, wenn wir uns besonders korrekt ausdrücken wollen. Das klingt dann etwa so: »In Fortführung der Darstellung meines Vorredners möchte ich nicht unerwähnt lassen ...« Achten Sie doch einmal darauf: Sobald im Fernsehen medienunerfahrene Menschen in einer bestimmten Funktion oder Rolle interviewt werden, greifen die meisten von ihnen zielsicher zu steifen Formulierungen, um besonders kompetent zu erscheinen.

Auch wenn wir uns besonders bedeutungsvoll äußern möchten, führt das leicht zu gestelzten Wendungen. Gelegentlich erhalte ich Manuskripte von Frauen, in denen sie Ereignisse aus ihrem Leben beschreiben. Sie nehmen (fälschlicherweise!) an, ich könnte ihre Geschichte wegen meiner journalistischen Kontakte eher bei einer Zeitschrift unterbringen als sie selbst. Beim Lesen fällt mir immer wieder auf, dass sie im Bemühen um eine besonders gute Sprache ihre natürliche Ausdrucksweise verlieren. Die Autorinnen »legen sich zur Ruhe«, anstatt schlafen zu gehen, oder »haben eine unangenehme Empfindung«, wenn sie sich schlecht fühlen. Ich möchte ihnen dann am liebsten den Rat geben: »Bitte schreiben Sie so natürlich, wie Sie auch sprechen.« Denn leider klingt es meist weniger imposant als aufgesetzt, wenn wir statt eines einfachen Verbs die Verbindung mit einem Substantiv wählen. Dann »verfällt« ein Termin nicht, sondern »gerät in Verfall«. Wir haben nicht etwas »verloren«, sondern »einen Verlust erlitten«, »wenden nicht etwas an«, sondern »bringen es zur Anwendung«.

Auch mit Füllwörtern pumpen wir unsere Sätze unnötig auf. Besonders beliebt ist das farblose Wörtchen »sehr«, noch verstärkt durch »wirklich sehr«. Beispiel: »Im Workshop haben wir wirklich sehr wichtige Dinge gelernt.« »Wichtig« hätte hier völlig gereicht.

Dabei sind verstärkende Worte wie »sehr«, »wirklich«, »richtig«, »ganz sicher« noch vergleichsweise harmlos. Manche Adjektive und Adverben lassen Sie wie eine überkandidelte Fünfzehnjährige klingen: »So ein *supertolles* Ergebnis habe ich gar nicht erwartet.« »Der Neue aus der Nachbarabteilung ist wirklich *total* nett.« »Ich weiß *echt* nicht mehr, wo mir der Kopf steht.«

Indem Sie Ihre Sätze wie Luftballons aufblasen, zeigen Sie nur, dass Sie es nötig haben. Selbstsichere Frauen äußern sich klar und natürlich. Mit falscher Bescheidenheit hat das nichts zu tun, eher mit klarem Denken. Trainieren Sie, Überflüssiges auszusparen, wenn es um wichtige Aussagen geht. Beim gemütlichen Weiberabend oder beim Telefonschwatz mit Ihrer Freundin dürfen Sie dann gerne wieder locker lassen.

### Benutzen Sie Kraft-Worte

Zwischen übertriebenen oder aufgeblähten Ausdrücken und wirklich starken Worten besteht ein großer Unterschied, wie Sie gleich sehen werden. Doch zunächst möchte ich Sie bitten, einmal nacheinander die folgenden Worte laut auszusprechen. Nehmen Sie sich jedes Mal etwas Zeit, um zu spüren, wie Sie sich fühlen:

- Mord
- Kampfhund
- Terror
- Enttäuschung

- Zärtlichkeit
- Geschenk
- Liebe
- Umarmung

Vermutlich haben Sie sich bei der ersten Wortgruppe unbehaglich gefühlt, oder Sie hatten sogar ein schlimmes Bild vor Augen. Die zweite dagegen dürfte für Sie angenehm gewesen sein. Vielleicht haben Sie gelächelt oder sich etwas Schönes vorgestellt.

Welche Wirkung Sie auch erlebt haben, sie hatte einen Grund: Worte können intensive Emotionen und körperliche Reaktionen auslösen. Inzwischen ist wissenschaftlich bewiesen, dass sie im Gehirn durch persönliche Erfahrung an unsere Gefühlswelt geknüpft sind.

Wenn sich schon mit einem einzigen Wort Reaktionen auslösen lassen, wie viel mehr dann durch ganze Sätze. Nutzen Sie diese Tatsache, indem Sie bewusst Begriffe der Stärke, der Aktivität, des Vertrauens und der Hoffnung wählen. In vielen Fällen haben Sie die Möglichkeit, sich für den gleichen Sachverhalt zwischen einem positiven oder negativen Ausdruck zu entscheiden:

»Ich habe ein Problem.« Besser: »Ich stehe vor einer Herausforderung.«

»Ich zweifel daran.« Besser: »Ich bin dabei, es zu überdenken.«

»Ich kann nicht mehr.« Besser: »Ich brauche eine Pause.«

Seit ich weiß, wie Sprache wirkt, achte ich auch in alltäglichen Situationen darauf. Kürzlich probierte ich in einer Boutique ein Kleid an, das auf dem Bügel richtig gut aussah, an mir aber wie ein Kartoffelsack mit Ärmeln. Als ich wieder aus der Umkleidekabine auftauchte, fragte die Verkäuferin erwartungsvoll: »Na, wie ist es?« Früher hätte ich geantwortet: »In dem Kleid sehe ich schrecklich aus.« Diesmal sagte ich: »Ein schönes Kleid, aber es steht mir nicht.«

Kraftvoll zu sprechen bedeutet nicht nur, sich positiv auszudrücken, sondern auch, präzise und dynamische Worte zu finden. Stellen Sie sich vor, Sie sind eine Malerin und suchen sich aus, ob Sie für Ihr Bild leuchtende oder pastellige Farben nehmen. Damit bestimmen Sie, ob es intensiv oder zart auf die Betrachter wirkt. Als Wort-Künstlerin haben Sie eine ähnliche Auswahl. Es gibt Worte, die einen deutlichen Eindruck hinterlassen, und solche, die wenig Kontur haben.

Die Hauptwörter tragen vor allem die Präzision. Viele Substantive unterscheiden sich von einander nur durch kleine

Nuancen. Hier richtig zu wählen dient Ihrer Klarheit und Kompetenz. Überlegen Sie, welches Substantiv exakt das trifft, was Sie ausdrücken wollen. Falls Sie darin noch ungeübt sind, helfen Ihnen Nachschlagewerke, die auch gerne von der schreibenden Zunft benutzt werden.

In meinem Bücherregal steht der Duden »Die sinn- und sachverwandten Wörter«. Darin finden sich rund 80 000 Wörter und Wendungen in Gruppen gegliedert, mit Stilangaben und Bedeutungshinweisen. Zum Spaß habe ich gerade einmal willkürlich ein Stichwort aufgeschlagen. Zu »Gerede« werden alternativ genannt: Gedöns, Geschwätz, Larifari, Wortschwall, Erguss, Sermon, Salm, Getue, Gewäsch, Klatsch, Redseligkeit, Tirade. Eine nette Auswahl, nicht wahr? Die lässt sich doch prima nutzen. Wenn Ihr Kollege sich demnächst mal wieder volltönend auf der Konferenz profiliert hat, dann kommentieren Sie hinterher nicht einfach: »Na ja, das war mal wieder sein übliches Gerede«, sondern: »Meyer hat mal wieder eine Tirade von sich gegeben.« Das klingt entschieden interessanter und stärker.

Die Tätigkeitswörter transportieren Dynamik und Aktivität – vorausgesetzt, Sie wählen die richtigen. Meist benutzen wir automatisch eher farblose Verben wie »tun«, »machen«, »haben« und »sein«. Sie hinterlassen keinen besonderen Eindruck. Dabei können Sie mit ein bisschen Überlegung leicht solche finden, die Ihren Aussagen mehr Schwung und Farbigkeit verleihen.

Fade: »Das Essen ist gut.« Stark: »Das Essen schmeckt mir gut.«

Fade: »Das tu ich gerne für dich.« Stark: »Ich unterstütze dich gerne.«

Fade: »Das Protokoll ist von mir.« Stark: »Ich habe das Protokoll geschrieben.«

Fade: »Ich mache das fertig«. Stark: »Ich werde die Arbeit beenden.«

Überlegen Sie beim Sprechen und Schreiben, welches Verb am ausdrucksstärksten ist und das Subjekt Ihres Satz am besten ergänzt. Phyllis Mindell schlägt sogar vor, sich eine Kartei aussagekräftiger Verben anzulegen, die einem beim Lesen von Büchern oder Zeitschriften auffallen. Als Unternehmensberaterin benutzt sie selbst häufig den Begriff »Synthese«, Verknüpfung. Entsprechend hat sie dazu Verben gesammelt, die mit diesem Begriff zusammenhängen: mischen, zusammenführen, verschmelzen, überlappen, vereinen, zusammenfügen, verschweißen, verbinden, verweben, integrieren, kombinieren, zusammenarbeiten.

Mindell ist davon überzeugt: »Als erfolgreiche Frau können Sie aus dem ganzen Bedeutungsfeld genau das Wort wählen, das eindeutig sagt, was Sie meinen.«[18]

### Sprechen Sie mit Power

Ich hoffe, ich habe Ihre Lust geweckt, mit Sprache zu experimentieren. Garantiert haben Sie einen großen Wortschatz in petto, den Sie mit frisch geschärftem Bewusstsein aktivieren können. Sie kennen nun die einzelnen Elemente, die Ihrer Sprache Energie verleihen, und können sie zu einem »Powertalking« einsetzen. Diesen Begriff, der sich etwas unelegant mit »Kraftsprechen« übersetzen lässt, benutzt man gerne in Managerkreisen und im Verkauf. Leider wird dabei oft verkannt, dass es nicht nur um sprachliche Tricks geht. Wenn Sie schwache, passive in starke, aktive Aussagen ändern, verwandeln Sie sich selbst. Starke Formulierungen prägen Ihr Selbstverständnis. Einer hört Ihnen nämlich heimlich zu, sobald Sie den Mund aufmachen: Ihr Unterbewusstsein. Exakt wie ein Kassettenrekorder registriert es, was Sie gerade über sich oder die Situation sagen. Dabei nimmt es die Bedeutung Ihrer Worte gläubig und kritiklos auf wie ein kleines Kind. Stellen Sie sich vor, Sie erzählen Ihrem Kind ständig, dass es dumm, hässlich und unfähig ist, dass es ein Pechvogel ist und bestimmte Dinge niemals schaffen wird. Es wird nicht lange dauern, bis Sie ein unsicheres kleines Wesen voller Minderwertigkeitsgefühle vor sich haben. Was Sie Ihrem Kind nicht antun würden, sollten Sie sich ebenfalls ersparen. Mit einem Power-Sprachschatz erzielen Sie einen doppelten Gewinn: Sie erziehen sich zu einem selbstsicheren Menschen und wirken in diesem Sinne auf Ihre Umgebung.

### *Seien Sie stimmig*

Vielleicht fühlen Sie sich jetzt, als müssten Sie im Crashkurs Japanisch lernen. Tatsächlich ist es nicht einfach, von der vertrauten Beziehungswelt-Sprache zur klaren Sprache der Statuswelt überzugehen und sich kraftvoll auszudrücken:

Sie werden manchmal den Eindruck haben, unhöflich und barsch zu sein oder zu dick aufzutragen. Bedenken Sie bitte, dass Sie viele Jahre lang soft gesprochen haben und dass Ihnen von daher der Kontrast viel größer erscheint, als er wirklich ist.

Es wird Ihnen auch immer wieder mal passieren, dass Ihnen genau die Floskeln entschlüpfen, die Sie tunlichst vermeiden wollten. Nehmen Sie es sich nicht übel, das passiert auch den taffesten Frauen. Sie brauchen nur den Fernseher anzuschalten, um dafür Beweise zu finden. Kürzlich trat in einer Nachrichtensendung eine kompetente Auslandskorrespondentin auf. Obwohl sie grundsätzlich klar und selbstsicher sprach, leitete sie ihre Aussagen mehrfach mit »Ich denke mal …« ein.

Wichtig ist, dass Sie im Prinzip auf Ihre Ausdrucksweise achten und so viel »Seidenpapier« wie möglich weglassen, wenn Sie als selbstsicher wahrgenommen werden möchten.

Die Sprache der »Statuswelt« zu beherrschen bedeutet nicht, dass Sie die Sprache der »Beziehungswelt« aufgeben. Auch sie hat eindeutig ihre Vorteile. Wenn Sie ein gutes Klima schaffen, Ihrem Gegenüber die Schwellenangst nehmen oder Kontakte knüpfen wollen, dann sind Sie mit der »weichen« Sprache wesentlich erfolgreicher.

Letztlich geht es darum, dass Sie stimmig reagieren. Der Kommunikationspsychologe Schulz von Thun drückt es so aus: »Deine Kommunikation sei stimmig, d. h. in doppelter Übereinstimmung sowohl mit Dir selbst (und dem was in Dir vorgeht und wofür Du stehst) als auch in Übereinstimmung mit dem Charakter und der Wahrheit der Situation (und all den Geboten, die in ihr enthalten sind.) Diese doppelte Übereinstimmung sei Dein Kompass.«[19]

Es kommt also darauf an, dass Sie die Situation richtig einschätzen – das ist schließlich eine besondere weibliche Stärke – und entsprechend Ihren Sprachstil wählen. Sicher macht das zunächst noch Mühe, doch je mehr Sie bewusst auf Ihre Sprache achten, desto selbstverständlicher können Sie zwischen den »Welten« hin- und herwechseln. Im Laufe der Zeit wird Ihr erweiterter Sprachschatz ganz selbstverständlich zu Ihrem Eigentum.

## Trainieren Sie Ihre Stimme

Die schönste Musik nutzt nichts, wenn das Instrument verstimmt ist. Einer Gitarre mit lockeren Saiten oder einem verzogenen Klavier werden Sie nur schräge Töne entlocken. Das

Gleiche gilt für das Instrument, mit dem Sie Ihre Sprache zum Klingen bringen: Ihre Stimme. Im Rahmen des selbstsicheren Sprechens kommen Sie deshalb nicht umhin, sich auch mit ihr zu befassen.

Damit betreten Sie vermutlich Neuland, denn wir sind es meist nicht gewohnt, auf unsere Stimme besonders zu achten. Wir benutzen sie halt.

### *Ihre Stimme ist einzigartig*

Als ich neulich auf dem Bahnhof einer süddeutschen Stadt ankam, staunte ich nicht schlecht: Vier seriös gekleidete Herren standen mit ihren Koffern im Halbkreis mitten in der Bahnhofshalle und schmetterten aus voller Kehle ein Lied, offenbar völlig nüchtern. In der Zeitung las ich später eine Erklärung für diesen ungewöhnlichen Auftritt: Am Ort fand ein Sängertreffen statt.

Wer von uns würde sich schon trauen, vor Publikum ein Lied zum Besten zu geben? Wir singen höchstens zu besonderen Anlässen, etwa in der Kirche, schunkelnd beim Karneval oder unter dem Weihnachtsbaum. Schade, denn gerade beim Singen können Sie hören und spüren, wie viel Schönheit in Ihrer Stimme steckt. Auch wenn Sie nicht die Callas sind, Ihre Stimme ist einzigartig – nur dass sie im Laufe der Zeit wahrscheinlich einiges an Kraft und Volumen verloren hat, beim Singen ebenso wie beim Sprechen.

Daran hat das weibliche Rollenbild einen großen Anteil. Von der Pubertät an nimmt unsere Stimmkraft oft ab, ohne dass es uns bewusst wird. So entwickeln manche Frauen eine verhauchte, schüchterne Stimme, die sich nicht richtig heraustraut. Oder sie behalten weiter ihre hohe Kleinmädchenstimme. Manche kultivieren auch eine heisere Art zu sprechen. Das mag lieb, harmlos oder erotisch klingen – was man von uns Frauen eben so erwartet –, doch durchsetzen werden wir uns damit nicht. Wer traut schon einer vermeintlichen »Piepsmaus« oder einem »Vamp« Kompetenz, Biss und Ausdauer zu?

Doch das ist kein Grund zu resignieren. Mit der richtigen Stimmschulung können Sie an einem kräftigen und sicheren Klang arbeiten und damit gleichzeitig mehr Selbstbewusstsein aufbauen. Dazu müssen Sie nicht unbedingt am Sprechunterricht für Schauspielerinnen teilnehmen oder sich in einer logopädischen Praxis anmelden. Sie müssen sich auch nicht gleich ein komplettes Ratgeberbuch zum Thema anschaffen. Falls Sie nicht gerade unter einer Stimmstörung leiden, helfen schon kleine Übungen, um Ihrer Stimme die ursprüngliche Power zu geben. Hier ist ein wirkungsvolles Basisprogramm für eine sichere, wohlklingende Stimme.[20]

## Sprechen Sie klar und deutlich

Gute Artikulation gleicht eher dem Kauen von kernigem Müsli als dem Wegschlotzen von Pudding. Lippen, Zunge und Kiefer müssen die Vokale und Konsonanten deutlich formen. Das vermittelt Klarheit und Entschiedenheit, während verhuschtes Nuscheln kraftlos wirkt.

Die Vokale a, e, o, u, i tragen die Melodie Ihrer Worte. Sie entstehen, indem Sie in Mund und Rachen Hohlräume bilden. Dazu müssen Sie Ihre Lippen formen.

- Runden Sie sie locker bei o und u. Stellen Sie sich vor, Ihr Mundraum ist ein Luftballon und Ihre Lippen bilden das Ventil. Üben Sie mit dem sinnigen Satz: »Ohne Mundrundung bekommen Vokale oft ein dünnes Volumen.«
- Bei a, ä, ei lassen Sie den Unterkiefer locker herunterfallen.

Aber dabei bitte nicht den Mund aufreißen! Stellen Sie sich einfach vor, der Mund- und Rachenraum weitet sich ähnlich wie beim Gähnen. Als Übungssatz nehmen Sie passenderweise: »Fallen lassen ähnelt keinesfalls dem Aufmachen des Sprechapparates.«

Die Konsonanten und verwandte Laute p, t, k, b, d, g, s, sch, ch, w, j, r, m, n, ng, l sorgen dafür, dass wir präzise und verständlich sprechen. Um sie zu bilden, werden Mund und Rachen eng gestellt. Das geschieht durch Kontakt, Berührung und Bewegung von Lippen, Zunge und Gaumen.

- Stecken Sie einen Weinkorken leicht zwischen die Zähne. Sprechen Sie dann einen kurzen Text, vielleicht ein paar Zeilen aus der Zeitung, oder was Ihnen gerade einfällt. Indem Sie den Korkenwiderstand überwinden, stärken Sie Ihre Formungskraft im Mundbereich. Nehmen Sie dann den Korken aus dem Mund und sprechen Sie den gleichen Text. Sie werden hören, wie viel präziser jetzt die Laute klingen. Allerdings sollten Sie diese Übung nicht zu lange machen, sonst überanstrengen Sie Ihr Kiefergelenk.

### *Geben Sie Ihrer Stimme Volumen*

Im Idealfall schwingt unser ganzer Körper beim Sprechen wie ein Instrument. Ausgangspunkt für die Vibration ist die Schwingung der beiden Stimmlippen. Dieser Grundklang wird in den Resonanzräumen von Mund und Nase verstärkt und breitet sich dann über den gesamten Körper aus. Je besser die Resonanz, desto besser finden wir im wahrsten Sinne des Wortes bei anderen Anklang.

- Singen Sie Töne auf o oder a. Sie können auch einzelne Worte wie »Welle« oder »Sonne« sprechen. Legen Sie dabei die Fingerspitzen der einen Hand leicht an den Kehlkopf, die andere Hand flach auf das Brustbein. So spüren Sie die Vibration besonders deutlich.

- Halten Sie ein Butterbrotpapier an die Lippen. Singen und sprechen Sie Vokale hindurch, als ob Sie mit Seidenpapier auf einem Kamm blasen. Sie können auch ganze Sätze sprechen. Das Papier sollte dabei schnarrend vibrieren, je mehr, desto besser. Durch den verfremdeten Klang und das Hindernis tönt Ihre Stimme mutiger heraus. Danach werden Sie auch ohne Papier mit größerem Volumen sprechen.
- Summen Sie vor sich hin, auf »mmmm« oder »nnnn«.
- Und nochmals: Singen Sie, so oft Sie können! Das ist das beste Training für Ihr Stimmvolumen.

### *Atmen Sie richtig*

Eine volltönende Stimme ist auch abhängig von einer guten Sprechatmung. Leider bringt uns die Hektik immer wieder dazu, dass wir uns beim Reden wie eine Zitrone ausquetschen. Wir sprechen so lange, bis wir nach Luft schnappen wie ein Fisch an Land. Auf diese Weise entstehen Druck, Anstrengung und Enge im Körper.

Außerdem nutzen wir das Zwerchfell, unseren Haupt-Atemmuskel, viel zu wenig. Weil wir möglichst schlank aussehen wollen, darf sich der Bauch beim Atmen kaum weiten, so dass das Zwerchfell seine Kraft nicht optimal entfalten kann.

- Versuchen Sie, Ihre Sätze in einen natürlichen dreiteiligen Atemrhythmus einzuteilen:

Einatmen: Indem sich das Zwerchfell senkt, strömt selbsttätig und unhörbar Luft in Ihre Lunge. Dadurch weiten sich Bauch und Rippen. Sie nehmen automatisch nur so viel Luft auf, wie der Körper von selbst anfordert.

Ausatmen: Sprechen Sie beim Ausatmen und halten Sie dabei die beim Einatmen gewonnene Weite aufrecht. Der Bauch drückt weder nach außen noch nach innen.

Lösen: Die Atem- und Sprechmuskeln entspannen sich. Mit dem zuletzt gesprochenen Laut fließt die restliche Luft heraus. Nach dem Loslassen strömt die Luft reflexartig wieder hinein.

Nun kann der »Dreiklang« erneut beginnen. Auf diese Weise sprechen Sie sicher, entspannt und betont.

- Üben Sie mit dem Satz »Die Zunge entspannt.« Lösen Sie nach dem »t«. Sie können auch einen beliebigen Text laut vorlesen und dann jeweils bei einem Punkt oder Komma deutlich lösen.

### *Nehmen Sie Ihre Stimmung wahr*

Mit dem richtigen Artikulieren und Atmen erreichen Sie grundsätzlich viel für die Kraft und Sicherheit Ihrer Stimme. Trotzdem sollten Sie damit rechnen, dass Sie gelegentlich mal nicht so gut bei Stimme sind. Sie hängt nämlich auch von Ihrem aktuellen Zustand ab.

Im Hamburger Kommunikationsmuseum gibt es ein Ausstellungsstück, das von Besuchern immer heftig umlagert ist: In einer Reihe stehen mehrere Telefone. Sobald man den Hörer abhebt, spricht eine weibliche Stimme die Anleitung zur Bedienung eines Münzfernsprechers. Nicht besonders prickelnd, finden Sie? Normalerweise nicht. Aber hier wird der Text in unterschiedlichen Gemütsverfassungen gesprochen: Sachlich, deprimiert, wütend, traurig, liebevoll, sexy. Es ist faszinierend, wie gut sich das Gefühl über die Stimme transportieren lässt, unabhängig vom Inhalt der Worte. In wütendem Tonfall klingt »Werfen Sie nun Ihr Geldstück in den dafür vorgesehenen Schlitz« höchst dramatisch, während die deprimierte Version den Eindruck vermittelt, die Dame stünde bereits selbstmordgefährdet auf dem Fensterbrett.

Diese kleine Vorführung macht deutlich, dass unsere Stimme ein feines Instrument dafür ist, wie wir uns fühlen. Sicher haben Sie das selbst schon erlebt. Wenn Sie aufgeregt sind, zittert Ihre Stimme. Sind Sie müde, hört sie sich matt an. Fühlen Sie sich gekränkt, dann haben Sie einen Kloß im Hals und klingen gequetscht. Nicht von ungefähr ähneln sich die Wörter »Stimme« und »Stimmung«.

Sollte Ihre Stimme scheinbar den gewohnten Dienst versagen, seien Sie nicht ärgerlich. Sie zeigt Ihnen, wie Sie sich fühlen, und kann Sie auf diese Weise anregen, liebevoller und behutsamer mit sich umzugehen. Ich betrachte meine Stimme inzwischen als eine gute Ratgeberin. Früher habe ich sie – und damit auch mich – oft rücksichtslos strapaziert. Ich erinnere mich noch gut an einen Vortrag in Berlin am Ende einer ausgedehnten Lesereise, den ich stockheiser und mit dem Mund millimeterdicht am Mikrophon hielt. Am nächsten Tag war die Stimme dann endgültig weg. Heute höre ich auf das, was mir meine Stimme sagen will, etwa dass ich nicht nur an die anderen denken sollte, sondern auch an mich.

Wenn Ihre Stimme Ihnen zeigt, dass Sie aus dem Gleichgewicht geraten sind, beruhigen Sie sich durch positive Gedanken oder entspannen Sie sich.

Sie haben nun viel über Sprache und Stimme erfahren und finden, dass es reichlich Arbeit ist, bis Sie selbstsicher sprechen? Das stimmt. Doch der Aufwand lohnt sich. Ihre selbstbewussten Worte und Ihre klare Stimme wirken auf Ihre Gesprächspartner. Die übernehmen gewöhnlich genau das, was Sie ihnen vermitteln. Wenn Sie verbal und mit kleinem Stimmchen ein schwaches Bild zeichnen, wirken Sie passiv oder labil, wenn Sie dagegen kraftvoll, lebendig und optimistisch reden, nimmt man Sie entsprechend wahr. Und außerdem kann ich Sie trösten: Aller Anfang ist schwer. Mühe macht es nur, solange Sie sich noch bewusst darauf konzentrieren müssen. Es kommt der Moment, an dem selbstsicheres Sprechen nicht länger etwas Zusätzliches ist, auf das Sie krampfhaft achten müssen, sondern echter Ausdruck Ihrer Persönlichkeit. Frei nach Karl Marx formt nämlich Ihr Sprechen Ihr Bewusstsein, genauso wie umgekehrt. Sie sprechen nicht nur selbstsicher, Sie *sind* es.

# Kapitel 4
# Treten Sie selbstsicher auf

Für dieses Kapitel bin ich Ihre Image-Beraterin. Ich möchte Sie mit dem besten Know-how für sämtliche alltäglichen und besonderen Auftritte ausstatten. Ihre Umgebung ist die Bühne, und Sie sind die Hauptdarstellerin.

Moment mal, sagen Sie jetzt vielleicht, wir sind doch nicht in Hollywood. Ich möchte nur ein paar wirkungsvolle Tipps, wie ich mein Lampenfieber beim Reden überwinden kann und wie ich es schaffe, dass man man mir in der Konferenz genauso aufmerksam zuhört wie meiner Kollegin. Außerdem hätte ich noch gerne Hinweise auf die passende Körpersprache und was ich am besten anziehe, um Eindruck zu machen, aber das wär's dann auch schon.

Damit werden wir uns auch beschäftigen, versprochen! Doch das ist nur ein kleiner Teil dessen, was unter »Auftreten« zu verstehen ist.

Der Kommunikationswissenschaftler Paul Watzlawick hat den berühmten Satz geprägt: »Man kann nicht nicht kommunizieren.« Womit er ausdrücken wollte, dass wir selbst dann eine Botschaft an andere senden, wenn wir stumm in der Ecke sitzen und vor uns hinstarren – in diesem Fall etwa die, dass wir deprimiert sind und keinen Kontakt wollen.

Angelehnt an Watzlawick möchte ich es so formulieren: »Sie können nicht nicht auftreten.« Wann immer Sie die Wohnungstür hinter sich schließen und sich in die Öffentlichkeit begeben, haben Sie einen Auftritt. Sei es beim Bäcker, beim Zahnarzt, beim Elternabend in der Schule, im Büro, auf Opas Geburtstag oder im Fitnesscenter. Sie geben automatisch ein Erscheinungsbild ab und erzielen eine Wirkung.

Deshalb reicht es nicht, sich nur die besonderen Auftritte herauszupicken wie die Begrüßung wichtiger Kunden oder die Rede zur einer goldenen Hochzeit. Wenn wir von selbstsicherem Auftreten sprechen, handelt es sich um Ihre komplette Erscheinung. Sie lässt sich unter dem Begriff »Image« zusammenfassen. Er stammt von dem lateinischen »imago« ab, was so viel wie »Bild«, im übertragenen Sinne auch »Vorstellung«, bedeutet. Die Frage nach Ihrem besten und wirkungsvollsten Auftritt ist tatsächlich die nach dem Bild, das Sie anderen von sich vermitteln möchten. Deshalb besteht die Vorbereitung für Ihren wirkungsvollen Auftritt darin, zu erkennen, wer Sie sind.

## Erkennen Sie sich selbst

Keine Sorge, Sie müssen jetzt keine tiefgründige Analyse betreiben nach dem Motto »Wo kommen ich her, wo gehe ich hin …« Obwohl natürlich gilt: Je genauer Sie sich kennen, desto besser. Nicht umsonst stand in der Antike über dem Tempel des Orakels von Delphi der Spruch: »Erkenne dich selbst.« Die Wahrheit über sich zu erforschen ist jedoch eine lebenslängliche Aufgabe. Für unsere praktischen Zwecke reicht es aus, dass Sie ehrlich über sich nachdenken und dazu Ihre Erfahrungen mit sich selbst nutzen. Schließlich kennen Sie sich am besten.

### *Akzeptieren Sie Ihr Naturell*

Ihr Naturell kann vor allem durch zwei einander entgegengesetzte Verhaltenweisen beschrieben werden: Extraversion und Introversion. Aus dem Lateinischen übersetzt bedeuten diese von C. G. Jung geprägten Begriffe »Wendung nach außen« und »Wendung nach innen«.

Extravertierte richten ihre Aufmerksamkeit hauptsächlich auf die Umwelt. In Gesellschaft fühlen sie sich erst so richtig wohl. Ihnen fällt es leicht, Kontakte zu knüpfen.

Introvertierte dagegen sind überwiegend auf sich und ihre Innenwelt bezogen. Sie brauchen den Rückzug und können sich wunderbar allein beschäftigen.

Zwischen diesen beiden Polen gibt es abgeschwächte Formen, die jeweils mehr zur einen oder anderen Richtung neigen.

Wohin tendieren Sie? Um Ihnen die Überlegung dazu etwas zu erleichtern, habe ich ein Schema zusammengestellt, das Ihr »Typ-Profil« anschaulich macht. In der Psychologie benutzt man gerne so genannte Profile, um auf einen Blick zu sehen, wo die Schwerpunkte einer Persönlichkeit liegen. Das folgende Profil zeigt Ihnen in Kurzform, ob Sie mehr zu der extravertierten, nach außen gerichteten Seite neigen oder zur introvertierten, nach innen gekehrten.

So finden Sie Ihr Profil: Kreuzen Sie jeweils an, wo Sie sich zwischen den beiden Gegensatz-Paaren einordnen. Je näher Sie Ihr Kreuz an einem Pol machen, desto stärker ist diese Eigenschaft bei Ihnen.

Beispiel: Wenn Sie ein sehr ruhiger Typ sind, dann setzen Sie Ihr Kreuzchen auf den Punkt, der am nächsten an »ruhig« liegt. Wenn Sie eher lebhaft sind, dann rücken Sie Ihr Kreuz nahe an »lebhaft.« Genauso verfahren Sie mit den anderen Gegensatz-Paaren.

| | | |
|---|---|---|
| ruhig | ○ ○ ○ ○ ○ ○ ○ | lebhaft |
| zurückhaltend | ○ ○ ○ ○ ○ ○ ○ | kontaktfreudig |
| klassisch | ○ ○ ○ ○ ○ ○ ○ | modisch |
| sensibel | ○ ○ ○ ○ ○ ○ ○ | robust |
| diszipliniert | ○ ○ ○ ○ ○ ○ ○ | lässig |
| überlegt | ○ ○ ○ ○ ○ ○ ○ | spontan |
| rational | ○ ○ ○ ○ ○ ○ ○ | emotional |
| beharrend | ○ ○ ○ ○ ○ ○ ○ | flexibel |
| konzentriert | ○ ○ ○ ○ ○ ○ ○ | vielseitig interessiert |
| kritisch | ○ ○ ○ ○ ○ ○ ○ | begeisterungsfähig |

Verbinden Sie nun Ihre angekreuzten Punkte von oben nach unten miteinander. Auf diese Weise erhalten Sie Ihr Profil.

Nun, wie sieht es aus? Hier sind einige Hinweise für die Auswertung:

Profil-Schwerpunkt auf der rechten Seite:

Sie sind nach außen gerichtet und locker. Positiv: Sie fallen auf und knüpfen schnell Kontakte. Negativ: Sie wirken oberflächlich, chaotisch, zu emotional.

Profil-Schwerpunkt auf der linken Seite:

Sie sind nach innen gerichtet, besonnen und zurückhaltend. Positiv: Sie wirken klug und verlässlich. Negativ: Sie erscheinen kühl und langweilig.

Zickzack-Muster zwischen den Gegensatz-Polen:

Sie sind typmäßig nicht festgelegt und haben breit gestreute Möglichkeiten für Ihr Erscheinungsbild. Positiv: Sie sind vielseitig und flexibel. Negativ: Das Hin und Her wirkt irritierend auf Ihre Umwelt.

Profil um die Mitte herum:

Sie bewegen sich gleichmäßig zwischen Innen- und Außenwelt. Positiv: Sie sind vom Temperament her ausgeglichen. Negativ: Sie wirken nicht prägnant.

Dieser kleine Check verdeutlicht optisch, ob Sie mehr zu den Stillen im Lande oder eher zu den Lebhaften zu rechnen sind. Im Prinzip dürfte Ihnen das Ergebnis nicht neu sein, denn diesen Zug zeigen Sie mit Sicherheit schon von Kindheit an.

Die amerikanischen Psychologen Robert McCrae und Paul Costa haben herausgefunden, dass es eine Frage der Gene ist, ob wir introvertiert oder extravertiert sind. Weltweite Langzeitstudien und neurobiologische Ergebnisse haben ihre Feststellung bestätigt.

Haben Sie bisher mit Ihrem Naturell gehadert und versucht, dagegen anzukämpfen? Fanden Sie das Gras auf der anderen Seite grüner und haben sich gewünscht, so wie Ihre spontane, temperamentvolle oder im Gegenteil wie Ihre kluge, besonnene Freundin zu sein? Dann werden Sie diese wissenschaftlichen Erkenntnisse hoffentlich entspannen. Sie müssen nicht länger versuchen, sich grundlegend zu verändern. Indem Sie Ihr Naturell akzeptieren, ersparen Sie sich unnötige Anstrengung und falsche Vorbilder. Falls Sie still und nachdenklich sind, wird beim besten Willen keine Entertainerin aus Ihnen, die sprühend die witzigsten Geschichten erzählt. Und wenn Sie lebhaft und spontan sind, hilft es wenig, dass Sie sich dauernd auf die Zunge beißen und die Coole mimen. Konzentrieren Sie sich lieber auf die Stärken Ihres Naturells. Akzeptieren Sie, dass Sie introvertiert beziehungsweise extravertiert sind oder irgendwo dazwischen liegen. Ein überzeugendes, selbstsicheres Auftreten gelingt Ihnen nämlich nur dann, wenn Ihre Selbstdarstellung mit Ihrem Naturell übereinstimmt. Alles andere wirkt verkrampft und falsch. Ihr Naturell ist der Rahmen, in dem Ihr Bild (Image) erst richtig zur Geltung kommt.

### *Entdecken Sie Ihre Besonderheit*

Sätze wie »Ich bin doch nichts Besonderes« oder »Was soll denn an mir schon interessant sein?« lasse ich nicht gelten. Sie sind einmalig. Ihre Kombination von Genen gibt es definitiv kein zweites Mal. Was glauben Sie eigentlich, warum sich die Natur die Mühe gemacht hat, Sie hervorzubringen? Weil Sie die Welt bereichern!

Das hätten wir also geklärt. Und jetzt gehen wir ins Detail. Lassen Sie uns gemeinsam herausfinden, was das ganz Besondere an Ihnen ist.

Vor einiger Zeit unterhielt ich mich mit einem Werbefachmann. Lässig sprach er vom »USP« der großen Marken, die er betreute. Nachdem er das Wort zum zweiten Mal mit schöner Selbstverständlichkeit benutzt hatte, fragte ich denn doch mal nach, was das eigentlich bedeutet. Er schaute mich an, als wäre ich gemeinsam mit den Dinosauriern aufgewachsen, und erklärte: »Das heißt ›Unique Selling Proposition‹ (auf Deutsch: Alleinstellungsmerkmal).« Damit konnte ich immerhin etwas anfangen. Unter »Alleinstellung« versteht man die Eigenschaft eines Produktes, die es aus allen anderen seiner Art heraushebt. Etwa wenn ein Waschmittel nicht nur sauber, sondern rein wäscht.

Im Gegensatz zu den phantasievollen Besonderheiten, die die Werbung erfindet, möchte ich zusammen mit Ihnen Ihre echten Alleinstellungsmerkmale herausfinden. Was kennzeichnet Sie? Welche Fähigkeiten und Begabungen besitzen Sie?

Wahrscheinlich fällt Ihnen, wie den meisten von uns, auf die Schnelle kaum etwas ein. Wenn Sie die folgenden Fragen gründlich beantworten, werden Sie sich auf die Spur kommen. Am besten nehmen Sie dazu Papier und Bleistift und notieren Ihre Antworten schriftlich:

- Was begeistert Sie?

Begeisterung weist den Weg zu Ihren individuellen Glanzpunkten. Sie können nämlich nur begeistert sein, wenn Sie sich wirklich angesprochen fühlen. Was immer Sie entzückt, findet einen Widerhall in Ihrem Wesen. Das gilt sogar für scheinbar unbedeutende Kleinigkeiten, wie etwa ein Essen im Restaurant. Exotischen Küchenkreationen gewinnen Sie nur dann etwas ab, wenn Sie dafür auch Sinn haben. Andernfalls empfinden Sie das als übertriebenen Schnickschnack und essen lieber eine solide Currywurst.

Bestimmt fallen Ihnen spontan ein paar Dinge ein, die Sie in der letzten Zeit begeistert haben. Ein Bild auf einer Ausstellung. Das süße Baby Ihrer Freundin. Ein spannender Film im Fernsehen. Eine gute Idee im Job.

Fragen Sie sich: Was ist es genau, was mich an diesem Ereignis so begeistert? Welcher Wert steckt für mich dahinter?

Das Gemälde drückt vielleicht durch seine kräftigen Farben Lebendigkeit aus. Das Baby hat Ihre zärtliche Seite angesprochen. Der spannende Film spiegelt Ihre Lust auf Abenteuer wider. Die gute Idee hat Ihre Kreativität gezeigt.

Versuchen Sie, die Essenz dessen herauszufiltern, was in Ihnen die Begeisterung auslöst. Vielleicht werden Sie mit Erstaunen herausfinden, dass Sie im Grunde immer von dem Gleichen begeistert sind. Ich habe zum Beispiel festgestellt, dass mich vor allem Erkenntnis glücklich macht, in welchem Gewand sie auch immer daherkommt: als gutes Sachbuch, sternenklarer Himmel oder intensives Gespräch mit einer Freundin. Vielleicht ist es für Sie Liebe, Schönheit, Herausforderung oder Abenteuer.

Schauen Sie hinter die Kulissen Ihrer Begeisterung, und Sie werden erfahren, wo das Besondere Ihres Wesens liegt.

- Wodurch heben Sie sich von anderen ab?

Womit auch immer Sie sich beschäftigen, Sie sind nicht die Einzige. Es gibt Tausende von Müttern, Hausfrauen, Partnerinnen, Verkäuferinnen, Sekretärinnen, Psychotherapeutinnen, Katzenliebhaberinnen, Buchautorinnen, Kakteenzüchterinnen, Partygirls und Kinderärztinnen. Was also unterscheidet Sie von den vielen anderen, die sich mit Ähnlichem befassen? Was ist Ihre individuelle Fähigkeit auf diesem Gebiet?

Heidi hat eine Boutique, ziemlich versteckt in einer Seitenstraße. Auf Laufkundschaft kann sie kaum zählen. Das ist aber auch nicht nötig, denn zu Heidi kommen die Stammkundinnen sogar aus anderen Städten. Heidi berät nämlich hervorragend. Sie hat einen untrüglichen Blick für die Frau, die vor ihr steht. Kein Wunder, dass die meisten glücklich mit ihrer Tragetasche den Laden verlassen. Dass tatsächlich ihre Beratung ihr »Alleinstellungsmerkmal« ausmacht, zeigte sich, als sie für ein paar Wochen krank im Bett lag und eine Kollegin aushilfsweise das Geschäft führte. Das Kleidersortiment war das Gleiche wie bisher, die Kollegin war freundlich und bemüht. Trotzdem sank der Umsatz deutlich.

Astrid kann besonders gut zuhören. »Ich brauche ihr nur zu erzählen, was bei mir los ist – und schon entwirren sich meine Probleme wie von selbst«, sagte eine ihrer Freundinnen verblüfft. Andere hören auch gut zu, aber Astrid besitzt die Gabe, zum Reden zu ermutigen und genau die Fragen zu stellen, die weiterbringen.

Bei Qualitäten dieser Art sprechen wir normalerweise von »Naturtalent«. Doch besondere Fähigkeiten können auch aus der Mischung von Leidenschaft und Beharrlichkeit geboren werden. Die Medien berichten gerne über Menschen, denen ihr besonderer Erfolg keineswegs an der Wiege gesungen wurde. Wie über den bekannten Basketballspieler, der für diesen Sport eigentlich zu klein ist. Schon als Kind war es sein erklärtes Ziel, eines Tages Mitglied in einem berühmten Team zu sein. Jahrelang trainierte er knochenhart und machte schließlich sein Handicap durch Schnelligkeit und clevere Taktik wett.

Etwas durch intensiven Einsatz erworben zu haben ist ganz sicher ebenso viel wert wie ein angeborenes Talent. Etwa berufliche Kompetenz, ein beachtliches Netz von Kontakten, eine Eigenschaft wie Geduld oder Verhandlungsgeschick.

Ihre Umwelt ist ein Spiegel, der meist ein ehrliches Bild zurückwirft. Wenn Sie Ihre besonderen Fähigkeiten herausfinden wollen, fragen Sie sich:

- Was loben andere an mir?
- Wofür hat man mir bisher Komplimente gemacht?
- Worum bitten mich andere besonders häufig?
- Wo habe ich mehr Erfolg als andere?

Sie können Ihre besonderen Fähigkeiten aber auch auf spielerische Weise entdecken:

Schreiben Sie Werbesprüche für Ihre Person, beruflich und privat. Hauen Sie dabei richtig auf die Pauke, nur keine falsche Bescheidenheit. Je dicker aufgetragen, desto besser. Ein japanischer Autokonzern behauptet schließlich auch: »Nichts ist unmöglich«. Ganz nach Wahl bezeichnen Sie sich als »beste Kuchenbäckerin der Welt«, »einfühlsamste Zuhörerin«, als »Kosmetikerin mit den Zauberhänden« oder »äußerst sensible Kunstliebhaberin«. Ihre Beiträge zur Diskussion sind »einzigartig inspirierend« und Sie haben ein »geniales Gespür für Zahlen«.

Wenn Sie nun die Übertreibungen weglassen, bleibt als Extrakt übrig, was Sie tatsächlich zu bieten haben.

Oder schreiben Sie Ihren Nachruf. Es ist zwar ein bisschen makaber, seinen eigenen Nachruf zu schreiben, aber es hat einen großen Vorteil: Sie betrachten sich mit wohlwollendem Blick. »De mortuis nihil nisi bene«, »Über Verstorbenen nur Gutes«, sagt ein lateinisches Sprichwort. Genau deshalb ist ein Nachruf das Richtige. Er betont Ihre Stärken, Ihre guten Seiten, was Sie bisher für andere getan haben und was Sie ihnen bedeutet haben.

Kreieren Sie also Ihren eigenen Nachruf. Formulieren Sie ihn so positiv, dass es Ihnen die Tränen in die Augen treibt. Und dann freuen Sie sich, dass Sie ja zum Glück noch quicklebendig sind und Ihrer Umwelt Ihre schönen Seiten noch lange zeigen können.

Vielleicht regt Sie der Nachruf von Valentina, einer 31-jährigen Buchhändlerin, an. Sie erfreut sich natürlich bester Gesundheit und hat ihn mit einem Augenzwinkern geschrieben:

*Wir bedauern zutiefst, dass Valentina nicht mehr unter uns weilt. Sie war ein so wunderbarer Mensch. Ihre Freunde konnten sich immer auf sie verlassen. Nicht nur in guten Zeiten war sie für sie da, nein, sie stand ihnen auch in Krisen treu zur Seite. Ihr Ehemann zeigt sich untröstlich, hat er doch eine loyale Kameradin und phantasievolle Geliebte verloren. Ihren Eltern war sie stets eine gute Tochter. Nahezu täglich rief sie an und erkundigte sich, wie es ihnen ginge. Valentinas Kollegen wissen gar nicht, wie sie die Lücke schließen sollen, die ihr Fortgang reißt. Mit ihrer ausgleichenden Art und guten Laune hat sie das Betriebsklima entscheidend mitbestimmt. Die Kunden liebten sie, weil sie ihnen mit Fingerspitzengefühl und großer Sachkenntnis die passende Lektüre empfahl. Der Tennisclub BTC hat mit ihr ein talentiertes Mitglied verloren.*

### *Nutzen Sie Ihre individuelle Palette*

Sie haben sich nun intensiv und auf unterschiedliche Weise mit sich beschäftigt. Ich hoffe, dass Sie dadurch wieder einen Blick für Ihre Besonderheit gewonnen haben. Sicher haben Sie gemerkt, dass Ihre Talente lebendig und vielfältig sind. Sie sind wie die Farben auf einer Palette. Mit dieser Palette können Sie nun Ihr Bild, Ihr Image, malen.

Sind es kräftige Töne? Dann stellen Sie Ihr Licht nicht unter den Scheffel. Lachen Sie, zeigen Sie Ihr Temperament. Umgeben Sie sich mit leuchtenden Farben. Stehen Sie dazu, dass Sie dominant sind.

Sind es zarte Töne? Dann kultivieren Sie Ihre Sensibilität. Leben Sie Ihren Schönheitssinn mit Erlesenem aus. Lassen Sie andere wissen, wie wertvoll Sie sind.

Wichtig ist, dass Sie ein Bild von sich für Ihr Äußeres, Ihre Bewegungen und Ihren Umgang mit anderen entwerfen, das Ihre persönlichen Stärken herausstellt.

## Bestimmen Sie Ihre äußere Wirkung

»Für den ersten Eindruck gibt es keine zweite Chance« – das klingt hart, ist aber leider in vielen Fällen wahr. Die meisten Menschen, mit denen wir zu tun haben, treffen wir nur einmal: Während der Zugfahrt. Auf dem Kongress. Beim Einkaufen. Auf der Parkbank. Im Hotel. Beim Arzt. »Ist ja auch nicht so wichtig, was die von mir denken«, glauben Sie. Aber wie ist es beim Vorstellungsgespräch, bei dem neuen Kunden, beim Vortrag? Da kommt es ganz gewiss darauf an, eine gute Figur zu machen, und zwar auf Anhieb. Denn wer weiß, ob und wann Sie die Möglichkeit erhalten, eine ungünstige Wirkung zu korrigieren.

Hinzu kommt noch, dass die Wahrnehmung blitzschnell abläuft. Innerhalb von Sekunden gleichen wir die Signale, die unser Gegenüber sendet, mit den in unserem Gehirn gespeicherten Daten ab und ziehen Schlüsse. Dass wir so rasch urteilen, liegt keineswegs daran, dass wir oberflächlich sind. Es handelt sich um ein Erbe aus der Zeit, als unsere Vorfahren noch mit der Keule unterwegs waren. Für sie war es lebenswichtig, sofort zu entscheiden, ob es sich um Freund oder Feind handelte. Als Anhaltspunkte dienten ihnen neben feststehenden Merkmalen wie Größe und Hautfarbe vor allem zwei Bereiche: Die Körpersprache und die Aufmachung. Bis heute erlaubt uns beides, unsere Artgenossen auf einen Blick zu erfassen.

Und erfasst zu werden! Dass wir bei unserem Gegenüber ruckzuck in der Beurteilungskiste verschwinden, ist noch lange kein Grund, sich als armes Opfer zu fühlen. Wir sind schließlich für unsere Verpackung verantwortlich. Der spitzzüngige Dichter und Dandy Oscar Wilde hat einmal gesagt: »Nur Narren urteilen nicht nach dem Augenschein.« In gewisser Weise hat er Recht. Zwar lassen sich die angeborenen Merkmale kaum beeinflussen (es sei denn, Sie begeben sich unter das Messer eines Schönheitschirurgen), doch vieles haben Sie in der Hand. Ihre Körpersprache können Sie ebenso bestimmen wie Ihre äußeren Attribute. Damit entscheiden Sie selbst, was man von Ihnen wahrnimmt.

Wenn es für den ersten Eindruck tatsächlich keine zweite Chance gibt, dann nutzen Sie eben selbstsicher die erste. Damit Ihnen das gelingt, werden wir uns jetzt die beiden äußeren Bereiche, auf die Sie Einfluss haben, der Reihe nach vornehmen.

### *Setzen Sie eine sichere Körpersprache ein*

Es geht keineswegs darum, Ihnen wie einem dressierten Äffchen bestimmte Bewegungen beizubringen, mit denen Sie Selbstvertrauen imitieren können. Das würde man ebenso durchschauen wie bei Politikern, die einen Crashkurs in souveräner Gestik absolviert haben. Wichtig ist, dass Sie grundsätzlich wissen, was eine freie, sichere Körperhaltung ausmacht.

Ängste drücken sich in einer verkrampften, unfreien Körperhaltung aus. Zum Beispiel die Angst davor, einen Fehler zu machen, sich daneben zu benehmen, Angst vor den Erwartungen der anderen, Angst, den eigenen Ansprüchen nicht zu genügen. Angst macht Sie verspannt und schränkt Ihre Bewegungsfreiheit ein. Sie ziehen sich in sich selbst zusammen. Schließlich kommt das Wort »Angst« von »Enge«.

Je lockerer und offener Sie sich bewegen, je mehr Sie Ihren Bewegungsspielraum nutzen, desto deutlicher signalisieren Sie Selbstbewusstsein.

Indem Sie Ihre Körpersprache kontrollieren, entfalten Sie sich im wahrsten Sinne des Wortes. Das hat nichts mit Schauspielerei zu tun. Im Gegenteil: Über Ihren Körper beeinflussen Sie Ihr Gefühl, und das Ergebnis teilt sich den anderen überzeugend mit.

Um das zu demonstrieren, bat ich während eines Vortrags zum Thema »Selbstsicherheit« die Damen und Herren im Publikum, auf ihrem Stuhl zusammenzusinken, die Arme eng um den Körper zu schlingen, den Kopf zu senken und dann mit lauter, klarer Stimme zu verkünden: »Ich bin selbstsicher.« Heraus kam ein gepresstes Gemurmel, das kein bisschen selbstsicher klang. Ich hätte genau so gut den Satz »Ich bin tief deprimiert« vorgeben können. Das Ganze noch einmal, aber diesmal aufrecht, mit erhobenem Kopf und freier Brust hörte sich völlig anders und sehr überzeugend an.

Wenn Sie sich zum Ziel setzen, über Ihren Körper entspannt und angstfrei – eben selbstsicher – zu werden, dann macht es Sinn, bewusst an einzelnen Partien und Gesten zu arbeiten:

### *Ihre Haltung – Bleiben Sie offen und selbstbewusst*

Kopf

Wir Frauen neigen dazu, beim Zuhören und Sprechen den Kopf schräg zu legen. Tun Sie's nicht, halten Sie den Nacken gerade. Auf diese Weise vermitteln Sie: »Ich stehe zu meinen Worten.« Wenn Sie dagegen den Kopf zur Seite neigen, weichen Sie optisch der Konfrontation aus und appellieren an die Freundlichkeit Ihres Gegenübers. Dahinter steckt übrigens wieder einmal unser animalisches Erbe. Ein Wolf, der seine Unterlegenheit zeigen will, hält seinem Angreifer die Kehle hin. Ähnlich wie im Wolfsrudel signalisieren wir mit unserer schrägen Kopfhaltung: »Du könntest mich beißen, wirst es aber nicht tun, weil ich mich dir unterwerfe.«

Rumpf

Je offener Sie Brust und Bauch zeigen, desto selbstsicherer und angstfreier erscheinen Sie. Außerdem macht Sie diese Haltung beweglicher, weil sie Ihnen erlaubt, spontan Ihren Körper zu drehen und zu gestikulieren.

Sitzen und stehen Sie mit aufrechter Wirbelsäule. Halten Sie Ihre Brust gerade, ohne sie vorzuwölben. Schließlich wollen Sie ja nicht für einen Wonderbra werben.

Bauen Sie keine Barrieren vor Ihrer Vorderfront auf. Als selbstsichere Frau haben Sie es nicht nötig, sich zu verschanzen. Eine klassische Barriere bilden Sie, indem Sie Ihre Arme verschränken. Doch auch mit der Handtasche oder einem Aktenordner lassen sich hervorragend Mauern bauen.

Arme und Beine

im Sitzen:

Je mehr Bodenkontakt Sie halten, desto sicherer fühlen Sie sich und strahlen das auch aus. Am besten setzen Sie beide Füße auf den Boden. Falls Sie es eleganter finden, die Beine übereinander zu schlagen, achten Sie bitte darauf, das Spielbein nicht zu stark quer zu legen – was ja durchaus möglich ist, wenn Sie Hosen tragen. Sonst vermitteln Sie Ihrem Gesprächspartner durch eine Bein-Barriere, dass Sie ihn ablehnen oder sich schützen möchten.

Wenn beide Arme symmetrisch sind, also die gleiche Haltung zeigen, wirkt das oft steif und verkrampft. Falls Sie auf einem Stuhl mit Armlehnen sitzen, wählen Sie lieber eine asymmetrische Haltung. Nehmen Sie mit dem rechten Arm eine andere Stellung als mit dem linken ein. Das wirkt souverän und dynamisch.

Neueste Untersuchungen haben übrigens ergeben, dass Führungskräfte besonders häufig asymmetrisch sitzen. Na bitte!

Möchten Sie weniger dynamisch, aber dafür ruhig und gelassen wirken, legen Sie die Hände locker ineinander. Verzichten Sie darauf, sie zu falten, das wirkt brav oder verkrampft.

im Stehen:

Achten Sie auf festen Stand. Beide Fußsohlen haben Bodenkontakt. Nehmen Sie die Füsse schulterbreit auseinander. So kann Sie auch im übertragenen Sinn so schnell nichts umwerfen. Sicher leuchtet es Ihnen ein, dass hohe Absätze Ihre Erdung sabotieren.

An den Seiten herabhängende Arme sehen meist etwas schlaff und unbeholfen aus. Halten Sie die Arme lieber asymmetrisch, etwa indem Sie einen Gegenstand (Bleistift, Karteikarten, Timer) in die Hand nehmen oder indem Sie eine Hand lässig in die Tasche stecken und mit der anderen Ihre Worte unterstreichen.

### Ihre Gestik – Nehmen Sie Raum ein und strahlen Gelassenheit aus

Ruhige, raumgreifende Bewegungen
signalisieren, dass Sie sich sicher fühlen. Im Job drücken Sie damit zusätzlich Kompetenz aus.

Eindeutige Bewegungen
zeigen Entschlossenheit. Wenn Sie Ihre Gesten nicht zu Ende führen, gewinnt Ihr Gegenüber schnell den Eindruck, dass Sie auch sonst dazu neigen, Rückzieher zu machen. Brechen Sie Ihre Geste nicht mittendrin ab, sondern halten Sie sie für eine Sekunde fest. Unsicher wirkt es auch, wenn Sie z. B. eine Hand energisch in die Hüfte stemmen und gleichzeitig mit der anderen hilflos durch die Luft rudern.

Bewegungen, die von oben nach unten verlaufen,
sind ein Zeichen von Selbstbewusstsein, Angstfreiheit und einem höheren Rang. Dazu zählt z. B. wenn Sie mit den Händen eine dämpfende Bewegung machen und damit signalisieren: »Ganz ruhig …« Oder wenn Sie jemandem die Hand auf den Arm oder die Schulter legen. Achten Sie doch einmal darauf, wie gezielt Politiker oder Wirtschaftsbosse diese Technik einsetzen, um ihre Macht zu demonstrieren.

Hände weg vom Gesicht!
Die Hand vor dem Mund wirkt gehemmt oder unehrlich.

Ein aufgestütztes Kinn weist auf Müdigkeit hin. Wer sich die Nasenflügel reibt, erscheint leicht unentschlossen. Dass Sie Spielereien an Haaren oder Schmuck lieber unterlassen sollten, ist eine Binsenweisheit. Solche Fummeleien wirken immer nervös oder ängstlich.

Den Raum einnehmen

Natürlich sollen Sie nicht einfach in ein fremdes Zimmer stürmen. Das wirkt eher schlecht erzogen als selbstsicher und erzeugt Ärger, zumal wir in punkto Territorium noch ebenso empfindlich reagieren wie unsere Vorfahren. Doch wenn man Sie herein bittet, dann warten Sie nicht zögerlich in der Tür, sondern gehen Sie energisch auf Ihr Ziel zu. Schließlich haben Sie keine Audienz beim Papst. Kleben Sie bei gesellschaftlichen Ereignissen nicht scheu in einer Ecke. Bewegen Sie sich häufig in die Mitte des Raumes. Vermeiden Sie es auch, sich im Stehen Halt suchend an die Wand zu lehnen. Das sieht müde und unsicher aus. Setzen Sie sich voll auf die Sitzfläche Ihres Stuhls oder Sessels. Wenn Sie auf der Vorderkante balancieren, signalisieren Sie, dass Sie sich unbehaglich fühlen und am liebsten fliehen möchten.

## *Ihre Mimik – Ein fester Blick signalisiert Selbstsicherheit*

Blickkontakt

Ein offener, gerader Blick steht in unserem Kulturkreis für Selbstsicherheit und Ehrlichkeit. Halten Sie deshalb Blickkontakt. Das bedeutet allerdings nicht, dass Sie Ihr Gegenüber ununterbrochen anstarren müssen. Im Gegenteil, das würde sogar bedrohlich wirken.

Untersuchungen haben ergeben, dass es völlig ausreicht, innerhalb eines Gespräches zu 75 Prozent Blickkontakt zu halten. Sie dürfen also zwischendurch immer mal wieder den Blick lösen und woanders hinschauen. Doch Vorsicht, achten Sie dabei auf die Richtung. Den Blick zu senken kann als Scham, Unsicherheit oder Unterlegenheit interpretiert werden. Bleiben Sie am besten auf Augenhöhe oder schauen Sie sinnend zur Decke.

Falls Ihnen ein fester Blick schwer fällt, nutzen Sie den Fernseh-Trick: Die meisten TV-Moderatorinnen lesen ihren Text von einer Maschine, dem Teleprompter, ab. Trotzdem hat man als Zuschauerin den Eindruck, man würde direkt angesehen. Den gleichen Effekt erzielen Sie, wenn Sie Ihrem Gegenüber zwischen die Augen auf die Nasenwurzel schauen.

### Lächeln

Lächeln Sie niemals aus Angst, nach dem Motto: »Bitte tu mir nichts, ich bin auch ganz friedlich.« Lächeln Sie nur, wenn Ihnen wirklich danach zumute ist. Diese Einstellung verbürgt ganz nebenbei auch, dass Ihr Lächeln ehrlich ist. Ein lächelnder Mund und kalte Augen passen nicht zusammen. Sie können bewusst Wärme in Ihren Blick bringen, indem Sie in Ihrer Phantasie Ihren Mund mit Ihrem Herzen verbinden.

»Wen das Auge nicht überzeugen kann, den überzeugt auch der Mund nicht«, sagte der österreichische Dichter Franz Grillparzer. Zum Augenschein gehört nicht nur unsere Körpersprache, sondern auch unsere Aufmachung. Deshalb werden wir uns nun gründlich mit Ihrem Outfit und allem was dazu gehört befassen.

## Stylen Sie sich sicher

Wahrscheinlich haben Sie diesen Satz schon gehört: »Sie können tragen was Sie wollen, wenn Sie es nur selbstbewusst tun.« Schön wär's, wenn sich der gute Rat in punkto Kleidung auf diese einfache Formel zurückführen ließe. Dann müssten Sie lediglich Ihre Selbstsicherheit trainieren und dürften danach wild kombinieren, was Ihr Kleiderschrank hergibt. Doch leider gilt das nur selten, allenfalls dort, wo ohnehin Freiheit und Phantasie angesagt sind, wie etwa in der Disco, beim Karneval oder auf einer privaten Fete. Ansonsten tun Sie sich keinen Gefallen, wenn Sie optisch einfach Ihren Kopf durchsetzen.

Die äußere Erscheinung richtet sich nämlich nicht so beliebig nach dem persönlichen Geschmack, wie man vielleicht glaubt. Sie ist ein Code, mit dem wir unserer Umwelt signalisieren, zu welcher sozialen Gruppe wir gehören. Setzen Sie sich äußerlich zu stark von der Gruppe ab, zu der Sie gehören (oder gehören möchten), dann wirken Sie auf die Mitglieder fremd und lösen spontan Abwehr aus. Zudem irritieren Sie damit auch Außenstehende, die bestimmte Erwartungen an Sie als Mitglied dieser Gruppe haben. Stellen Sie sich doch einmal vor, wie verwundert Sie wären, wenn die Kindergärtnerin Ihrer Tochter Sie morgens im kleinen Schwarzen mit Rückendekolleté begrüßen würde oder Ihr Steuerberater in Breitcordhose und Holzfällerhemd in seinem Büro säße.

Was Outfit, Frisur und Make-up betrifft, reagieren wir automatisch auf bestimmte Schlüsselreize, die wir gemäß unserem Vorwissen interpretieren. Untersuchungen haben ergeben, dass bereits zwei starke Signale ausreichen, um eine Person in eine bestimmte »Schublade« zu stecken. Machen Sie doch selbst einmal die Probe aufs Exempel: Ich nenne Ihnen zwei

Codes, und Sie überlegen, um was für einen Typ Frau es sich wohl handelt:

- Birkenstockschuhe, Jutetasche
- Rote Highheels, platinblonde Locken
- Nerzmantel, Brillantarmband
- Dunkelblaues Kostüm, Collegemappe
- Nasenpiercing, schwarz gefärbte Igelfrisur.

Ich wette, vor Ihren inneren Augen ist schon auf Grund dieser knappen Angaben das komplette Bild einer Person erschienen, wie etwa die reiche Fabrikantengattin, die wilde Punkerin oder der Vamp.

Wenn Ihnen an einer Gruppe etwas liegt, kommen Sie also nicht umhin, sich ihren optischen Regeln anzupassen. Weigern Sie sich, dann machen Sie sich das Leben unnötig schwer. Für eine positive Einschätzung sind die Gemeinsamkeiten zwischen den Personen äußerst wichtig. In der Psychologie nennt man das den »Affinity-Effekt«, den Ähnlichkeitseffekt.

Dass es den tatsächlich gibt, kann ich nur bestätigen. Als unser Sohn Felix noch klein war, wechselten mein Mann und ich uns tagsüber mit seiner Betreuung ab. Wenn unsere beruflichen Termine dicht hintereinander lagen, erfolgte die Übergabe im fliegenden Wechsel, so dass ich keine Zeit mehr fand, mich zwischendurch umzuziehen. Dann saß ich notgedrungen im dunkelblauen Kostüm am Rand der Sandkiste – und wurde von einigen Müttern misstrauisch beäugt. In Jeans gehörte ich wieder dazu.

Im Privatleben kann eine zu stark abweichende Aufmachung Sie isolieren und damit Ihr Wohlgefühl beeinträchtigen. Wenn Sie akzeptiert werden wollen, orientieren Sie sich locker an dem Milieu, in dem Sie sich bewegen. Solange Sie nicht extrem aus dem Rahmen fallen, haben Sie individuelle Freiheit.

Wesentlich strenger geht es im Berufsleben zu. Hier entscheidet Ihr Outfit nicht nur darüber, ob Sie beliebt sind oder nicht. Mangelnde Anpassung kann möglicherweise Ihren Erfolg verhindern. Zumindest aber errichten Sie damit unnötige Hürden.

Britta Steilmann, Designerin und Vorstandsmitglied im väterlichen Textilkonzern, trat in ihrer Öko-Phase gerne naturverbunden auf. Selbstbewusst mischte sie sich in Jeans und Baumwollpulli unter die Nadelstreifen-Herren der Vorstandsetage und wunderte sich, dass sie ihre Vorschläge nur mühsam durchbringen konnte. Heute gibt sie zu, dass es nicht besonders geschickt war, sich auf diese Weise zu profilieren. Inzwischen hat sie gemerkt, dass sie weitaus erfolgreicher arbeitet, wenn sie sich äußerlich ihrer Umgebung anpasst.

Nicht umsonst spricht man von »Dress for Success«, Kleidung für den Erfolg. Verstehen Sie darunter aber bitte nicht nur das klassische Schneiderkostüm oder den Hosenanzug in gedeckten Farben. Welche Aufmachung Ihnen den größten Erfolg bringt, hängt von der Berufsgruppe ab, in der Sie sich bewegen.

Die Schweizer Zeitschrift »Annabelle business« teilt die Kleidung für den Job in drei Kategorien ein: »formal«, »medium« und »easy«.[21] Schauen Sie doch mal, wo Sie sich einordnen würden.

### »Formal«

In etablierten Berufszweigen wie der Banken- und Versicherungsbranche, besonders in den Bereichen mit Kundenkontakten, herrschen die strengsten Kleidersitten. Auch in gewissen Abteilungen der Verwaltung ist ein formelles Outfit Pflicht. Im

Übrigen gilt: Je höher Sie auf der Hierarchieleiter stehen, desto formeller ist meist auch die Gewandung. Allerdings kann der Dresscode innerhalb einer Branche je nach Unternehmensphilosophie stark variieren. So gibt sich etwa der Boss eines laut Eigenwerbung »unmöglichen Möbelhauses« entsprechend hemdsärmelig.

Der formale Dresscode:

Kostüm oder Blazer mit Rock. Rocklänge knieumspielend oder länger, schmaler Schnitt. Klassische Hemdbluse. Geschlossene Schuhe, d. h. Zehen und Fersen sind bedeckt. Keine auffälligen Muster und Strukturen. Gedeckte, nicht zu helle Farben, vorzugsweise grau, dunkelblau, schwarz.

»Medium«

Der mittelstrenge Dresscode gilt für Frauen, die im Kontakt mit Kunden sind oder Präsentationen durchführen, für Mitarbeiterinnen von Werbeagenturen und Kommunikationsabteilungen. Ebenso in den meisten kaufmännischen Berufen, in der Reisebranche, im Verkauf und im Gaststättengewerbe, sofern keine Arbeitsuniform vorgeschrieben ist und man nicht hinter den Kulissen arbeitet.

Der mittelstrenge Dresscode:

Modische Hosenanzüge und Kostüme. Rock mit Blusen, Pulli oder Twinset. Die Materialien dürfen strukturiert sein, auch edles Leder ist erlaubt. Die Kleidung kann farbig und hell sein, sollte aber möglichst nicht mehr als drei Farben pro Outfit aufweisen.

»Easy«

Kreative Berufe – lockeres Outfit. Das gilt für die Werbe- und Modebranche, jedoch nur in den Bereichen ohne klassischen Kundenkontakt. Außerdem in den meisten pädagogischen und sozialen Berufen, in der Medienbranche und im weiten Berufsfeld von Internet und Informatik.

Der lässige Dresscode:

Jeans sind erlaubt. Pullover, Pullis, Strickjacken. Lässige Materialien und Strukturen, wie z. B. Cord und Wolle. Trotz aller Lockerheit ist auch hier die Freiheit nicht grenzenlos: Glitzertops, superkurze Miniröcke, tief ausgeschnittene Bodys kommen ebenso wenig gut an wie eindeutige Freizeitkleidung, etwa Shorts oder Jogginganzug.

Sollten Sie unsicher sein, welcher der drei Dresscode-Arten für Sie passend ist, dann orientieren Sie sich einfach nach oben: Was tragen die Frauen in der Chefetage Ihrer Firma? Wie kleiden sich Kolleginnen, die es in Ihrer Branche geschafft haben?

Außerdem können Sie gar nichts falsch machen, wenn Sie sich an folgende Checkliste halten:

- Wählen Sie Qualität.
- Bleiben Sie schlicht. Weniger ist mehr.
- Kleiden Sie sich gemäß Ihren Proportionen.
- Vermeiden Sie Extreme in Form und Farben.

Der Dresscode, den Ihre (Berufs-)Gruppe verlangt, ist der Rahmen, in dem Sie sich bewegen sollten, wenn Sie Wertschätzung und Anerkennung gewinnen möchten. Dagegen zu rebellieren und die Erwartungen der anderen zu enttäuschen, ist selten ein Zeichen von Selbstsicherheit, sondern deutet eher auf pubertäre Unreife hin. Damals war es in Ordnung, dass Sie sich mit Händen und Füßen dagegen gewehrt haben, für Tante Ellis Geburtstag Ihre geliebte Jeans mit einem Kleid zu vertauschen. Heute sollten Sie klüger und souveräner sein.

Dass Sie sich im richtigen Rahmen bewegen, heißt jedoch nicht, dass Sie auch haargenau wie alle anderen aussehen müssen. Schließlich sind Sie nicht geklont. Nach der Pflicht kommt die Kür: Sie können optisch Individualität hinzufügen, damit Sie trotz einer grundlegenden Anpassung unverwechselbar sind. Dabei reicht die Skala von »dezent« bis »extravagant«. Wie weit Sie gehen wollen, hängt von Ihren Zielen ab. Überlegen Sie deshalb vor Ihrem Auftritt genau: Möchten Sie lieber in der Menge untertauchen? Oder ist Ihnen wichtig, dass man Sie deutlich wahrnimmt und sich noch lange an Sie erinnert?

Tarnkleidung empfiehlt sich immer, wenn Sie
- müde sind
- sich nicht gut vorbereitet haben
- Konkurrenz vermeiden wollen
- eine sachliche Arbeitsatmosphäre herstellen möchten
- Mäuschen spielen wollen.

Auffallen ist angesagt, wenn Sie
- im Mittelpunkt stehen wollen
- möchten, dass man Sie anspricht
- sich wünschen, dass man über Sie spricht
- sich von der Masse oder Konkurrenz abheben möchten.

### *Fallen Sie richtig auf*

Wenn Sie auffallen wollen, müssen Sie optisch etwas riskieren. Wichtig ist nur, dass Sie dabei nicht den Rahmen Ihres Dresscodes verlassen.

Vor allem mit Accessoires haben Sie die Möglichkeit, sich sichtbar zu machen:
- Schals: Seidentücher oder feine Wolle in leuchtenden Farben
- Schmuck: Erbstücke, dekorativer Modeschmuck, interessante Uhr
- Taschen: Farbiges Leder, extravagante Form, Designerstück

– Schuhe: Aktuelle Form, besonders modisch, farbig
– Kopfbedeckungen: Hüte, Kappen, Mützen.

Eine Ministerpräsidentin ist beispielsweise für ihren Hut-Tick bekannt. Zu einem ihrem Amt durchaus angemessenen Outfit trägt sie immer eine besondere Kreation auf dem Kopf. Selbst diejenigen, die sich nicht sonderlich für Politik interessieren, wissen: Ach ja, das ist doch die mit den Hüten.

Aufmerksamkeit erregen Sie auch, wenn Sie für ein Kleidungsstück aus Ihrem Dresscode eine auffällige Farbe wählen.

Welche magische Wirkung das haben kann, belegte kürzlich das »Hamburger Abendblatt«: Die Chefredaktion veranstaltete einen traditionellen Empfang, auf dem sich Hunderte von Prominenten aus Kultur, Wirtschaft und Politik drängten. Am nächsten Tag stand ein großer Artikel darüber im Blatt. Besonders erwähnt wurde die Honorarkonsulin eines kleinen Landes, die sich in einem pinkfarbenen Kostüm unters Volk gemischt hatte. Gewöhnlich sind Hamburgerinnen für ihre optische Zurückhaltung bekannt, wie sogar der Modedesigner Karl Lagerfeld bestätigt: »Im Norden wird am wenigsten Farbe geordert.« Sie können sich gewiss ausmalen, wie das Pink von dem typischen Hamburger Dunkelblau abstach. So bringt man sich ins Gespräch.

Mit Accessoires oder Farbe aufzufallen heißt aber nicht, sich aufzubrezeln wie an Fasching. Wer zu viel des Guten tut, überfordert die Betrachter. Uschi Fellner, Autorin des Buches »Die Geheimnisse der Klassefrauen«, weiß: »Die Wirkung liegt immer im Detail. Und wer zu viele Details aneinander reiht, reduziert die Wirkung auf null.«[22] Vielleicht beschränken Sie sich sogar auf ein einziges Detail und machen es zu Ihrem Markenzeichen, etwa wie Paloma Picasso ihren knallroten Lippenstift.

So viel Spaß es auch macht, sich gut sichtbar zu stylen,

möchte ich doch eine kleine Warnung aussprechen: Bei dem Bemühen, aufzufallen, balancieren Sie immer auf dem schmalen Grad zwischen interessanter Sonderstellung und peinlicher Übertreibung.

Harriet Rubin, Autorin des Bestsellers »Machiavelli für Frauen«, beschreibt in ihrem Buch den Auftritt einer Vorgesetzten bei einer Verlagskonferenz, den ich Ihnen nicht unbedingt für das nächste Meeting in Ihrer Firma empfehle:

»Sie trug einen weitkrempigen Hut und eine dunkle Sonnenbrille, als wäre die Welt für sie eine Wüste, vor deren blendender Sonne sie sich schützen müsste. Ihr Kleid war streng, erregte aber wegen seiner Besonderheit Aufmerksamkeit. Mit diesem Auftritt beeinflusste sie auf brillante Weise die Spannung im Raum.«[23]

Fragen Sie im Zweifelsfalle vertrauenswürdige und in Sachen Optik kompetente Menschen aus Ihrem Bekanntenkreis, wie sie Ihr Outfit finden. So lange Sie mit Ihrer äußeren Kür den Dresscode Ihrer Branche nicht völlig torpedieren, gilt dann tatsächlich: »Sie können tragen, was Sie wollen, wenn Sie es selbstsicher tun.«

## Begegnen Sie anderen selbstsicher

Auch wenn laut wissenschaftlichen Untersuchungen 55 Prozent Ihrer Wirkung auf Ihr Äußeres zurückzuführen sind, bleibt immer noch ein großer Anteil für Ihr Verhalten und Ihre Worte übrig. Ob Sie auch auf diesem Gebiet souverän erscheinen, hängt vor allem von zwei Dingen ab: Wie angenehm der Umgang mit Ihnen ist, und wie geschickt Sie Kontakt knüpfen.

### *So werden Sie sicher auf jedem Parkett*

Sind Sie auch manchmal bass erstaunt, mit welcher Chuzpe sich Leute an der Kinokasse vordrängen? Oder lauthals per Handy telefonieren? Oder im Zug ihren Koffer in den Gang stellen? Oder sich im Museum so vor ein Bild postieren, dass keiner mehr etwas sehen kann?

Ganz schön selbstbewusst? Oh nein, ganz schön unerzogen! Wirklich selbstsichere Menschen haben auch im Alltag gute Manieren. Und darunter ist mehr zu verstehen als bloße Etikette.

Natürlich ist es nicht verkehrt, wenn Sie wissen, wer wem vorgestellt wird oder wie man Austern isst. Doch das zu lernen dürfte kein Problem sein. In den Buchhandlungen füllen Benimmbibeln ganze Regalreihen. Knigge-Nachfolger überwiegend adeliger Herkunft vermitteln Ihnen sämtliche Details: Wie man die Serviette beim Essen auf den Knien faltet und der Suppentasse korrekt den letzten Tropfen entlockt, welches Gastgeschenk man zur Einladung mitbringt und wie man einen Herzog anschreibt. Fakten dieser Art können Sie pauken wie das kleine Einmaleins.

Wichtiger als vorgeschriebene Formen zu beherrschen ist es jedoch, diejenigen Grundhaltungen zu beherzigen, die echte Klasse und Stil ausmachen.

Dass Etikette tatsächlich nicht alles ist, beweist diese kleine Episode: Ein einzelner Herr und ein Paar begegnen sich zufällig vor dem Kino. Spontan streckt der zum Paar gehörige Mann dem Bekannten seine Hand hin und sagt: »Wie nett, Sie hier zu treffen.« Der übersieht die ausgestreckte Hand und reicht mit den Worten »Ladys first« der Dame die Hand zum Gruß. Nach Knigge korrekt, aber wahrhaftig kein gutes Benehmen.

### *Die zehn Gebote des guten Benehmens*

Wirklich gutes Verhalten zeigen Sie erst, wenn Sie die zehn Gebote des sicheren Umgangs mit anderen Menschen befolgen:

1. Gebot: Bleiben Sie gelassen.

Im Ausverkauf drängelt sich alles heftig um den Wühltisch. An der Hotelrezeption kann man partout Ihre Reservierung nicht finden. Ein dreister Autofahrer schnappt Ihnen den Parkplatz vor der Nase weg.

Ärgerlich, aber trotzdem kein Grund, hektisch oder ausfallend zu werden. Reagieren Sie ruhig und beherrscht. Sagen Sie sich: »Im Vergleich zu den wirklich wichtigen Dingen des Lebens sind das nur Peanuts.«

2. Gebot: Seien Sie aufmerksam.

Nehmen Sie Ihre Umgebung bewusst wahr. Oft brauchen Menschen in Ihrer Nähe eine kleine Unterstützung: Die junge Mutter, die mühsam den Kinderwagen die Treppenstufen hochschleppt. Die Radfahrerin, deren Tasche vom Gepäckträger gefallen ist und die nun einhändig versucht, sie wieder aufzuladen. Der Tourist, der ratlos vor dem komplizierten Fahrkarten-Automat steht. Schauen Sie nicht einfach weg. Falls Sie es nicht gerade sehr eilig haben, helfen Sie.

3. Gebot: Nehmen Sie Rücksicht.

Versetzen Sie sich in die Lage der anderen: Dem Paar am Nebentisch schmeckt das Essen bestimmt nicht mehr so gut, wenn Sie sich eine Zigarette anzünden. Der Herr, der mit Ihnen im Zugabteil sitzt, kann sich kaum auf seine Lektüre konzentrieren, weil Sie per Handy mit Ihrer besten Freundin schwatzen. In solchen Fällen sollten Sie zumindest höflich um Erlaubnis bitten oder nachfragen, ob Ihr Verhalten stört.

4. Gebot: Beweisen Sie Takt.

Takt ist das sensible Gespür dafür, dass einem anderen etwas peinlich sein könnte. Wenn Sie vermuten, dass Ihr Kollege nicht weiß, wie man »Château Neuf du Pape« ausspricht, dann übernehmen Sie eben ganz selbstverständlich die Bestellung im Lokal und lassen ihn nicht radebrechen.

Takt bedeutet auch, nicht unüberlegt ins Fettnäpfchen zu treten. Die junge Frau am Arm des älteren Herrn muss nicht zwangsläufig seine Tochter sein. Sagen Sie deshalb nicht vorschnell: »Wie reizend, dass Sie Ihren Vater begleiten.« Halten Sie sich erst einmal zurück und warten Sie ab, welche Informationen man Ihnen gibt.

5. Gebot: Seien Sie liebenswürdig.

»Geben Sie mir von der Wurst dahinten.« »Packen Sie mir das in eine Tüte.« Manchmal gewinnt man den Eindruck, »bitte« und »danke« seien aus unserem Sprachschatz verschwunden. Benutzen Sie diese beiden Wörtchen ganz selbstverständlich.

Lächeln Sie die Menschen an, mit denen Sie zu tun haben. Das schafft eine entspannte Atmosphäre.

Zum liebenswürdigen Verhalten gehört auch, dass Sie freundlich grüßen, anstatt zu denken: »Soll die doch zuerst guten Tag sagen.« Überhaupt: Machen Sie Ihre Reaktionen niemals vom Verhalten anderer abhängig. Als selbstsichere Frau bestimmen Sie den Umgangston.

6. Gebot: Beweisen Sie Selbstdisziplin.

Jemanden warten zu lassen ist unhöflich und abwertend. Seien Sie deshalb pünktlich. Sollten Sie sich tatsächlich einmal verspäten, geben Sie rechtzeitig telefonisch Nachricht.

Gehen Sie sorgfältig mit dem Eigentum anderer um. Niemand hat gerne Eselsohren in seinen Büchern, Kaffeeflecken auf der Akte oder einen Kratzer an der Autotür.

Ein weiteres Muss ist Zuverlässigkeit. Halten Sie unbedingt Ihre Zusagen und Versprechen ein. Sie sollten schon wirklich triftige Gründe haben, wenn Sie die Arbeit nicht rechtzeitig fertig stellen, nicht zurückrufen oder ein Treffen kurzfristig absagen.

Zur Disziplin gehört auch, dass Sie Ihre Launen nicht an Ihrer Umgebung auslassen. Wenn Sie Kopfweh oder Kummer haben, müssen Sie zwar nicht so tun, als ob es Ihnen phantastisch ginge, sollten aber Unbeteiligte nicht damit nerven.

7. Gebot: Seien Sie großzügig.

Man hat Sie schon häufig eingeladen. Für eine Gegeneinladung ist Ihre Wohnung allerdings leider zu klein, deshalb verzichten Sie darauf. Das Essen war teuer genug, also sparen Sie am Trinkgeld für die Kellnerin. Zum Geburtstag einer Freundin greifen Sie auf ein Geschenk zurück, das man Ihnen irgendwann einmal gemacht hat.

Solche Knickerigkeit ist schlechter Stil.

Großzügigkeit gilt auch für Gefühle. Geben Sie reichlich Liebe, Anerkennung, Komplimente. Halten Sie nicht kleinlich an Groll fest, verzeihen Sie großmütig.

8. Gebot: Seien Sie integer.

Sie sind allein auf der Straße? Zack landet das Papier vom Schokoriegel auf dem Boden. Im Hotel wischen Sie mal schnell mit dem Vorhang über Ihre Schuhe. Stopp! Benehmen Sie sich immer so, als ob Ihnen jemand zuschaut. Ähnliches gilt fürs Sprechen: Reden Sie nur so über andere, dass die ruhig zuhören dürften.

Zur Integrität gehört auch, dass Sie sich allen Menschen gegenüber gleich freundlich und höflich verhalten. Es spricht wahrhaftig nicht für Sie, wenn Sie Ihrer Chefin beflissen die Tür aufreißen und sie der Telefonistin vor der Nase zuschlagen.

9. Gebot: Zeigen Sie Dankbarkeit.

Sie haben eine wichtige Information erhalten. Jemand hat Ihnen einen Kontakt vermittelt. Man hat Ihnen ein Buch geliehen, das Sie für Ihre Arbeit gut brauchen konnten. Ein Kollege hat Sie eine lange Strecke im Auto mitgenommen.

Mit einem knappen »Vielen Dank« ist es nicht immer getan. Je größer die Bedeutung der Unterstützung für Sie ist oder je mehr Mühe sie für den anderen bedeutet hat, desto handfester sollte Ihr Dank sein. Wenn Ihnen dazu nicht viel einfällt: Blumen oder ein guter Tropfen sind immer passend. Noch schöner ist es, wenn Sie sich Gedanken über die Empfänger machen. Welche Vorlieben hat er oder sie? Dann schenken Sie vielleicht ein Kochbuch, einen Städteführer von Venedig oder die neue Ausgabe der Zeitschrift »Segeln«.

10. Gebot: Antworten Sie schnell.

Die Todesanzeige der Mutter Ihrer Bekannten ist schon drei Wochen alt. Den Brief Ihrer Tante schieben Sie auf dem Schreibtisch immer wieder von rechts nach links. Ihr freier Mitarbeiter hat gute Arbeit abgeliefert. Ein Kollege hat Ihnen eine E-Mail mit einer Anfrage geschickt.

Sie nehmen sich vor, zu schreiben oder anzurufen – doch dann sind Sie im Stress und Wichtigeres drängt sich vor.

Verschieben Sie solche Dinge nicht. Gerade diese Kleinigkeiten sollten Sie nach der Methode »Sswim« erledigen: So schnell wie irgend möglich. Wer zu lange wartet, kränkt und verunsichert. Falls Sie keine Zeit für eine ausführliche Antwort haben, tut es auch eine kurze: eine Postkarte, ein rasches Telefonat oder ein paar handschriftliche Zeilen per Fax.

Wenn Sie die zehn Gebote des guten Benehmens beherzigen, haben Sie immer einen sicheren Auftritt, selbst dann, wenn Sie nicht so geschickt mit der Schneckenzange hantieren.

Ariane Sommer, Diplomatentochter und Partygirl, hat es in ihrer etwas anderen Benimm-Bibel auf den Punkt gebracht, worum es bei gutem Benehmen wirklich geht: »Für eine starre Etikette ist die Welt viel zu weit, der menschliche Geist zu groß und die Zeit zu schnelllebig. Alles was zählt, ist die Achtung vor anderen Menschen und die Achtung vor dem eigenen Selbst.«[24]

### So kommen Sie locker ins Gespräch

Mit Ihrem Verhalten fallen Sie angenehm auf und können nun Kontakte knüpfen. Doch wie? Der Königsweg dazu ist Smalltalk, das leichte Geplauder über Gott und die Welt. Werten Sie es bitte nicht als oberflächlich ab. Smalltalk hat viele Vorteile:

- Falls Sie jemanden noch nicht kennen, können Sie unverbindlich abchecken, wen Sie vor sich haben, ob Sie auf einer Wellenlänge liegen und ob Sie die Begegnung vertiefen möchten.
- Sie können überall eine angenehme Atmosphäre schaffen, ohne gleich zu viel Nähe herzustellen: im Wartezimmer, beim Bäcker, in der Behörde.
- Wenn Sie Bekannten auf der Straße, im Geschäft oder bei einer Veranstaltung begegnen, ist meist weder Zeit noch Gelegenheit, sich ausführlich zu unterhalten. Ein paar freundliche Worte machen sich immer gut.

Leider sind die wenigsten von uns Naturtalente im Smalltalk. Gewiss kennen auch Sie Situationen, in denen Sie sich gewünscht haben, Sie wären unsichtbar oder hätten gerade einen Rhetorik-Kurs hinter sich:

– Sie fahren mit einer Kollegin aus der Nachbarabteilung fünf Stockwerke hoch im Aufzug.
– Auf der Party kennen Sie nur die Gastgeber, und die sind gerade beschäftigt.

- Ihr Chef bittet Sie, einen Kunden vom Bahnhof abzuholen.
- Beim Festessen hat man Sie ausgerechnet zwischen zwei Leute gesetzt, die Sie nicht kennen.
- Sie haben Besuch von Bekannten. Nach kurzer Zeit verebbt das Gespräch, ein Engel schwebt durch den Raum.

Kein Grund zur Panik oder Peinlichkeit. Entspannen Sie sich und betrachten Sie Smalltalk einfach als ein Pingpongspiel. Mit ein paar freundlichen Sätzen machen Sie die Ballangabe (ping). Der andere spielt mit seiner Erwiderung den Ball zurück (pong). Dann sind Sie wieder dran. Wie bei jedem Spiel werden Sie garantiert immer besser, je mehr Sie üben. Mit dem folgenden Know-how wird es Ihnen in jeder Situation gelingen, ins Gespräch zu kommen.

• Servieren Sie leichte Kost.

Zum Plaudern eignen sich am besten allgemeine Themen wie Essen, Reisen, Hobbys, Filme, Bücher. Tabu sollten sein: Probleme, Krankheiten, Familiengeschichten, eigene Schwächen und Fehler, Sex, Geld. Gespräche darüber setzen voraus, dass man Vertrauen zueinander hat. Warten Sie also lieber, bis eine echte Freundschaft entstanden ist.

• Finden Sie Gemeinsamkeiten.

Sie müssen sich nicht besonders witzig, tiefsinnig oder hochintelligent äußern. Das schreckt sogar eher ab, weil Sie damit den anderen unter Druck setzen, ebenso brillant zu kontern. Wichtig ist, dass Sie überhaupt ein Thema finden. Falls Sie nichts vom anderen wissen, sprechen Sie etwas an, das Sie gerade miteinander teilen: Den Ort (»Die Blumendekoration ist wirklich schön, finden Sie nicht auch?«) oder den Anlass (»Ich finde den Vortrag sehr interessant.«). Etwas, was Sie immer mit anderen teilen, ist das Wetter. Haben Sie keine Angst vor Banalitäten. Nach dem Einstieg können Sie immer noch beweisen, was Sie alles draufhaben.

• Fragen Sie offen.

Mit dem Spruch »Sei nicht so neugierig« hat man Ihnen wahrscheinlich schon als Kind abgewöhnt, persönliche Fragen zu stellen. Leider war das der falsche Tipp. Fragen zeigen nämlich, dass Sie an Ihrem Gesprächspartner interessiert sind. Regen Sie Ihr Gegenüber an, ausführlich über sich selbst zu sprechen. Am besten eignen sich dazu »offene« Fragen. Das sind solche, die mit mehr als einem Wort oder Satz beantwortet werden müssen. Sie führen dazu, dass der andere etwas länger erklärt oder beschreibt. Offene Fragen beginnen wie in der Sesamstraße mit »Wieso?«, »Weshalb?«, »Warum?« Auch: »Wie finden Sie eigentlich ...?«, »Wie kommt es, dass ...?«, »Was halten Sie denn von ...?« Mit offenen Fragen können Sie ein Gespräch beginnen und in Gang halten. Dass das nicht zur Inquisition ausarten darf nach dem Motto: »Was verdienen Sie denn so?«, ist natürlich selbstverständlich.

• Hören Sie aktiv zu.

Im Grunde seines Herzens findet sich jeder Mensch am wichtigsten und redet gern über sich. Wenn Sie dafür ein gutes Klima schaffen, gewinnen Sie mehr Sympathiepunkte als mit der besten Selbstdarstellung.

Richten Sie Ihre Aufmerksamkeit voll auf Ihren Gesprächspartner. Vermeiden Sie es, während des Gespräches die Augen unruhig umherschweifen zu lassen. Spiegeln Sie mit Ihrer Mimik wider, dass Sie genau zuhören, etwa indem Sie lächeln, an den richtigen Stellen begeistert oder erstaunt wirken und bestätigend nicken. Fördern Sie den Redefluss Ihres Gegenübers, indem Sie mit einem »hm« Verständnis signalisieren oder zu bestimmten Punkten interessiert nachfragen (»Welche Schuhe tragen Sie denn beim Walking?«).

Haben Sie keine Angst, dass Sie vielleicht langweilig wirken, weil Sie so wenig von sich erzählen. Das Gegenteil ist der Fall:

Indem Sie sich auf den anderen konzentrieren, überträgt er auf Sie unbewusst sämtliche positive Eigenschaften wie Charme, Intelligenz und Persönlichkeit.

- Machen Sie Komplimente.

Jede(r) hört gern etwas Nettes über sich. Allerdings muss das Kompliment ehrlich sein, sonst spürt man die Absicht und ist verstimmt. Suchen Sie sich als Start zum Gespräch etwas heraus, das Sie am anderen wirklich bewundern. Kleidung, Frisur, ein Schmuckstück, eine Leistung. Sprechen Sie das offen an. Etwa so: »Ich bewundere schon die ganze Zeit Ihren schönen Ring.« oder »Ich habe gehört, Sie haben das XY-Projekt fertig gestellt. Gratuliere, das finde ich ganz beachtlich.« Oft animiert Ihr Lob den anderen dazu, sich weiter mit Ihnen zu unterhalten: »Ja, den Ring habe ich von meiner Großmutter …« oder »Wissen Sie, das war gar nicht so einfach, den Job gut zu machen …«

- Sprechen Sie positiv.

Natürlich können Sie ein Gespräch auch so anfangen: »Die Bahn kommt aber auch nie pünktlich«. Vermutlich wird man Ihnen zustimmen und ein paar Sätze mit Ihnen wechseln. Allerdings macht das wenig Lust, sich weiter mit Ihnen zu unterhalten, denn Ihr negativer Einstieg outet Sie als Miesepeter. Äußern Sie sich möglichst optimistisch, gewinnen Sie allem eine positive Seite ab (»Bei dem Regen ist es drinnen richtig gemütlich.«). Mit einem inspirierenden, ermunternden Menschen unterhält man sich gern.

- Bieten Sie Unterstützung an.

Schauen Sie sich um, wo Sie ganz praktisch Kontakt knüpfen können. Etwa so: Sie haben am Buffet gerade die Weinflasche oder Kaffeekanne in der Hand und sehen, dass sich neben Ihnen auch jemand bedienen möchte. Bieten Sie freundlich lächelnd an: »Darf ich Ihnen auch einen Schluck einschenken?«

Währenddessen sagen Sie dazu ein paar persönliche Worte wie: »Ich schätze so einen frischen Weißwein« oder »Einen Kaffee kann man jetzt wirklich gut vertragen ...«

Sie können auch gezielt jemanden ansprechen: »Ihr Glas sieht so leer aus. Ich hole mir gerade einen Saft. Soll ich Ihnen auch einen mitbringen?«, oder »Sie stehen hier so ungemütlich. Kann ich Ihnen einen Stuhl besorgen?« Höfliche Aufmerksamkeit kommt gut an und führt meist weiter.

- Bitten Sie um Hilfe.

Untersuchungen haben ergeben, dass wir die Menschen besonders sympathisch finden, denen wir helfen. Der Grund dafür liegt auf der Hand: Sie geben uns die Möglichkeit, unsere Schokoladenseite zu zeigen. Machen Sie sich diesen Effekt zunutze. Bitten Sie um Feuer. Fragen Sie, ob man eine Weile auf Ihre Handtasche oder Ihr Gepäck aufpasst. Lassen Sie sich etwas erklären, das Sie (angeblich) nicht verstanden haben. Sie können auch um bestimmte Informationen oder Auskünfte bitten: »Sagen Sie, wo bekommt man eigentlich solche praktischen Taschen?« »Verraten Sie mir, wie man diesen köstlichen Cocktail mixt?«

- Nehmen Sie Ablehnung nicht persönlich.

Die meisten Menschen sind Ihnen dankbar, wenn Sie das Schweigen brechen, und gehen gerne auf ein Gespräch ein. Leider gibt es aber auch einige muffelige, arrogante, einsilbige und uninteressierte Zeitgenossen. Lassen Sie sich davon nicht verunsichern. Anstatt gekränkt zu sein oder sich abgelehnt zu fühlen, sagen Sie sich: »Das ist sein (ihr) Problem, nicht meins.« Oder: »Schade, leider unerzogen.« Bemühen Sie sich in dem Fall nicht länger um Kontakt. Wechseln Sie lieber zu Gesprächspartnern, die Sie zu schätzen wissen.

## »Klappern« Sie wie ein Profi

Madonna und Gwyneth Paltrow trafen sich auf einer Preisverleihung. Der Popstar beklagte sich, dass ihr (weit weniger berühmter) Ehemann es übertrieben gefunden hatte, mit Rolls-Royce und Bodyguard-Escorte vorzufahren. Daraufhin tröstete die Oscar-Gewinnerin Paltrow sie verständnisvoll: »Er muss eben noch viel lernen.«

Mag sein, dass das Boulevardblatt, in dem diese Episode stand, sie erfunden hat, Tatsache ist jedoch, dass wir von den Stars in punkto Selbstdarstellung eine Menge lernen können. Sie glauben, für sie sei das Beste gerade gut genug und haben keine Hemmungen, sich darzustellen.

Das ist eindeutig das Kontrastprogramm zu dem, was wir Frauen von Kindesbeinen an gelernt haben: Hübsch bescheiden zu sein, sich zurückzuhalten und nur ja nicht anzugeben.

Natürlich geht es bei uns »normalen« Frauen weniger darum, mit Grandezza über den roten Teppich zu schreiten und uns ins Blitzlichtgewitter zu drängen. Doch auch wir sollten uns darum bemühen, mehr positive Aufmerksamkeit zu erregen. Das bekommt unserem Selbstwertgefühl, unseren Beziehungen und unserer Karriere ausgesprochen gut.

### *Erkennen Sie Ihren Wert*

Der erste Schritt ist, dass Sie Ihren eigenen Wert annehmen. Oft genug ist gerade uns Frauen nicht bewusst, wie gut wir sind. Wir machen unsere Arbeit und registrieren dabei kaum, wie tüchtig und erfolgreich wir sind. Vielleicht kennen Sie das: Jemand lobt Sie für eine Leistung, und Sie wiegeln ab: »Ach, da habe ich doch nur Glück gehabt.« Oder: »Ich war eben zur richtigen Zeit am richtigen Ort.«

Nein, es ist weder Glück noch Zufall, es ist Ihr Verdienst! Sie haben zugegriffen, als sich die Chance bot. Sie haben das Richtige getan, um sie zu nutzen.

Sie möchten, dass Ihnen klar wird, wie großartig Sie sind? Dann versuchen Sie es doch einmal so: Machen Sie eine »Ich-bin-gut«-Liste. Schreiben Sie alles auf, was Sie bisher in Ihrem Leben geschafft haben, vom Führerschein bis zum Computerkurs. Dann notieren Sie, was Sie gut können, sämtliche großen und kleinen Dinge.

Falls Sie eine Weile grübeln müssen, bis Ihnen dazu etwas einfällt, trösten Sie sich. Das geht vielen von uns so. In Selbstsicherheits-Seminaren habe ich eine solche Liste als Blanko-Vordruck verteilt und gebeten, wenigstens drei persönliche Aktivposten aufzuschreiben. Es gab tatsächlich tüchtige Frauen, die schon bei dieser geringen Anzahl lange überlegten. Resignieren Sie nicht, wenn es nicht gleich sprudelt. Wie bei einer Ölquelle müssen Sie halt ein bisschen graben, bis die Produktion in Gang kommt – doch dann hoffentlich mit Macht. Lesen Sie anschließend Ihre Liste mehrmals durch und lassen Sie dabei Ihre Qualitäten auf sich wirken.

### *Stellen Sie sich ins rechte Licht*

Vom eigenen Wert überzeugt zu sein reicht allerdings nicht aus. Sie müssen auch wissen, wie Sie ihn vermitteln. Klappern gehört nicht nur zum Handwerk, es ist auch selber eines.

Hier sind seine Regeln:

- Kaschieren Sie Ihre Schwächen.

Cornelia ist Heilpraktikerin und hat sich auf Homöopathie spezialisiert. Sie hat zahlreiche Fortbildungen gemacht und versteht eine Menge von ihrem Fachgebiet. Trotzdem vermittelt sie ihren Patienten den Eindruck, sie sei noch Anfängerin.

Während sie ihre Beschwerden schildern, denkt Cornelia laut nach: »Ja, was könnte das denn bloß sein? Vielleicht dies ... oder doch eher das ...?« Kein Wunder, dass man leicht den Eindruck gewinnt, sie wüsste nicht genau, was zu tun ist.

Sofern Ihre Selbstzweifel berechtigt sind, sprechen sie für einen kritischen Geist und Gewissenhaftigkeit. Nutzen Sie sie, um sich ausreichende Kenntnisse zu verschaffen. Aber behalten Sie sie für sich. Sie irritieren sonst diejenigen, die an Sie glauben, und zeichnen unnötig ein unsicheres Bild von sich.

Formulieren Sie Schwachpunkte, die sich nicht ändern lassen, in Stärken um: Sie sind schüchtern? Nein, angenehm zurückhaltend. Sie arbeiten langsam? Nein, besonders gründlich. Sie brausen schnell auf? Klar, Sie haben Temperament. Mit dieser Umformulierung stehen Sie vor sich selbst und anderen viel besser da.

- Weisen Sie auf Ihre Leistung hin.

Wenn Sie sich richtig Mühe geben, wird man irgendwann schon auf Sie aufmerksam und schenkt Ihnen die fällige Anerkennung. Glauben Sie das? Dann befinden Sie sich in bester Gesellschaft. Es gibt wohl kaum eine Frau, die nicht irgendwann so gedacht hat. Bis sie schließlich merkte: »Da kann ich lange warten ...«

Kate White, Chefredakteurin des amerikanischen Boulevardblattes »McCalls«, weiß davon ein Lied zu singen: Vor einigen Jahren hatte sie kommissarisch die Leitung einer Redaktion übernommen, deren Chef plötzlich gekündigt hatte. Sie sah das als Chance, sich für den Posten als Chefredakteurin zu qualifizieren. Entsprechend engagierte sie sich hundertfünfzigprozentig, entwarf ein großartiges neues Konzept, verzichtete sogar auf ihren Jahresurlaub. Nur eines vergaß sie: Dem Verleger von ihren Aktivitäten zu berichten. »Ich hatte mich angepasst und unauffällig verhalten, da ich mir einredete, ein weniger bestimmtes Auftreten würde ein gutes Licht auf mich werfen.« Ein paar Monate später bedankte sich der Verleger für ihre hervorragende Arbeit und teilte ihr mit, dass man einen Mann für den Posten einstellen würde.[25]

Werben Sie für sich. Schreiben Sie Memos über Ihre Ergebnisse. Lassen Sie Ihre Vorgesetzten wissen, woran Sie gerade arbeiten und wie weit Sie damit sind. Betonen Sie, was Sie geschafft haben.

Allerdings ist dabei der pfeilgerade Weg nach dem Motto »Schaut her, wie klasse ich bin« nicht immer der günstigste. Etwa wenn Sie privat eingeladen sind. Falls Sie dort wichtige Leute treffen, die Sie auf sich aufmerksam machen möchten, wären die sicher schnell genervt, wenn Sie in den höchsten Tönen Ihr eigenes Loblied singen. Schließlich will man sich unterhalten. In dem Fall wählen Sie lieber eine indirekte Form. Verpacken Ihre Selbstdarstellung in kleine, unterhaltsame Geschichten. Etwa so: »Schwarze Katzen können einen wirklich erschrecken. Neulich hatte ich mal wieder bis Mitternacht an meiner Präsentation gefeilt (!), als plötzlich ...« Sie verstehen, wie's geht?

- Stellen Sie Ansprüche.

»Was nichts kostet, ist nichts«, sagt ein Sprichwort. Das gilt nicht nur für Dinge, sondern auch für Menschen. Wenn Sie keine Ansprüche stellen, schätzt man Sie entsprechend unwichtig ein.

Gail Evans ist Programmdirektorin beim Fernsehsender CNN und eine der ranghöchsten Frauen im amerikanischen Mediengeschäft. Auch sie musste mühsam lernen, wie wichtig Forderungen sind: »Vor einigen Jahren, ich war gerade befördert worden, fragte mich ein Kollege, ob man mir die Anschaffungs- und Unterhaltskosten für ein großes oder ein kleines Auto ersetze. Ich verriet ihm nicht, dass ich von solchen Vergütungen keine Ahnung hatte.« Sie stellte erstaunt fest, dass sämtliche Kollegen auf ihrer Stufe bereits eine satte Vergütung bekamen, und war klug genug, ebenfalls eine für einen großen Wagen zu fordern.[26]

Was darf es denn sein: Das Büro in der Größe einer Abstellkammer oder ein geräumiger Arbeitsplatz? Mit Ausblick auf eine Betonwand oder den Park? Bei Geschäftsreisen im Flieger Business-Class oder Economy? Bahnfahrt 1. oder 2. Klasse? Einfaches Hotel oder Sterne-Unterkunft?

Sagen Sie nicht, Sie seien über solche Äußerlichkeiten erhaben, schließlich käme es doch auf die gute Arbeit an. Diese Dinge, wie überhaupt Statussymbole, zeigen den anderen, wie Sie sich einschätzen: Erstklassig oder zweitklassig. Falls es die Verhältnisse erlauben, sollten Sie zumindest die bessere Variante fordern, um zu zeigen, wo Sie selbst sich sehen. Wenn man sie Ihnen wirklich nicht geben kann, dürfen Sie immer noch großmütig darauf verzichten.

• Machen Sie sich bekannt.

Warten Sie nicht darauf, dass ein sensibler Mauerblümchen-Forscher Sie beim Stehempfang in einer Ecke des Raumes oder bei der Präsentation in der letzten Reihe entdeckt. Sorgen Sie dafür, dass so viele wichtige und interessante Leute wie möglich wissen, dass es Sie gibt.

Dazu müssen Sie sich erst einmal vorstellen. Bremsen Sie sich nicht gleich aus, indem Sie denken: »Das wird er (sie) bestimmt als aufdringlich empfinden.« oder »Wahrscheinlich störe ich gerade.« Gehen Sie auf das Objekt Ihrer Begierde zu und sagen Sie etwa: »Hallo, ich habe schon so viel Gutes von Ihnen gehört und möchte gern auch mal persönlich Ihre Bekanntschaft machen.« Und dann stellen Sie sich vor. Natürlich sollen Sie nicht stundenlang an der betreffenden Person kleben. Wenn Sie auf ihre Körpersprache und Worte achten, merken Sie, wann es Zeit ist, sich zurückzuziehen.

Sprechen Sie nicht nur mit Leuten, die Sie schon kennen. Nehmen Sie per Smalltalk auch mit Unbekannten Kontakt auf, etwa auf einer Messe, dem Treffen Ihres Berufsverbandes oder im Zugabteil. Sie wissen nie, welche guten Verbindungen sich aus einem solchen Kontakt ergeben können.

- Sprechen Sie anregend.

Nutzen Sie alles, was Sie im Kapitel »Selbstsicher sprechen« über Powertalking gelernt haben. Drücken Sie sich stark und positiv aus. Sprechen Sie auf inspirierte und begeisterte Weise.

Angenommen, Sie haben stundenlang in einer Besprechung gesessen, ohne dass ein Ergebnis erzielt wurde. Stöhnen Sie anschließend nicht: »Das war mal wieder eine Quasselrunde!« Sagen Sie lieber: »Wir haben uns erst einmal locker über unsere Standpunkte informiert.«

Falls Sie Ihren Job zumindest im Prinzip gerne machen, dürfte es Ihnen nicht schwer fallen, seine positive Seite zu betonen. Also nicht: »Ich betreue verhaltensgestörte Jugendliche. Sie glauben ja gar nicht, wie furchtbar anstrengend das ist.« Sondern: »Ich widme mich einer sehr sinnvollen und befriedigenden Aufgabe in einem Jugendwohnheim.«

- Melden Sie sich zu Wort.

Männer äußern sich selbstbewusst zu einer Sache, von der sie nur einen Bruchteil verstehen. Wir Frauen prüfen erst einmal im Stillen, ob das, was wir sagen wollen, auch wirklich richtig, fundiert und wissenschaftlich bewiesen ist. Wenn wir endlich zu dem Schluss kommen, dass wir den Mund tatsächlich aufmachen dürfen, ist das Gespräch längst bei einem anderen Thema angelangt.

Warten Sie nicht, bis Ihr Beitrag druckreif und inhaltlich absolut wasserdicht ist. Sobald Sie sich halbwegs sicher fühlen, reden Sie mit.

Machen Sie Bemerkungen, kommentieren Sie das Geschehen, bringen Sie einen Diskussionsbeitrag. Untersuchungen haben ergeben, dass es für eine positive Beurteilung weniger darauf ankommt, was Sie sagen, als vielmehr, dass Sie etwas sagen.

- Inszenieren Sie Ihre Anwesenheit.

Auf Partys kommt Jessica immer zu spät. Nicht etwa, weil sie zur Unpünktlichkeit neigt, sondern weil ihr das die volle Aufmerksamkeit garantiert. Alle anderen sind schon da, wenn Jessica mit großem Hallo hereinrauscht. Man gewinnt den Eindruck: Erst mit ihrer Ankunft ist das Fest perfekt.

Im Geschäftsleben wäre Unpünktlichkeit gewiss der falsche Weg, doch auch hier gibt es Möglichkeiten, sich darzustellen. Treten Sie nicht leise wie ein Mäuschen auf, um nur ja nicht zu stören, sondern zeigen Sie deutlich, dass Sie da sind: Begrüßen Sie die Anwesenden mit Handschlag. Scherzen oder lachen Sie, wenn es sich ergibt. Machen Sie Smalltalk auch über ein paar Köpfe hinweg.

Drücken Sie sich nicht vor offiziellen und inoffiziellen Veranstaltungen. Gerade dort finden wichtige Begegnungen statt. Auch wenn Sie solche Zusammenkünfte langweilig oder anstrengend finden, sollten Sie ein kurzes, aber intensives Gastspiel geben. Seien Sie für die Zeit Ihrer Anwesenheit voll präsent. Widmen Sie sich lieber den Gesprächen als dem Buffet.

- Wählen Sie einen machtvollen Platz.

Kommen Sie immer so rechtzeitig, dass Sie sich Ihren Platz aussuchen können.

Findet die Konferenz oder das Meeting an einem langen Tisch statt, wählen Sie den Platz an der Stirnseite des Tisches, in der Mitte der Längsseite oder in der Nähe der wichtigsten Person. Diese Plätze signalisieren Ihren Einfluss und Ihre Macht.

Bei Vorträgen kann man es immer wieder beobachten:

Kaum jemand traut sich in die erste Reihe. Wenn schließlich kein anderer Platz mehr frei ist, rücken die Zuhörerinnen notgedrungen nach ganz vorn. Seien Sie mutig und setzen Sie sich bei Veranstaltungen in die erste Reihe. Sie werden sich wie ein Ehrengast fühlen und von der Referentin oder dem Referenten besonders wahrgenommen.

• Setzen Sie sich richtig in Szene.

Der Rechtsanwalt war Verena von einer Bekannten als Spezialist für Arbeitsrecht empfohlen worden. Als Verena das Wartezimmer betrat, wusste sie, egal wie fähig dieser Jurist war – sie würde sich mit Sicherheit nicht von ihm vertreten lassen: Aus den zusammengesuchten Stühlen quoll die Polsterung. Auf dem Tisch lagen ein paar zerfledderte Zeitschriften Marke »Frau am Mittag«. Die Wände waren in deprimierendem Olivgrün gestrichen. Das Ganze machte einen heruntergekommenen Eindruck und schmälerte ihr Vertrauen beträchtlich.

Wenn man Kleidung als »zweite Haut« bezeichnet, dann ist unsere Umgebung die dritte. Wie Sie wohnen oder arbeiten, wird eng mit Ihrer Person und Kompetenz in Verbindung gebracht.

Das bedeutet nun nicht, dass Sie unbedingt ein Büro im Glaspalast oder eine Wohnung mit teurem Designermobiliar vorweisen müssen, um anerkannt zu werden. In kleinem Rahmen haben Sie genauso die Möglichkeit, sich ansprechend einzurichten. Auch für den schmalen Geldbeutel gibt es ästhetische, erlesene Dinge. Ob Sie sich nun als gute Gastgeberin oder Profi beweisen wollen: Setzen Sie auf Stil und Klasse. Beides ist eine Frage von Geschmack und sorgfältiger Auswahl.

Sie wissen nun, wie Sie wirkungsvoll »klappern« können. Auch wenn sich bei der einen oder anderen Regel in Ihnen alles sträubt, sich derart in den Vordergrund zu spielen, tun Sie's. Das fällt Ihnen nur deshalb so schwer, weil Sie als Frau auf »Eigenlob stinkt« konditioniert sind. Es hilft nichts, da müssen Sie durch. Ich verspreche Ihnen, wenn Sie die ersten Früchte ernten, wird Ihnen das Klappern in eigener Sache viel Spaß machen.

## Treten Sie souverän ins Rampenlicht

Nachdem Sie sich ausführlich um Ihr sicheres Erscheinen im Alltag gekümmert haben, geht es nun um Ihren großen Auftritt in der Öffentlichkeit, um die Situationen, in denen Sie auf dem Präsentierteller stehen.

Man erwartet von Ihnen, dass Sie

- eine (kleine oder große) Rede halten
- vor einer interessierten Gruppe, z. B. Kollegen, Studenten, Azubis oder Journalisten, über ein Thema sprechen
- an einer Podiumsdiskussion teilnehmen
- jemanden öffentlich begrüßen, verabschieden, ehren
- eine Präsentation machen
- ein Interview geben.

Für solche Gelegenheiten gibt es bewährte Ratschläge. Wir werden sie entsprechend dem typischen Ablauf durchgehen, sodass Sie schon bei der nächsten Herausforderung jeden Ihrer Schritte vorab überprüfen können.

### *Wollen Sie überhaupt auftreten?*

Ihre Geschwister sind davon überzeugt, dass Sie die Rede zur goldenen Hochzeit der Eltern am besten halten können. Die Klassenlehrerin Ihrer Tochter bittet Sie, als Elternbeirätin am Tag der offenen Tür in der Schule ein paar Worte zu sagen. Ihre Chefin findet, dass Sie genau die Richtige für die Präsentation bei dem wichtigen Kunden sind. Die Organisatoren haben schon so viel Gutes über Sie gehört und möchten unbedingt Sie als Referentin.

Das ist ausgesprochen schmeichelhaft – jedoch kein Grund, sofort zuzusagen. Geben Sie zu verstehen, dass Sie sich geehrt fühlen, aber erst einmal darüber nachdenken oder in Ihren Terminkalender schauen möchten. Nehmen Sie sich Zeit, um für sich zwei wichtige Fragen zu klären:

- Was haben Sie davon?

In irgendeiner Form sollte Ihre Anstrengung belohnt werden, sonst fühlen Sie sich am Ende ausgenutzt. Prüfen Sie deshalb, ob Sie einen persönlichen Gewinn davon haben. Das heißt nicht, dass sich alles, was Sie tun, in klingender Münze auszahlen muss. Der Gewinn kann durchaus ideeller Natur sein: Sie lernen dazu. Sie erhalten Anerkennung. Es macht Ihnen Freude, Ihr Wissen weiterzugeben.

- Sind Sie die Richtige?

Das ist keine Frage der Bescheidenheit, sondern der Klugheit. Äußern Sie sich nur zu Themen, von denen Sie etwas verstehen. Natürlich können Sie sich auch in ein für Sie fremdes Gebiet einarbeiten, doch damit bewegen Sie sich auf dünnem Eis. Sobald Fragen kommen, wird offenkundig, dass Sie keine Expertin sind.

Berücksichtigen Sie auch Ihr Naturell. Wenn Sie eher gründlich und nachdenklich sind, sollten Sie nicht unbedingt dort auftreten, wo eine lockere, witzige Art gewünscht ist. Und umgekehrt!

### *Holen Sie Informationen ein*

Bevor Sie damit beginnen, über den Inhalt Ihres Auftritts nachzudenken, müssen Sie die Voraussetzungen kennen. Nur so können Sie sich gezielt und optimal vorbereiten. Fragen Sie deshalb nach allem, was für Ihren Auftritt wichtig ist:

Das Publikum

- Wie viele Zuhörer und Zuhörerinnen werden erwartet?

In kleinem Kreise können Sie meist lockerer und informeller sprechen als vor einem großen Publikum.

- Wer ist Ihr Publikum?

Der Wissensstand, das Alter und Niveau Ihrer Zuhörer und Zuhörerinnen bestimmen Ihre Wortwahl und wie sehr Sie ins Detail gehen sollten. Schließlich macht es einen Unterschied, ob Sie vor interessierten Laien oder hoch spezialisierten Fachleuten sprechen, ob vor Ihnen Schülerinnen oder Senioren sitzen.

- Was erwartet man von Ihnen?

Beschreiben Sie, was Sie zu bieten haben, und erkundigen Sie sich, ob das auch gewünscht wird. Sollen Sie locker unterhalten? Ist sachliche Information gefragt? Bedeutet Ihr Auftritt den Höhepunkt eines Festaktes? Rechnet man damit, dass Sie das Publikum einbeziehen oder praktische Übungen machen? Wird vorausgesetzt, dass Sie mit neuester Technik arbeiten?

Stimmen Sie das Ziel Ihres Auftritts sorgfältig ab, sonst sind am Ende beide Seiten frustriert.

- Gibt es Einstellungen, auf die Sie Rücksicht nehmen müssen?

Über religiöse oder ethische Haltungen, Vorurteile, Empfindlichkeiten oder Rivalitäten sollten Sie Bescheid wissen, damit Sie Ihr Publikum nicht unnötig gegen sich aufbringen.

Eine Fernsehmoderatorin erzählte mir, dass sie vor einiger Zeit eine Gala moderieren sollte. Weil sie sehr im Stress war, entging ihr, dass dort vor allem Tierschützer anwesend sein würden. Nichts ahnend trug sie zu ihrem Auftritt einen Lederrock! Dem Zorn des Publikums entkam sie nur, indem sie Stein und Bein schwor, der Rock sei aus Kunstleder.

Die Zeit

- Wie lange reden Sie?

Normalerweise wird die Zeit vorgegeben. Sie sollten aber prüfen, ob die Ihnen zugestandene Redezeit für das Thema passend ist. In zwanzig Minuten Einsteins Relativitätstheorie zu erläutern, ist sicher zu knapp. Genauso ungünstig ist es, wenige Punkte zu einem anspruchsvollen Vortrag aufblähen zu müssen.

- Wann reden Sie?

Ob Sie den Auftakt bilden oder am Ende einer langen Rednerliste dran sind, macht einen großen Unterschied. Ebenso, ob Sie nach dem Mittagessen das Wort ergreifen. Falls Ihr Publikum träge oder müde sein könnte, überlegen Sie sich einen Muntermacher. Vielleicht erzählen Sie eine Anekdote. Oder Sie animieren zu einer kleinen gymnastischen Übung, die sich am Platz machen lässt. Ich habe zu diesem Zweck den »Psycho-Espresso« erfunden: Alle stehen auf, ballen die Fäuste, kneifen die Augen zu, trampeln schnell und fest auf der Stelle und rufen laut »Huuu«. Probieren Sie es doch selbst einmal aus. Es macht sofort frisch.

Der Ort

Der Ort bestimmt die Atmosphäre. Von daher ist es gut, schon vorab zu wissen, wo Ihr Auftritt stattfindet. Fragen Sie nach den Details. Eventuell lässt sich dann etwas nach Ihren Wünschen ändern.

- Wo wird die Veranstaltung stattfinden?
- Wie groß ist der Raum?
- Wie ist die Sitzanordnung des Publikums?

- Gibt es dort die technische Ausstattung, die Sie benötigen?
- Wo werden Sie stehen oder sitzen? Auf einem Podium, hinter einem Pult, am Tisch?

Falls Sie versäumen, sich genauer nach der Räumlichkeit zu erkundigen, erleben Sie möglicherweise eine Überraschung. Davon kann ich jedenfalls ein Lied singen: Ich war von einem offiziellen Veranstalter eingeladen worden und ging ganz selbstverständlich davon aus, dass ich in einem normalen Saal sprechen würde. Von wegen! Die Veranstaltung fand im Dorfkrug statt. Mit den Plüschdeckchen auf den Tischen und den Bildern von röhrenden Hirschen an der Wand konnte ich mich ja noch anfreunden, aber dass während des Vortrags die Kellnerinnen geschäftig klappernd Kaffee und Bier servierten und munter geraucht wurde, störte mich denn doch. Von da an hatte ich meine Lektion gelernt.

Der Weg

- Wie kommen Sie hin?

Wenn Sie sich nicht auskennen, lassen Sie sich den Weg genau beschreiben. Am besten bitten Sie um eine Lageskizze oder eine Stadtplankopie.

- Mit welchem Verkehrsmittel fahren Sie?

Sagen Sie nicht einfach: »Ich nehme mir ein Taxi, dann komme ich garantiert ans Ziel.« Das nutzt Ihnen wenig, wenn Sie damit auf der Hauptverkehrsstraße im Stau stehen. Ortskundige Veranstalter können Ihnen in diesem Punkt die besten Hinweise geben.

- Wo holt man Sie ab?

Machen Sie einen eindeutigen Treffpunkt aus. Am besten vereinbaren Sie auch gleich ein Erkennungszeichen nach der Art »Rote Nelke im Knopfloch«. Wenn Sie ein Handy haben, teilen Sie die Nummer mit, damit man Sie notfalls orten kann.

Und noch ein zusätzlicher Tipp: Falls Sie in eine fremde Stadt reisen müssen, achten Sie unbedingt auf die Postleitzahl. Es gibt nämlich wesentlich mehr gleichnamige Orte als man denkt. Das gilt keineswegs nur für »Neunkirchen« oder »Oberhausen«, wie ich aus eigener leidvoller Erfahrung weiß:

Es war ein kalter, nasser Novemberabend. Nach sieben Stunden Bahnfahrt mit dreimal Umsteigen stand ich mutterseelenallein im Dunkeln auf einem kleinen Bahnhof in Süddeutschland. Von der Veranstalterin, die mich abholen wollte, war weit und breit nichts zu sehen. Nachdem ich eine Viertelstunde vor Kälte schlotternd auf dem Bahnsteig ausgeharrt hatte, klingelte mein Handy. Eine aufgeregte Stimme fragte, wo ich denn bliebe. Und dann stellte sich heraus: Ich befand mich pünktlich 400 Kilometer von der Stadt entfernt, in der ich erwartet wurde, in einem Ort gleichen Namens. Dumm gelaufen.

Malheure dieser Art passieren Ihnen mit der obigen Checkliste natürlich nicht. Sie wissen genau, wann, wo, wie lange und vor wem Sie sprechen werden. Nun können Sie sich entspannt um den Inhalt Ihres Auftritts kümmern.

### *Bringen Sie den Inhalt in Form*

Ich gehe davon aus, dass Sie auf dem Gebiet erfahren sind, über das Sie sprechen, oder dass Sie sich das notwendige Material beschafft haben. Sie wissen selbst am besten, wie Sie es sinnvoll aufbereiten. Außerdem gibt es so viele verschiedene Anlässe, dass wir sie hier gar nicht alle berücksichtigen könnten. So möchte ich Ihnen lediglich drei wichtige Hinweise geben, die sich auf jeden Inhalt anwenden lassen:

- Nutzen Sie die Aufsatzform.

Im Deutschunterricht haben Sie gelernt: Ein guter Aufsatz besteht aus Einleitung, Hauptteil und Schluss. Dieser Dreiklang gilt auch für die Rede, und sei sie noch so kurz: »Liebe Freunde, herzlich willkommen. Ich wünsche uns eine gute Zeit miteinander. Und nun viel Spaß!« Halten Sie die drei Formen sauber voneinander getrennt. Wenn Sie verbal hin- und herspringen, verwirren Sie Ihre Zuhörer. Eine Todsünde ist es, den Schluss anzukündigen und dann noch ewig weiterzureden.

- Verwenden Sie Bilder und Geschichten.

Trockene Fakten langweilen und ermüden selbst Fachleute. Garnieren Sie Ihre Ausführungen mit Erzählungen. Benutzen Sie lebendige Beispiele. Schöpfen Sie aus Ihrem reichen Erfahrungsschatz und sprechen Sie den der Zuhörer an. In uns allen steckt ein Kind, das liebend gerne Geschichten hört und durch Beispiele am besten lernt.

- Wählen Sie die passende Manuskriptform.

Wenn Ihr Inhalt kompliziert ist, jedes Wort auf die Goldwaage gelegt wird oder Sie sehr nervös sind, dann formulieren Sie Ihre Rede am besten voll aus. Denken Sie aber bitte daran, dass geschriebene Sätze im Vergleich zu gesprochenen meist länger und komplizierter sind. Schreiben Sie möglichst so, wie Sie auch sprechen.

Ist Ihnen der Inhalt sehr vertraut, sind Sie redegewohnt und neigen nicht zu starkem Lampenfieber, dann reichen Ihnen Stichworte auf Karteikärtchen.

### Bereiten Sie sich gründlich vor

Beschwichtigen Sie sich nicht mit einem lässigen »Wird schon schief gehen.« Je besser Sie gegen alle Eventualitäten gewappnet sind, desto ruhiger werden Sie. Ihr Unterbewusstsein registriert sehr wohl, wie gut Sie präpariert sind. Wenn Sie sagen können: »Ich habe alles mir Mögliche getan«, befinden Sie sich in einem optimalen Zustand.

- Testen Sie Ihren Text mit der Uhr.

Fünf Minuten können unendlich lang oder viel zu kurz sein. Was für Sie zutrifft, erfahren Sie erst, wenn Sie es ausprobieren. Sprechen Sie Ihren Text einmal komplett durch. Notfalls müssen Sie ihn dann kürzen oder noch ein paar Fakten hinzufügen, um den vorgegebenen Zeitrahmen einzuhalten.

- Sprechen Sie laut vor sich hin.

Nur so gelingt es Ihnen, später im Ernstfall die richtige Betonung zu finden. Besonders notwendig ist lautes Vortragen, wenn Sie nur Stichworte notiert haben. Auf diese Weise üben Sie die passenden Formulierungen ein und merken vorab, wo Ihnen noch ein Stichwort als Gedächtnisstütze fehlt.

Zwei Fliegen mit einer Klappe schlagen Sie, wenn Sie sich dabei vor einen großen Spiegel stellen. Dann können Sie gleichzeitig abschätzen, welche Figur Sie als Rednerin machen.

- Proben Sie Ihren Auftritt in der Phantasie.

Setzen Sie sich bequem hin und schließen Sie die Augen. Und nun: Film ab! Lassen Sie das Ereignis vom ersten bis zum letzten Moment ablaufen. Korrigieren Sie Ihren inneren Film so lange, bis Sie damit zufrieden sind.

Je öfter Sie Ihren Auftritt proben, desto sicherer »sitzt« er. Heißer Tipp: Am Abend vor dem Schlafengehen speichert Ihr Gehirn die Fakten besonders gut. Proben Sie auch noch einmal kurz vor Beginn der Veranstaltung. So haben Sie den Text taufrisch im Gedächtnis.

### *Gestalten Sie den Rahmen*

Seien Sie unbedingt frühzeitig vor Ort. Eine halbe, mindestens aber eine viertel Stunde hat sich bewährt. Dann bleibt Ihnen genügend Zeit, sich häuslich einzurichten.

• Verändern Sie den Raum.
Verlassen Sie sich nicht darauf, dass alles genau so arrangiert ist, wie Sie es mit den Veranstaltern abgesprochen haben. Ich habe jedenfalls schon häufig Möbel gerückt. Sorgen Sie dafür, dass die Stühle optimal stehen und Sie sich an Ihrem Platz wohl fühlen. Denken Sie auch an die Beleuchtung: Schummerlicht macht müde, kaltes Licht wirkt ungemütlich. Meist lässt sich daran noch etwas drehen.
• Prüfen Sie die Technik.
Fragen Sie am besten gleich nach der verantwortlichen Person und probieren Sie mit ihr sämtliche Geräte aus, bevor das Publikum naht. Ich habe schon Mikrophone in der Hand gehabt, bei denen ich mich keinen Schritt nach rechts oder links bewegen durfte, sonst setzte ein höllisches Pfeifen ein. Schließlich habe ich auf das Mikro verzichtet, weil ich nicht als lebende Statue enden wollte.
• Bestimmen Sie, wann Sie erscheinen.
Wann Sie offiziell auftreten, steht fest. Wann Sie davor auftauchen, haben Sie in der Hand. Sollten Sie zu denjenigen zählen, die sich konzentrieren möchten, dann verlassen Sie nach dem Check den Raum wieder. Flüchten Sie sich notfalls auf die Toilette oder gehen Sie ein paar Schritte an die frische Luft.

Wenn Sie gerne vorher mit dem Publikum Kontakt aufnehmen, gesellen Sie sich zu den Veranstaltern. Die machen Sie mit einzelnen Gästen bekannt.

Falls es Sie nicht schon tagelang vorher gequält hat, kriecht es spätestens jetzt langsam in Ihnen hoch: Das Lampenfieber.

Deshalb machen wir an dieser Stelle einen ausführlichen Exkurs, wie Sie es in den Griff bekommen können.

### *Keine Angst vor Lampenfieber*

Sehen Sie Ihr Lampenfieber positiv. Ich weiß wohl, dass diese Aufforderung zynisch klingt, wenn Ihnen schlecht vor Aufregung ist. Ihre heftige Reaktion zeigt aber nur, dass Ihre Lampenfieber-Dosis zu hoch ist. Im Prinzip ist Lampenfieber nämlich nützlich. Das werden Ihnen die meisten Schauspielerinnen bestätigen. Lampenfieber gibt Ihnen einen Adrenalinschub, macht Sie wach und aufmerksam. Versuchen Sie also nicht, es wie einen inneren Feind zu bekämpfen. Damit machen Sie es nur schlimmer. Wirkungsvoller ist es, wenn Sie sich nur darum bemühen, es geringer zu dosieren.

Vielleicht tröstet es Sie ein bisschen, dass Sie mit Ihren weichen Knien wahrhaftig nicht alleine dastehen. Alle, selbst die Superstars, kennen Lampenfieber.

Maria Shriver ist eine bekannte Fernsehjournalistin, Mitglied des Kennedy-Clans und Ehefrau von Arnold Schwarzenegger – also bestimmt kein Mauerblümchen. Trotzdem stirbt sie fast vor Aufregung, wenn sie eine Rede halten soll, so etwa bei der Abschlussfeier vor Examenskandidaten ihres ehemaligen Colleges:

»Ich mache mich Monate im Voraus verrückt. Was sage ich bloß? Warum sollte irgendjemand hören wollen, was ich zu sagen habe? Was habe ich überhaupt zu sagen? Und ich male mir alle möglichen Desaster und Katastrophen aus.«[27]

Wahrscheinlich entwickeln Sie vor einem öffentlichen Auftritt eine ebenso blühende Fantasie. Schließlich können die schlimmsten Dinge passieren:

- Keiner hört Ihnen zu.
- Kritische oder abwertende Zwischenrufe stören Ihren Vortrag.
- Das Publikum langweilt sich, wird unruhig.
- Die Leute verlassen den Raum.

– Die Zuhörer sind enttäuscht.
– Sie blicken in verschlossene Gesichter und eisige Mienen.
– Es werden Fragen gestellt, die Sie nicht beantworten können.
– Betretenes Schweigen folgt Ihren Worten.

Selbst wenn das Publikum Ihnen wohlgesonnen ist, besteht immer noch die Möglichkeit, dass Sie versagen:

– Ihr Kopf ist leer wie die Wüste Gobi.
– Sie verlieren den Faden.
– Ihre Stimme versagt.
– Ihre Hände mit dem Manuskript zittern.
– Ihre Knie wackeln wie Pudding.
– Sie blamieren sich unsterblich.

Angenommen, Ihr Publikum bestünde nur aus Ihren besten Freunden oder aus einer Grundschulklasse von lauter wissbegierigen Sechsjährigen. Wären Sie dann aufgeregt? Vermutlich nicht, oder nur ganz wenig. Lampenfieber ist die Furcht, vor anderen zu versagen. Je klüger Sie Ihre Mitmenschen und je inkompetenter Sie sich einschätzen, desto mehr wächst Ihre Angst.

### *Die besten Tricks gegen Lampenfieber*

Wie Sie ja bereits wissen, entsteht Angst im Kopf und muss in erster Linie auch dort abgebaut werden. So können Sie Ihr Lampenfieber mental überwinden:

• Präparieren Sie sich für den schlimmsten Fall.

Was ist das Schlimmste, das Ihnen passieren kann? Wirklich bedrohlich ist etwas nur dann, wenn Sie nicht wissen, wie Sie damit umgehen sollen. Sobald Sie eine Alternative haben, verliert der Schrecken seine Macht. Überlegen Sie deshalb, was Sie tun werden, wenn Ihr Auftritt tatsächlich ein Fiasko ist:

Benennen Sie zunächst Ihr Horror-Szenario. Zum Beispiel: »Ich bekomme kein Wort heraus.« »Die Zuschauer verlassen empört den Saal.« »Mein Chef sagt: ›Das war ja völliger Schwachsinn‹.« »Die Gäste schweigen peinlich berührt.« »Man stellt mir Fragen, die ich nicht beantworten kann.«

Nun fragen Sie sich: »Und was tue ich dann?« Entwickeln Sie vorab in aller Ruhe eine Strategie, mit diesen Situationen umzugehen. Wo Sie nicht direkt Einfluss nehmen können, überlegen Sie zumindest, wie Sie sich danach selbst wieder aufbauen. Zum Beispiel, indem Sie sich hinterher sagen: »Es war mutig von mir, dass ich es versucht habe. Nun weiß ich, dass mir das nicht liegt.« Oder: »Ich lerne aus dieser Erfahrung, wie ich es das nächste Mal besser mache.« Auf diese Weise bringen Sie sich vom »Versagensmodus« in den »Aktivmodus.«

• Rücken Sie die Sache in den Mittelpunkt, nicht sich selbst. Lampenfieber hat viel mit dem eigenen Ego zu tun. Werde ich gut genug sein? Wird man mich mögen? Wirke ich sympathisch, souverän, klug?

Sagen Sie sich: »So bedeutend bin ich gar nicht. Viel wichtiger ist die Botschaft, die ich vermitteln möchte.« Betrachten Sie sich als Überbringerin und konzentrieren Sie sich darauf.

• Nehmen Sie die Historiker-Position ein.

Gemessen an Ihrem gesamten Leben nimmt das momentan so aufregende Ereignis nur einen winzigen Bruchteil ein. Die Welt geht nicht unter, wenn Sie diesen Auftritt verpatzen. Machen Sie sich klar: Selbst wenn man Sie daraufhin entlässt oder Ihr Ruf ruiniert ist, geht Ihr Leben weiter und wird Ihnen noch viele gute Gelegenheiten bescheren.

• Beten Sie.

Bitten Sie um Unterstützung und Segen für Ihren Auftritt. Dieses wirksame Mittel hilft natürlich in erster Linie gläubigen Menschen. Sie spüren, dass sie sich damit an eine Kraftquelle anschließen, die Ihnen weit überlegen ist. Doch vielleicht versuchen Sie es auch mal, wenn Sie überzeugte Atheistin sind. Ihr Schutzengel nimmt das nicht so genau. Die positive Wirkung ist auch psychologisch zu erklären: Solange Sie glauben, dass Sie allein für das Gelingen Ihres Auftritts verantwortlich sind, stehen Sie stark unter Druck. Indem Sie die Verantwortung an eine höhere Macht abgeben, entlasten Sie sich.

Außer über Ihre Gedanken können Sie Ihre Aufregung auch über Ihren Körper beeinflussen:

• Bewegen Sie sich.

Bewegung baut Stress ab. Wenn Sie genügend Zeit haben, joggen Sie oder machen Sie mit flotten Schritten einen Spaziergang. Falls Sie kurz vor Ihrem Auftritt stehen, laufen Sie einmal schnell eine Treppe hinauf und herunter.

• Lassen Sie Ihre Muskeln spielen.

Ballen Sie die Fäuste. Spannen Sie gleichzeitig Ihre Arm-, Gesichts- und Bauchmuskeln ganz fest an. Lassen Sie dann wieder locker. Machen Sie diese Übung mehrfach hintereinander.

• Atmen Sie tief durch.

Am besten gehen Sie an die frische Luft. Stellen Sie sich bei jedem Atemzug vor, dass Sie Stress und Aufregung aus- und Ruhe und Gelassenheit einatmen.

### *Akzeptieren Sie Ihre Aufregung*

Vielleicht ist es für Sie am allerschlimmsten, dass Ihr Publikum mitbekommt, wie unsicher Sie sind. In diesem Punkt möchte ich Entwarnung geben. Mit Lampenfieber verhält es sich ähnlich wie mit einem Pickel auf der Nase: Für einen selbst hat er die Dimension eines Maulwurfhügels, die anderen bemerken ihn nicht einmal.

In Rhetorik-Kursen werden meist Video-Aufnahmen gemacht, während die Teilnehmerinnen einzeln ihren Auftritt absolvieren. Wenn sich die Frauen hinterher das Ergebnis anschauen, stellen sie oft erstaunt fest, dass man ihnen die Aufregung, unter der sie gelitten haben, überhaupt nicht ansieht.

Falls Sie also nicht gerade vor Angst schlottern, gehen Sie einfach über Ihr Lampenfieber hinweg. Ihre Stimme wackelt ein bisschen, Ihre Hand zittert leicht – so what! Das sind nur kleine Anlaufschwierigkeiten, die das Publikum meist gar nicht registriert.

Wenn Sie dagegen heftig mit Aufregung zu kämpfen haben und sich deshalb genieren, gibt es einen guten Trick: Geben Sie es einfach zu. Sagen Sie zum Beispiel: »Ich habe bisher noch nicht vor so einer großen Gruppe gesprochen und bin etwas nervös.«

Indem Sie nicht länger dagegen ankämpfen, verschwindet die Angst. Dabei wirkt ein ähnlich paradoxes Prinzip wie beim Erröten: In dem Moment, wo es einem nichts ausmacht, wird man nicht mehr rot. Außerdem verschafft Ihnen Ihre Offenheit die Sympathie des Publikums. Schließlich kennt jeder Lampenfieber in mehr oder minder großem Ausmaß und kann sich in Ihre Lage einfühlen.

### Gewinnen Sie Ihr Publikum

Sie haben sich gut vorbereitet, die äußeren Bedingungen so weit wie möglich mitbestimmt und Ihr Lampenfieber gedämpft. Nun kommt der spannende Augenblick Ihres großen Auftritts.

Falls Sie glauben, wir sprechen gerade von dem Moment, wo Sie die Bühne – wie immer sie auch aussehen mag – betreten, so irren Sie sich. Ihr Auftritt beginnt bereits in dem Moment, wo Sie zum ersten Mal dem Publikum begegnen. Schon in der Warteschleife werden Sie mit Argusaugen beobachtet. Denken Sie also bitte nicht, es reicht, wenn Sie Ihr freundliches Lächeln anknipsen, sobald Sie in Aktion sind. Die anderen registrieren Ihre muffelige Mimik, Ihren unsicheren Blick oder Ihre nervöse Fummelei an den Haaren sehr wohl, auch wenn Sie noch abwartend an der Tür stehen oder vorübergehend auf einem Stuhl Platz genommen haben. Zeigen Sie nicht zweierlei Gesichter. Bemühen Sie sich darum, von vornherein gesammelt und freundlich zu erscheinen.

Den Startschuss geben meist die Organisatoren oder Veranstalter. Dann ist es so weit: Sie treten in den Mittelpunkt und müssen Ihr Publikum erobern.

### Vermeiden Sie einen Fehlstart

Damit Sie von Anfang an gewinnen, möchte ich Ihnen zunächst zeigen, was Sie bei einem Einstieg tunlichst vermeiden sollen.

- Entschuldigen Sie sich nicht.

Eigentlich sollte jemand an Ihrer Stelle stehen, der viel bedeutender, kompetenter, geeigneter ist als Sie. Oder Sie bedauern, dass Sie sich aus Zeitgründen nicht hundertprozentig vorbereiten konnten und deshalb wichtige Dinge nicht zur Sprache kommen werden.

Mit solchen Geständnissen irritieren Sie Ihr Publikum. Schließlich hat niemand Lust, seine kostbare Zeit der zweiten Garnitur zu opfern oder mangelhaftes Wissen zu erhalten.

Wenn Sie dazu überhaupt ein Wort verlieren müssen, dann bitte als sachliche Information: »Frau Meyer-Riefenthal kann wegen einer Virusinfektion den Vortrag leider nicht halten. Deshalb hat sie mich gebeten, über das Thema ›Der Sturzflug der Schmetterlinge‹ zu sprechen.« »Auf die Reparatur der Mikroprozessoren möchte ich in diesem Zusammenhang nicht eingehen. Mein Augenmerk liegt heute auf …«

- Klagen Sie nicht darüber, was im Vorfeld alles nicht geklappt hat.

Es war ja so schwierig, den Raum zu bekommen, die Einladungen zu verschicken, einen gemeinsamen Termin zu finden. Und dann hat auch noch der Diaprojektor versagt und der Hausmeister war nicht aufzufinden.

Mit diesem Lamento stimmen Sie das Publikum negativ und bringen die Laune in den Keller. Gerade zu Beginn sollten Sie die positiven Dinge betonen: Den schönen Raum, den festlichen Anlass.

- Vermeiden Sie es, sich zu ausgiebig zu bedanken.

Sie heben jede kleine Handreichung besonders hervor, natürlich mit spezieller Namensnennung. Dabei bitten Sie die Personen, nacheinander aufzustehen, und fordern das Publikum immer wieder zu kräftigem Applaus auf.

Ihr Dank für fleißige Helfer ist ein schöner Zug, aber am Anfang wirkt er lähmend. Günstiger ist es, ihn an den Schluss zu setzen.

### Stimmen Sie positiv ein

Der Einstieg dient dazu, das Publikum aufmerksam zu machen und wohlwollend zu stimmen. Das gelingt Ihnen mit folgenden Möglichkeiten:

- Stellen Sie sich selbst vor.

In den meisten Fällen begrüßt Sie der Veranstalter und sagt ein paar Worte zu Ihrer Person. Anstatt stumm daneben zu stehen und sich das anzuhören, vereinbaren Sie vorher, dass Sie sich selbst vorstellen. Lassen Sie dabei auch ein paar persönliche

Dinge einfließen. So bekommen Sie für Ihre Zuhörer ein Gesicht.

- Stellen Sie Gemeinsamkeiten mit dem Publikum fest.

Wie Sie wissen, erzeugen Gemeinsamkeiten nach dem Gesetz der Gleichheit Sympathie. Spüren Sie die Verbindungen zwischen Ihnen und dem Publikum auf. Vielleicht haben Sie schon als Kind die Tropfsteinhöhle in der Nähe besichtigt oder essen leidenschaftlich gerne Pralinen, die in der örtlichen Fabrik hergestellt werden. Wichtig ist nur, dass es wirklich stimmt.

- Nutzen Sie ein aktuelles Erlebnis.

Wenn Sie vor Beginn der Veranstaltung etwas Komisches, Besinnliches oder Besonderes erlebt haben, flechten Sie es ein, sofern sich ein Bezug zum Thema herstellen lässt.

Mir hatte beispielsweise einmal auf dem Weg zum Vortrag über Selbstsicherheit ein Taxifahrer erzählt, dass er seinen Sprachstil immer seinen Fahrgästen anpasst. Das ging sogar so weit, dass er mit Ausländern radebrechte. Er betrachtete das als Mangel an Selbstsicherheit und wollte von mir wissen, was er dagegen tun könnte. Damit hatte ich meinen Einstieg ins Thema: »Glauben Sie nur nicht, Sie sind die Einzigen, die sich mit Unsicherheit plagen. Sogar auf dem Weg hierher …«

## Halten Sie das Interesse wach

Mit einem guten Einstieg haben Sie das Interesse des Publikums erst einmal gewonnen. Im Folgenden geht es darum, diese positive Spannung zu halten. Dazu gehört noch etwas mehr als nur Ihr gut vorbereiteter Text:

- Sprechen Sie lebendig.

Diese Aufforderung bezieht sich auf Ihre Gestik und Stimme. Wenn Sie nicht gerade zum Clan der Sizilianer gehören, sind weit ausholende Handbewegungen eher unpassend. Sie müssen aber auch nicht steif wie ein Stock stehen. Unterstreichen Sie Ihre Worte mit passenden Gesten.

Eine monotone Stimme wirkt einschläfernd wie Regentropfen an der Fensterscheibe. Modulieren Sie bewusst, geben Sie jedem Satz eine Melodie. Gewichten Sie Ihren Text, indem Sie mal lauter und mal leiser werden. Auf jeden Fall sollten Sie weder zu langsam noch zu hastig sprechen. Denken Sie auch an regelmäßige Atempausen.

- Nehmen Sie Blickkontakt auf.

Nichts ist schlimmer als eine Rednerin, die ihre Nase nicht vom Blatt löst. Selbst wenn Sie ablesen müssen, ist es möglich, regelmäßig bei einigen Wörtern den Blick zu heben und sie auswendig zu sprechen. Wenn Sie den Text vorher ein paar Mal laut gelesen haben, gelingt Ihnen das mühelos.

Falls Sie frei nach Stichworten sprechen, besteht die Gefahr, dass Sie vor allem eine Person anschauen, die Sie wohlwollend anlächelt und zustimmend nickt. Gönnen Sie auch anderen Ihren Blick und lassen Sie ihn gleichmäßig über die Runde schweifen.

- Achten Sie auf die Körpersprache Ihres Publikums.

Räuspern, Husten, unruhiges Hin- und Herrutschen und Seitengespräche zeigen Ihnen, dass Sie dabei sind, die Aufmerksamkeit zu verlieren. Für diese Fälle sollten Sie eine kleine Geschichte, eine aufrüttelnde These oder eine neue Information in petto haben. (»Wussten Sie eigentlich schon ...«) Falls Sie bereits kurz vor dem Ende Ihrer Ausführung sind, kündigen Sie das an.

Verschränkte Arme und eine ernste Miene deuten darauf hin, dass man Ihren Worten skeptisch gegenübersteht. Nehmen Sie eventuelle Einwände vorweg: »Ich kann verstehen, wenn Sie jetzt glauben ...« und entkräften Sie sie. Notfalls sagen Sie: »Haben Sie hierzu Fragen?«

### *Machen Sie einen guten Abgang*

Wenn Sie alle diese Ratschläge beherzigen, bleibt Ihr Publikum wach und interessiert. Doch auch die beste Rede ist irgendwann zu Ende, und es geht darum, dass Sie sich einen guten Abgang verschaffen.

Vielen Rednerinnen ist Beifall höchst peinlich. Verlegen schauen sie auf ihre Schuhspitzen und würden am liebsten fluchtartig die Bühne verlassen. Auch wenn es Ihnen als Angehörige des bescheidenen Geschlechts schwer fällt, Lob anzunehmen – genießen Sie den Applaus. Sie haben ihn sich verdient. Er ist das akustische Dankeschön für Ihre Leistung. Und nicht zuletzt ist es die Anerkennung dafür, dass Sie den Mut zum großen Auftritt gehabt haben.

# Kapitel 5
# Wehren Sie sich selbstsicher

Während ich noch überlege, wie ich dieses Kapitel am besten beginne, tauchen plötzlich Bilder vor meinen Augen auf. Sie stammen aus dem Film »Tiger and Dragon«: Zwei Frauen – eine junge chinesische Prinzessin und eine Händlerin in reiferem Alter. Beide sind Meisterinnen einer chinesischen Kampfkunst. Sie kämpfen geschmeidig, elegant, konzentriert und voller Energie für ihre Interessen und für ihre Ideale. Ihre Gegner sind völlig überrascht, weil sie solche Kraft und solches Können nicht erwartet haben.

Diese Bilder kommen sicher nicht von ungefähr. Sie drücken aus, was ich darunter verstehe, sich selbstsicher zu wehren. Weitaus mehr, als sich in Verteidigungshaltung zu befinden: Überall dort souverän den Kampf aufzunehmen, wo das eigene Wohlbefinden, die persönliche Würde oder Ziele gefährdet sind.

Wie bei fernöstlichen Kampfsportarten ist auch das eine Kunst. Um sich selbstsicher verteidigen zu können, müssen Sie Techniken lernen und üben: Nein sagen. Grenzen setzen. Mit Kritik fertig werden. Manipulationen erkennen. Konflikte lösen. Angriffe abwehren. Mit schwierigen Menschen umgehen.

Doch ebenso wichtig ist, dass hinter den bewährten Methoden die richtige Einstellung steht. Sie ist die Basis für das Gelingen.

## Nehmen Sie eine starke Position ein

Bevor Sie sich durchsetzen oder wehren ist es notwendig, dass Sie einen festen Standpunkt einnehmen. Haben Sie den nicht, so besteht die Gefahr, dass Sie unangemessen reagieren:

- Zu vorsichtig, weil Sie ängstlich sind und Schuldgefühle haben.
- Zu hektisch, weil Sie nicht nachdenken.
- Zu aggressiv, weil Sie voller Wut sind.
- Zu stark oder zu schwach, weil Sie Ihr Gegenüber oder die Situation falsch einschätzen.

### *Sammeln Sie innere Kraft*

Zu allererst müssen Sie sich mit sich selbst befassen, denn wahre Kraft kommt von innen. Wenn Sie mit sich im Reinen sind, können Sie selbst starke Gegner überwinden – geistig und sogar körperlich.

Vor einigen Monaten wurde mir das an einem Erlebnis besonders deutlich, bei dem es nicht nur um Zivilcourage, sondern auch um innere Kraft ging:

Nach einem Vortrag in Erfurt zeigte mir die Veranstalterin die Stadt. Gemütlich bummelten wir durch die historische Altstadt, und ich bewunderte die schönen alten Fachwerkhäuser. Unterm Arm trug ich meine Kollegmappe. Weil ich später mit dem Zug weiter reisen wollte, trug ich alles bei mir, von Kreditkarten bis zum Handy. Es war schon dunkel. Auf der fast menschenleeren Straße kamen uns zwei junge Männer entgegen, groß, kräftig, mit Lederstiefeln und Bomberjacken. Als sie mit uns auf gleicher Höhe waren, entrissen sie mir mit einem heftigen Ruck die Tasche und liefen davon. Sie nahmen wohl an, dass ich vor Schreck zur Salzsäule erstarren würde. Von wegen!

Mit wehendem Mantel rannte ich hinter ihnen her und rief lauthals um Hilfe. Dabei nahm ich aus den Augenwinkeln ein paar erstaunte Gesichter wahr. Offenbar konnte oder wollte mir niemand helfen. Nach einigen Metern verlor ich die Räuber aus den Augen und musste aufgeben. Jetzt war nur noch Schadensbegrenzung angesagt. Ein freundlicher Autofahrer brachte mich zur nächsten Polizeidienststelle. Von dort aus telefonierte ich, damit zumindest die Kreditkarten gesperrt wurden. Kaum hatte ich den Hörer aufgelegt, trat ein jüngerer Mann durch die Tür und drückte mir meine Kollegmappe samt Inhalt in die Hand. Für mich war es das reinste Wunder. Natürlich wollte ich gleich wissen, wie es zustande kam. Der junge Mann hatte mich rufen hören und zunächst geglaubt, ein paar Verrückte würden Fangen spielen. Als er begriff, dass es ernst war, war ich schon im Auto davon und die Männer im Dunkeln verschwunden. Daraufhin überlegte er sich, dass sie sich bestimmt an einen ruhigen Ort zurückziehen würden, um ihre Beute zu überprüfen. Er sah in einer Seitenstraße nach. Und richtig, da standen sie und wollten gerade die Tasche öffnen. »Ich bin auf sie zugegangen und habe ihnen die Tasche abgenommen«, sagte er ganz ruhig. Sie können sich sicher vorstellen, wie dankbar ich war! Es stellte sich heraus, dass es sich bei meinem Retter um einen Doktor der Philosophie handelte. Ein gewiss nicht gerade muskelbepackter Intellektueller hatte zwei baumlange, kräftige Kerle allein durch sein bestimmtes Auftreten überwältigt. Am nächsten Tag stand denn auch eine fette Überschrift im Lokalteil der »BILD-Zeitung«: »Bestseller-Autorin überfallen. Mutiger Uni-Lehrer jagt dreiste Straßenräuber.«

### Zeigen Sie Respekt für sich selbst

Auch Sie können Ihre innere Stärke entwickeln. Voraussetzung dazu ist, dass Ihnen die folgenden Aussagen ganz selbstverständlich werden:

- Sie sind ein wertvoller Mensch.

Ihr Wert hängt nicht davon ab, wie klug, attraktiv, erfolgreich und makellos Sie sind. Sie besitzen ihn ohne Vorbedingung.

Falls Sie davon nicht überzeugt sind – und leider geht es vielen von uns so –, dann haben Sie etwas Falsches über sich gelernt. Nicht zuletzt auf dem Wege der Erziehung: Die meisten Eltern vermischen unüberlegt die Kritik an einem bestimmten Verhalten ihres Kindes mit der ganzen Person.

Lena war ein phantasievolles Kind. Für sich allein schrieb sie stundenlang Geschichten über einen kleinen Bären und seinen Igel-Freund. Aber alles, was mit Zahlen zu tun hatte, war für sie ein Buch mit sieben Siegeln. Trotz Nachhilfestunden stand sie in der Schule in Mathematik immer auf der Kippe. Ihr Vater, ein Ingenieur, war von ihr enttäuscht. Er sagte jedoch nicht: »Mathematik ist dein Schwachpunkt«, sondern: »Du bist dumm.« Bei solchen Vermischungen bleibt am Ende hängen, dass man als Person unzulänglich ist.

Machen Sie sich bewusst: Ich habe vielleicht einige Fehler und Schwächen, aber ich bin nicht meine Fehler oder Schwächen. Als Mensch bin ich in jedem Fall völlig in Ordnung.

- Es steht Ihnen zu, mit Respekt behandelt zu werden.

Erlauben Sie niemandem, mit Ihnen schlecht umzugehen. Auch nicht, wenn er zu Ihrer Familie gehört und es sich deshalb herausnimmt, etwa ein Elternteil, Geschwister, der Partner oder die Kinder.

Ebenso wenig hat jemand das Recht dazu, der beruflich in der Hierarchie über Ihnen steht und von daher glaubt, Sie abwerten zu dürfen. Das fängt oft schon in kleinen Dingen an.

Gunilla und ihr Kollege sprachen gerade über ein gemeinsames Projekt, als ihnen der Abteilungsleiter auf dem Büroflur entgegenkam. Ohne sich für die Unterbrechung zu entschuldigen oder Gunilla überhaupt wahrzunehmen, verwickelte er den Kollegen in ein Gespräch. Gunilla stand wie abgestellt daneben und presste hilflos heraus: »Also ich geh denn mal …«

»Die Würde des Menschen ist unantastbar.« Das steht nicht nur im Grundgesetz, sondern gilt auch für Ihren Alltag. Geben Sie niemals innerlich Ihre Macht ab, auch dann nicht, wenn Sie äußerlich abhängig zu sein scheinen.

- Sie haben das Recht, sich für Ihre Interessen einzusetzen.

Wir Frauen lernen von Kindesbeinen an, die Interessen anderer höher zu bewerten als unsere eigenen. Das steckt mit Sicherheit auch in Ihnen drin, selbst wenn Sie sich inzwischen bemühen, mehr an sich zu denken. Von daher ist es notwendig, dass Sie sich immer wieder klarmachen: Ihre Interessen zählen!

Es besteht absolut kein Grund, sich dafür zu entschuldigen. Sie müssen auch nicht vor- oder nacharbeiten, damit nur ja niemand unter Ihrem vermeintlichen Egoismus leidet.

Wie Anke. Wenn sie sich erlaubt, einmal übers Wochenende ihre Freundin in München zu besuchen, dann kocht sie für Jörg vor und friert das Essen in Portionen ein, damit er es sich bloß noch in der Mikrowelle aufzuwärmen braucht. Jörg kann nämlich nur Wasser kochen. Und ins Restaurant geht er auch nicht, das ist ihm zu teuer.

Wenn Sie tatsächlich Ihre Interessen zurückstellen, dann bewusst als Geschenk aus Zuneigung oder aus kluger Überlegung. Aber niemals automatisch und aus Zwang.

### Zeigen Sie Verständnis für Ihre Mitmenschen

Die richtige Grundhaltung bezieht sich nicht allein auf Ihre Einstellung zu sich selbst, sondern auch darauf, wie Sie Ihre Mitmenschen betrachten. Nach dem Modell der Transaktionsanalyse, einem Verfahren der humanistischen Psychologie, ist die beste Haltung: »Ich bin o.k. – du bist o.k.«

Das auch für schwierige Zeitgenossen zu akzeptieren fällt nicht immer leicht, etwa bei den ewigen Nörglern, den Schwätzern, den Intriganten, Besserwissern, Neidern oder Langweilern.

Sollten Sie die unerträglich finden, ist Ihnen das kaum zu verdenken. Nur tun Sie sich damit nichts Gutes. Weil Sie auf diese Weise entweder die Probleme mit anderen überhaupt erst erschaffen oder sie zumindest verstärken. Ihre Sichtweise bestimmt nämlich einen großen Teil dessen, was Sie erleben.

Ein Fremder fragte einen Weisen, der am Stadttor saß: »Wie sind denn die Leute in dieser Stadt?« Der Weise antwortete mit einer Gegenfrage: »Wie sind sie denn da, wo du herkommst?« »Oh, ganz furchtbar«, stöhnte der Mann. »Sie sind unfreundlich und bösartig.« »Nun«, bedauerte der Weise, »hier sind sie ebenso.« Wenig später kam ein weiterer Reisender zu ihm und erkundigte sich: »Wie sind denn die Einwohner?« Wieder stellte der Weise die Gegenfrage und erhielt zur Antwort: »Da wo ich herkomme, leben ganz wunderbare Menschen. Sie sind aufgeschlossen, liebenswürdig und großzügig.« »Solche wirst du auch hier treffen«, versicherte ihm der weise Mann.

Häufiger als wir glauben ist das Verhalten der anderen nur die Resonanz auf unser eigenes, nach dem Prinzip: »Wie man in den Wald hineinruft, so schallt es heraus.« Deshalb ist es sinnvoll, dass Sie sich zuerst die Frage stellen: Welchen Anteil habe ich an diesem Verhalten? Indem Sie Ihre Einstellung ändern, löst sich das Problem oft schon von selbst.

Natürlich gibt es auch unangenehme Zeitgenossen, an deren Benehmen Sie völlig unschuldig sind. Doch selbst hier sollten Sie wohlwollend bleiben. Die Franzosen haben ein Sprichwort: »Tout comprendre c'est tout pardonner«. »Alles verstehen heißt alles verzeihen.« Vermutlich würden Sie über einen schwierigen Menschen anders denken, wenn Sie wüssten, warum er so geworden ist. Unangenehmes Verhalten ist immer das Produkt von Einflüssen: Die Gene, die Erziehung, schlechte Erfahrungen, falsches Denken – vieles wirkt sich negativ aus. Von daher hat ein schwieriger Typ kaum die Chance, sich anders zu verhalten, als er es tut. Es sei denn, er erkennt sein Problem und arbeitet daran, am besten mit professioneller Hilfe. Zeigen Sie deshalb Verständnis für solche Menschen, statt sie zu verurteilen und abzulehnen.

Einen Menschen grundsätzlich zu akzeptieren bedeutet jedoch nicht, ihm sämtliche Freiheiten zu gestatten. Es ist Ihr gutes Recht, sich gegen unzumutbares Verhalten selbstsicher zu wehren. Damit tun Sie Ihrem Gegenüber sogar etwas Gutes: Sie zeigen ihm in aller Klarheit, wo er sich falsch verhält, und geben ihm damit die Chance, sich zu verändern.

In den fernöstlichen Kampfkünsten gehört es zum Ritual, sich respektvoll voreinander zu verneigen, bevor man im Zweikampf seine Kraft und sein Wissen einsetzt. Wenn Sie prinzipiell eine Haltung des Respektes annehmen, werden Sie von den Techniken, die Sie nun kennen lernen, am meisten profitieren.

## Gehen Sie mit schwierigen Menschen richtig um

Eine Frau, die in ihrem Leben viel Gutes getan hatte, starb. Petrus empfing sie freundlich am Himmelstor und lud sie zu einer Besichtigungstour im Jenseits ein. Als Erstes besuchten sie die Hölle. Männer und Frauen saßen an Tischen, die sich vor köstlichen Speisen bogen. Trotzdem litten sie schreckliche Hungerqualen. Sie hatten nämlich Löffel mit einem zu langen Stiel in den Händen und konnten deshalb das Essen nicht zum Mund führen.

Danach ging es in den Himmel. Auch dort saßen Männer und Frauen vor einem appetitlichen Buffet und hatten zu lange Löffel in der Hand. Dennoch genossen sie das Essen in vollen Zügen: Sie fütterten einander.

Schön wär's, wenn es bei uns auch so paradiesisch zuginge und wir uns gegenseitig mit Energie, Liebe, Freundlichkeit und Unterstützung »füttern« würden. Doch wie schon Bert Brecht wusste: »Die Verhältnisse, sie sind nicht so.« Wir begegnen Menschen, die uns schwächen, nerven, ärgern, wütend machen, belasten.

Diese Erfahrung haben Sie sicherlich auch gemacht. Dabei sind Ihnen einige dieser Menschen im Prinzip lieb und wert – etwa Freunde und Verwandte –, nur bestimmte Eigenschaften an ihnen können Sie einfach nicht ausstehen. Deshalb wollen Sie natürlich nicht gleich den Kontakt zu ihnen abbrechen. Anderen dagegen würden Sie liebend gerne für immer aus dem Weg gehen, können es aber nicht, weil es sich um Vorgesetzte, Kunden, Nachbarn handelt oder Sie sonst wie von ihnen abhängig sind. Trotzdem heißt das nicht, dass Sie still und brav alles ertragen müssen. Sie können einiges tun, damit Ihre Nerven geschont werden.

Mit 14 Jahren fing ich an, mich für Psychologie zu interessieren. Jeden Abend trug ich in ein kariertes Schulheft ein, wie sich meine Mitschülerinnen, Nachbarn oder Bekannte meiner Eltern verhalten hatten. Dabei fand ich heraus, dass sich Verhalten wiederholt und dass man es zusammenfassen kann. Meine Liebe zur Typologie entwickelte sich schon früh und hat bis heute nicht nachgelassen. Zwar ist jeder Mensch einmalig, doch bestimmte Verhaltensweisen lassen sich durchaus abstrahieren. Der Vorteil einer Typologie ist, dass man mit ihr den Kern schnell erfasst und praktische Schlüsse daraus ziehen kann. Im Folgenden finden Sie deshalb einige Typologien, die Sie als eine Art »Psycho-Lexikon« zum Nachschlagen bei Bedarf benutzen können.

## *So begegnen Sie Nervensägen*

Den Auftakt macht die Liste der »Nervensägen«. Der Einfachheit halber habe ich immer die männliche Form gewählt. Bitte interpretieren Sie das nicht als Vorurteil gegen Männer. Nervensägen gibt es selbstverständlich bei beiden Geschlechtern.

Ich bin sicher, bei mancher Beschreibung werden Sie ein Aha-Erlebnis haben und denken: »Exakt meine Schwiegermutter« oder »Haargenau mein Chef«. Übrigens ist es auch ganz nützlich, diese Typologie zur gelegentlichen Selbsterkenntnis zu nutzen. Schwierig sind nämlich nicht immer nur die anderen!

### Der Drängler

gibt den Zeitdruck, unter dem er selbst steht, permanent an seine Umgebung weiter. Vor jedem Kinobesuch oder Ausflug, vor einer Urlaubsreise, in einem Arbeitsprojekt oder bei sonstigen Vorhaben macht er alle Beteiligten verrückt, indem er ständig zur Eile mahnt. Das Kino könnte ja ausverkauft, die Autobahnen völlig verstopft sein, der Zug könnte ausnahmsweise etwas früher abfahren und die Arbeit nicht termingerecht fertig werden. Natürlich treffen seine Befürchtungen so gut wie nie ein. Dafür sind seine Freunde, die Familie oder Kollegen völlig abgehetzt und zudem meist viel zu früh dran.

Gegenstrategie:

Wo es möglich ist, koppeln Sie sich von ihm ab. Sagen Sie z. B.: »Geh schon mal vor, ich komme gleich nach.« Oder: »Diesen Teil der Arbeit mache ich jetzt erst einmal alleine.« Dann können Sie Ihr eigenes Tempo einhalten und er seines.

Falls Sie von ihm abhängig sind, z. B. weil er das Auto fährt oder Ihr Chef ist, beruhigen Sie ihn, etwa: »Wir schaffen das bestimmt. Wir haben noch genügend Zeit.« Auf diese Weise beschwichtigen Sie seine Angst, etwas zu verpassen.

Vermeiden Sie vor allem, dass sich die Hektik auf Sie überträgt. Sie merken es daran, dass sich Ihr Atemrhythmus verändert und Sie schneller und flacher atmen. Indem Sie bewusst tief und langsam ein- und ausatmen, werden Sie wieder ruhiger, denn Entspannung und Stress schließen sich gegenseitig aus.

**Der Besserwisser**

hat für jedes Problem eine Lösung. Sie seufzen etwa nach einem Blick auf die Waage: »Ich glaube, ich habe ein paar Pfündchen zu viel.« Schon nennt er Ihnen die Adresse einer Diät-Gruppe oder rattert eine Liste sämtlicher Nahrungsmittel herunter, auf die Sie ab sofort verzichten müssen. Auch ungefragt gibt er gerne Ratschläge: »Du bekommst langsam Falten. Du solltest es mal mit einer Creme mit hohem Fruchtsäureanteil versuchen.«

In Gesprächen und Diskussionen korrigiert und ergänzt er

hemmungslos. Am liebsten zitiert er dabei Fakten oder Untersuchungen, um Ihnen nachzuweisen, dass Sie Unrecht haben.
Gegenstrategie:

Rücken Sie als Erstes die Positionen wieder zurecht. Der Besserwisser versucht nämlich, sich selbst aufzuwerten, indem er mit anderen ein Lehrer-Schüler-Verhältnis aufbaut.

Sagen Sie beispielsweise lässig: »Vielen Dank für die Informationen, aber ich wollte mich nur mal aussprechen.«

In keinem Fall sollten Sie beeindruckt schweigen. Werden Sie aktiv und fühlen Sie seinen Kenntnissen auf den Zahn: »Woher wissen Sie das eigentlich?« Dadurch kommt er in Zugzwang, und Sie gewinnen Ihre Gleichberechtigung zurück.

**Der Kontrolleur**

will ständig alles überprüfen. Er behandelt seine Umwelt von den Mitarbeiterinnen bis hin zu den Familienmitgliedern wie Kinder, denen man auf die Finger schauen muss, damit sie keine Dummheiten anstellen. Entsprechend beginnen die meisten seiner Sätze mit: »Du solltest …«, »Hast Du auch …« Der Kontrolleur traut seinen Mitmenschen keine Selbständigkeit zu und mischt sich deshalb ständig ein.
Gegenstrategie:

Verständlich, dass Sie gereizt reagieren. Niemand lässt sich gerne bevormunden. Dennoch sollten Sie sich beherrschen. Vielleicht hilft es Ihnen, wenn Sie sich klarmachen, dass der Kontrolleur seine eigene Angst zu versagen auf andere projiziert und im Grunde Sicherheit durch Anerkennung braucht. Loben Sie ihn deshalb häufig dafür, wie gut er alles im Griff hat. Vermitteln Sie ihm, dass Sie seine Fürsorge schätzen. Damit entschärfen Sie seinen Kontrollzwang. Machen Sie ihm gleichzeitig deutlich, dass Sie erwachsen sind und wissen, was Sie tun.

**Der Unzuverlässige**

lässt Sie immer wieder im Regen stehen. Sie haben z. B. das Abendessen auf dem Tisch und rechnen fest mit ihm. Zwei Stunden später kommt er strahlend nach Hause. Er hat zufällig auf der Straße einen alten Freund getroffen. Oder: Mit Ihnen zusammen schimpft er wie ein Rohrspatz auf Ihren gemeinsamen Vorgesetzten, aber in der Konferenz fällt er Ihnen plötzlich in den Rücken.

Unpünktlichkeit, Schlamperei, gebrochene Versprechen oder Illoyalität machen ihn nicht nur zur Nervensäge, sondern können sogar die Beziehung zerstören.

Gegenstrategie:

Machen Sie ihm als erstes deutlich, wie sein Verhalten bei Ihnen ankommt. Vermeiden Sie dabei möglichst Vorwürfe, denn das würde ihn nur in eine unfruchtbare Verteidigungsposition drängen. Teilen Sie ihm stattdessen Ihre Gefühle mit. Bei Unpünktlichkeit: »Ich bin gekränkt, wenn du mich ständig warten lässt, weil ich dann glaube, dass ich dir unwichtig bin.«

Wenn ihn das nicht zur Änderung bewegt, müssen Sie ihn »nacherziehen«. Warnen Sie ihn, welche Konsequenzen sein Verhalten in Zukunft haben wird: »Ab sofort warte ich höchstens eine Viertelstunde auf dich, dann gehe ich.«

Halten Sie diese Konsequenzen unbedingt ein, sonst verlieren Sie Ihre Glaubwürdigkeit. Sobald er die Folgen seiner Nachlässigkeit am eigenen Leibe spürt, ist er gezwungen sich zu ändern.

**Der Workaholic**

ist immer im Dienst. Er kann keine Freizeit genießen, macht am liebsten alles selbst, weil er es ohnehin am besten kann. Das wäre nicht weiter schlimm, wenn er nicht dasselbe von seiner Umgebung verlangen würde: »Ach, wo du gerade da bist, bring

doch bitte mal den Mülleimer runter.« Er flippt aus, sobald andere ruhig dasitzen und nicht beschäftigt sind. In solchen Fällen kann er sogar recht spitz oder ungerecht werden: »Sie werden schließlich nicht fürs Nichtstun bezahlt.«
Gegenstrategie:

Passen Sie sich seinem Arbeitsstil auf keinen Fall an. Workaholismus ist eine Sucht, die ihre Opfer seelisch und körperlich krank machen kann. Leider wird das in unserer Leistungsgesellschaft nicht so schnell erkannt. Umso wichtiger ist es, dass Sie dem Workaholic in Ihrer Nähe ein Gegenmodell bieten. Zeigen Sie Ihren guten Willen, wo es angebracht ist, aber setzen Sie rechtzeitig Grenzen, z. B. »Ich arbeite gerne länger, wenn es nötig ist, aber ich möchte es einen Tag vorher wissen, damit ich planen kann.« »Ich möchte noch den Fernsehfilm zu Ende sehen, dann helfe ich dir, die Wohnung aufzuräumen.«

**Der Schwätzer**

An ihm kommt keiner vorbei. Im Treppenhaus trödelt er so lange am Briefkasten herum, bis er ein Opfer für seine nachbarlichen Plaudereien gefunden hat. Dabei übersieht er geflissentlich, dass Sie Ihre Einkaufstasche nervös in der Hand drehen, weil Sie es eilig haben. Im Büro setzt er sich gemütlich mit der Kaffeetasse auf Ihre Schreibtischkante. Dass Sie gerade über einer kniffligen Aufgabe brüten, stört ihn nicht weiter. Hauptsache, er wird seinen Klatsch los.

Schwätzer lauern besonders gerne im Wartezimmer des Arztes, auf Parkbänken, im Zug, bei der Kosmetikerin – kurz, überall dort, wo man nicht sofort aufstehen und weggehen kann. Ihr Markenzeichen sind langweilige Geschichten – meist sind es sogar immer dieselben – und ihre Fähigkeit, damit den Betrieb aufzuhalten.

Gegenstrategie:

Der Schwätzer sucht oberflächlichen Kontakt, weil er mit sich allein nichts anfangen kann. Achten Sie unbedingt darauf, dass Sie in diesem Sinne keine einladenden Signale senden:

Schauen Sie den Schwätzer möglichst kurz an. Vermeiden Sie Höflichkeitsfloskeln wie »Wie geht's?« Oder »Schöner Tag heute, nicht wahr?« Das können Angelhaken für ein ausuferndes Gespräch sein.

Zeigen Sie ihm durch Ihre Körpersprache, dass Sie nicht zum Reden aufgelegt sind, z. B. indem Sie mit knappem Gruß schnell an ihm vorbeigehen oder sich im Sitzen etwas zur Seite drehen. Auch vor der Brust verschränkte Arme, die so genannte Armbarriere, signalisiert Abwehr.

Antworten Sie eher einsilbig, und unterlassen Sie bewusst unterstützende Bewegungen wie Kopfnicken und zustimmende Laute wie »ach ja«, »so, so«, »hm«. Beides animiert ihn zum Weiterreden. Nehmen Sie wenn möglich eine Zeitung oder ein Buch zur Hand und schauen Sie immer nur kurz auf, wenn er etwas sagt.

Hat er ein absolut dickes Fell und versteht Ihre dezenten Zeichen nicht, hilft tatsächlich nur die Holzhammer-Methode. Sagen Sie freundlich, aber bestimmt: »Seien Sie mir bitte nicht böse, aber ich habe jetzt keine Lust mich zu unterhalten.«

**Der Egomane**

kreist nur um sich selbst. Alle anderen sind lediglich Statisten in dem Schauspiel »Der König (die Königin) bin ich«. Seine Erlebnisse sind immer hochdramatisch, wahnsinnig witzig, in jedem Fall aber etwas ganz Besonderes. Sogar wenn er einen simplen Schnupfen hat, leidet er fürchterlich. Dagegen sind die Erfahrungen seiner Mitmenschen ziemlich uninteressant. Er nutzt sie allenfalls als Stichwort, um wieder auf seine eigenen Themen zu kommen. Im Berufsleben streicht er sich gerne heraus und vergisst den Beitrag der anderen zu erwähnen.

Bei einem Zusammentreffen mit ihm fühlen Sie sich meist übersehen und übergangen. Tatsächlich sind Sie für ihn austauschbar. Hauptsache, man bewundert oder unterstützt ihn.

Gegenstrategie:

Weigern Sie sich, sich zur Zuschauerin degradieren zu lassen. Da sein dominantes Verhalten vor allem über die Sprache läuft, ist es wichtig, dass Sie sich immer wieder hartnäckig ins Gespräch bringen und nicht nur andächtig lauschen.

Verfolgen Sie unbeirrt, was Sie sagen wollen, auch wenn er abzulenken versucht. Sagen Sie etwa: »Um nochmal auf das zurückzukommen, was ich vorhin meinte ...«

Fallen Sie ihm notfalls ins Wort. Wenn er Sie nicht ausreden lässt, stoppen Sie ihn mit dem Satz: »Moment, ich möchte das erst zu Ende führen.« Falls er Ihren Beitrag am Erfolg unterschlägt, schweigen Sie nicht bescheiden oder aus falscher Solidarität, sondern machen Sie darauf aufmerksam.

**Der Wohltäter**

hat selbstverständlich nur Ihr Bestes im Sinn. Dabei weiß er genau, was für Sie gut ist.

Wenn Sie gerade eine Diät hinter sich haben, bringt er Ihnen selbst gebackenen Kuchen mit, damit Sie wieder zu Kräften kommen. Um Ihre Bildung bemüht, schleppt er Bücher an, die man unbedingt gelesen haben muss.

Je nach eigener Neigung ist er der Ansicht, dass Sie sich dringend in die Zwölfton-Musik einarbeiten oder die niederländische Küche kennen lernen sollten. Ehrensache, dass er

sich immer wieder danach erkundigt, ob Sie seine Empfehlungen auch umgesetzt haben.
Gegenstrategie:

Je mehr Sie abwehren, desto mehr wecken Sie seinen missionarischen Eifer. Versuchen Sie deshalb gar nicht erst, mit ihm inhaltlich zu diskutieren. Bedanken Sie sich freundlich für sein Engagement, begehen Sie aber keinesfalls den Fehler, Interesse zu heucheln. Damit bringen Sie sich in verfängliche Situationen und müssen schließlich eine Notlüge nach der anderen auftischen, etwa: »Leider hatte ich noch gar keine Zeit, Ihr wunderbares Buch zu lesen.« »Nein, nächste Woche kann ich nicht mit ins Konzert, vielleicht ein andermal.«

Lassen Sie von vornherein keinen Zweifel daran, dass Sie immer noch selbst bestimmen, was Sie tun oder wofür Sie sich interessieren.

Na, haben Sie einige Ihrer lieben Nächsten wiedererkannt? Ein Gutes haben Nervensägen immerhin: Sie fallen Ihnen richtig auf. Doch es gibt auch Menschen, bei denen Sie nicht auf den ersten Blick merken, wie wenig bekömmlich der Umgang mit ihnen ist. Meist stellen Sie nach der Begegnung fest, dass Sie sich wie ausgesaugt fühlen. Sie sind schlapp, deprimiert oder gereizt. Dabei hatten Sie vorher noch richtig gute Laune, waren stark und optimistisch.

### Wehren Sie sich gegen Energie-Vampire

Die Nacht ist finster. Schauerlich heult der Wind über dem Friedhof. Der Mond versteckt sich hinter den alten Bäumen. Freiwillig würde niemand sein Haus verlassen. Nur in der Gruft von Graf Dracula und seiner Familie macht man sich ausgehfertig. Wenig später fliegt der Clan der Vampire mit wehenden schwarzen Gewändern über die Dächer, auf der Suche nach Opfern für seine spitzen Zähne.

Warum dieses Schauermärchen? Weil es so schön einen psychologischen Sachverhalt illustriert. Natürlich werden Sie nicht nächtens von Schreckensgestalten aus dem Reich der Untoten bedroht, doch möglicherweise besteht die Gefahr, dass Sie tagsüber einem Energie-Vampir in die Hände fallen. Es gibt nämlich Menschen, die heimlich an Ihren Kräften zehren. Sie tun es keineswegs aus Bosheit. Vielmehr handelt es sich um eine seelische Überlebensstrategie. Ihr Verhalten hilft ihnen, ihr inneres Gleichgewicht zu wahren. Allerdings haben sie noch nicht erkannt, dass sie damit nur vermeiden, sich mit sich selbst auseinander zu setzen. Leider geschieht das auf Kosten anderer.

Jede Begegnung bedeutet einen Austausch von Energien. Besonders sensible Menschen können diese Energien sogar sehen, als Farben der Aura oder plastische Gedankenformen. Doch auch wenn man sich nicht mit Esoterik befasst, ist psychologisch plausibel, dass selbst ein kurzer Kontakt beeinflusst – wie viel mehr noch ein längeres Gespräch. Die Themen, die Körpersprache und die unterschwelligen Botschaften wirken sich aus.

Bestimmte Mechanismen Ihrer Mitmenschen sollten Sie kennen, damit Sie sich in Zukunft nicht mehr schwächen lassen.

**Der »Ja, aber«-Typ**

Katja ist mit ihrer Arbeit unzufrieden. Ihre Kolleginnen sind ehrgeizige Zicken, der Chef ist zwar nett, aber unfähig, und die gräßliche Routine nervt sie schon lange. Regelmäßig weint sich Katja bei Melanie aus. Sobald Melanie darauf anspringt und Vorschläge macht, etwa mal offen mit den Kolleginnen zu reden oder sich eine andere Aufgabe zu suchen, stimmt Katja zunächst begeistert zu, nur um dann gleich mit Einwänden zu kommen, warum gerade das nicht funktionieren kann.

Ein klassischer »Ja, aber«-Typ wie Katja bringt Sie geschickt dazu, sich den Kopf über seine schwierige Lage zu zerbrechen. Ein unterdrückter Seufzer, ein unsicheres »Wenn ich bloß wüsste, was ich machen soll …« oder ein Hilfe heischendes »Was würdest du denn an meiner Stelle tun?« – und schon bemühen Sie sich nach Kräften, für ihn einen Ausweg zu finden. Doch welchen guten Rat Sie ihm auch geben, er kontert mit »Ja, aber«: »Das habe ich schon versucht, aber es ist schief gegangen.« »Das ist ganz toll, aber dazu braucht man Mut (Geld, Beziehungen, ein Auto, einen Mann, Gesundheit).« »Ich würde ja gerne die Fortbildung machen, aber ich kann doch meine Familie nicht alleine lassen.« Bemüht schieben Sie neue Ideen nach und finden sich total unzulänglich, weil Sie offenbar voll danebenliegen. Dieses Gefühl, versagt zu haben, werden Sie nur langsam wieder los.

Dagegen hilft:

Formen Sie innerlich den Ja-aber-Satz zunächst einmal um, indem Sie statt »aber« das Wörtchen »und« einsetzen. Z. B. »Ich habe es versucht, und es ist schief gegangen«, »Ich möchte die Fortbildung, und ich habe Skrupel, meine Familie allein zu lassen.« Dadurch werden Ihnen die einander widerstreitenden Interessen des »Ja, aber«-Typs deutlicher.

Nun können Sie eine praktische Lösung mit ihm angehen. Fragen Sie ihn, welcher Teil der Aussage ihm wichtiger ist oder an welchem Teil er etwas ändern möchte. Etwa: »Ist dir die Fortbildung wichtiger oder deine Familie?« oder: »Was kannst du tun, damit es nächstes Mal nicht wieder schief geht?«

Auf diese Weise geraten Sie nicht in die Zwickmühle des »Ja, aber«-Typs und helfen ihm gleichzeitig heraus.

**Der SOS-Typ**

Mal ehrlich, sitzen Sie auch manchmal neben dem Anrufbeantworter und hören erst einmal, wer dran ist, bevor Sie abheben? Wenn zu den unmöglichsten Zeiten Wilfreds Stimme zu hören ist, nimmt garantiert keiner seiner Freunde ab. Sie wissen nämlich schon: Willi ist mal wieder in Not und braucht Hilfe. Und wer hat schon Lust, um Mitternacht mit einem Benzinkanister durch die Stadt zu fahren, weil Willi weit ab von jeder Tankstelle mit seinem Auto auf dem Trockenen liegt? Oder sich seinen Herzschmerz anzuhören, weil seine große Liebe ihn (zum dritten oder vierten Mal) verlassen hat. Möglicherweise hat ihm auch irgendwer in der Kneipe die Tasche samt Schlüssel, Geld und Papieren geklaut, und er weiß nun nicht, wo er übernachten soll.

Ein SOS-Typ wie Willi lässt Ihnen gar keine Zeit zum Nachdenken, sondern zwingt Sie sofort zur ersten Hilfe. Ständig steckt er in einer existenziell bedrohlichen Krise. Immer wieder springen Sie atemlos auf seine Katastrophenmeldungen an, lassen für ihn alles stehen und liegen, vernachlässigen Ihre eigenen Interessen und sind hinterher fix und fertig.

Dagegen hilft:

Der SOS-Typ weigert sich, Verantwortung für sein Leben zu übernehmen. Am liebsten lässt er Schwierigkeiten von anderen beheben und verhält sich kindlich nach der Maxime: Mama oder Papa werden es schon richten. Da hilft nur Nach-Erziehung. Machen Sie ihm klar, dass Sie weder seine Mutter noch länger dazu bereit sind, die Retterin in der Not zu spielen. Bleiben Sie konsequent, und verweisen Sie ihn freundlich aber bestimmt auf geeignete Fachleute: Vom Schlüsseldienst bis zum Psychotherapeuten sind Profis jederzeit gern bereit, seine Probleme zu lösen.

**Der Gift-Typ**

Keine Frage, ein bisschen Klatsch belebt, doch in diesem Fall wird eine hinterhältige Variante gespielt. Auf gemeine Art zieht der Gift-Typ über andere her und macht das oft so geschickt, dass Sie es nicht gleich merken.

Mit Genuss verbreitet er Dinge, die man ihm anvertraut hat oder die jeder andere fairerweise für sich behalten würde. Dabei schimmern seine Krokodilstränen täuschend echt, etwa wenn er unter dem Deckmantel kollegialer Besorgnis dem Chef mitteilt, dass Mitarbeiterin XY daheim Probleme hat und deshalb in letzter Zeit so unkonzentriert ist.

Natürlich freut er sich wahnsinnig darüber, dass die alkoholgefährdete Nachbarin jetzt endlich eine gute Selbsthilfegruppe gefunden hat. War ja auch wirklich schrecklich, wie sich diese reizende Frau im Suff benommen hat. Wie, Sie wussten noch gar nichts davon? Das ist ihm jetzt aber richtig peinlich. Dann hätte er doch nichts gesagt.

Wen der Gift-Typ mit seiner scheinheiligen Informationssucht einfängt, dem ist hinterher speiübel.

Dagegen hilft:

Weigern Sie sich, als stumme Zuhörerin zur unfreiwilligen Komplizin zu werden. Das Gegengift heißt »gegensteuern«. Indem Sie seinen verbrämt negativen Worten bewusst offene, positive entgegensetzen (»Ich finde Frau XY aber sehr sympathisch«), nehmen Sie ihm den Wind aus den Segeln.

Nützt das nichts, müssen Sie deutlicher werden: »Ich möchte nicht über die persönlichen Angelegenheiten anderer Leute sprechen.« Zivilcourage setzt ihn schnell matt.

**Der Schweige-Typ**

Gespräche mit ihm sind mühsam und einseitig. Er überlässt es lieber anderen, ein interessantes Thema zu finden und rührt selbst keinen Finger, um die Unterhaltung in Gang zu bringen. Plaudereien mit ihm gestalten sich meist nach diesem Schema: »Ein nettes Lokal hier, nicht wahr?« Schweige-Typ: »Ja.« »Waren Sie schon öfter hier?« Schweige-Typ: »Nein.« »Ich finde die Musik gut, gefällt sie Ihnen auch?« Schweige-Typ: »Geht so.« Ende.

Indem er einsilbig reagiert und höchstens einen Killer-Satz, der garantiert jeden Austausch abwürgt, beisteuert, bringt er die Unterhaltung zum Erliegen.

Der Schweigetyp verführt Sie dazu, zu viel zu reden, um das peinliche Schweigen zu verhindern. Schließlich fühlen Sie sich nicht nur ausgepumpt, sondern ärgern sich hinterher auch noch darüber, dass Sie so viel von sich preisgegeben haben, während er sich hübsch bedeckt hielt.

Dagegen hilft:

Gerade wir Frauen, die wir ja bekanntlich besser als die Männer gelernt haben, mit Worten Brücken zu bauen, setzen uns leicht selbst unter den Druck. Machen Sie sich klar, dass Sie für das Gelingen eines Gespräches nicht allein verantwortlich sind. Es ist immer ein Pingpongspiel, bei dem ohne Resonanz nichts geht. Wenn Ihr Gegenüber nicht mitmachen möchte, ist das sein Problem. Auch wenn es Ihnen schwer fällt: Halten Sie das Schweigen aus. Auf diese Weise wird er endlich als Kontaktmuffel entlarvt.

**Der Schwarzseher-Typ**

Er sieht prinzipiell schwarz. Nicht etwa, weil er pessimistisch ist, nein, er ist einfach Realist und schaut der Wahrheit unerschrocken ins Auge. Das traurige Ergebnis teilt er Ihnen dann ungefragt mit:

Kennen Sie denn nicht die Statistik, wie viele Menschen jährlich beim Klettern in den Bergen abstürzen? Er jedenfalls kann Ihnen von der Wandertour in Österreich nur abraten.

Wie bitte, Ihre Tochter will Kunst studieren? Wo doch jeder weiß, dass Künstler am Hungertuch nagen? Das sollten Sie ihr als verantwortungsvolle Mutter lieber ausreden.

Sie möchten sich beruflich verändern? Verzichten Sie um Himmels willen darauf. Bei der herrschenden Rezession ist ein Jobwechsel doch völlig unmöglich!

Im Umgang mit diesem Typ spüren Sie plötzlich, wie Ihre Freude in sich zusammensackt und Ihr Mut wie mit einem Schwamm aufgesogen wird.

Dagegen hilft:

Sparen Sie sich jede Diskussion. Gegen diese Art schwarzer Magie wirken eigene Zaubersprüche am sichersten. Halten Sie innerlich mit Sätzen wie »Das ist noch gar nicht raus«, »Das gilt nicht für mich« oder »Das glaube ich nicht« dagegen. Machen Sie sich bewusst, dass dieser Typ nur seine persönliche Meinung äußert. In die Zukunft schauen kann er nicht. Außerdem müssen weder seine Einschätzung der Lage noch seine Horrorvisionen für Sie gelten, denn jeder Mensch und jede Situation sind anders.

**Der Fass-ohne-Boden-Typ**

Mein Schlüssel-Erlebnis mit einem Fass-ohne-Boden-Typ vergesse ich nie: Es war in den wilden 68ern, als man noch alles ausdiskutierte. Mein damaliger Freund und ich hatten uns zu einem Grundsatzgespräch über unsere Beziehung zusammengesetzt. Im Schneidersitz hockten wir auf dem Flokati und hatten bereits ein zehnstündiges Gesprächsmarathon hinter uns. Vor Müdigkeit konnte ich kaum noch aus den Augen schauen, hielt aber tapfer durch. Als ich schließlich erschöpft sagte: »Du, ich kann nicht mehr, ich bin todmüde«, sagte mein

Freund anklagend: »Immer wenn man mal mit dir reden will, wirst du müde!« Das waren denn auch die letzten Worte, die wir miteinander als Paar wechselten.

Der Faß-ohne-Boden-Typ hat ein Loch in seinem psychischen Tank. Jedenfalls können Sie ihn bis zur Selbstaufgabe mit Aufmerksamkeit und Zuwendung füllen, ohne dass es jemals genug wäre. Er fordert Liebesbeweise oder Loyalität ohne Ende. Reagieren Sie darauf nur ein einziges Mal ablehnend, zweifelt er sofort die ganze Beziehung an. »Ich wusste es ja immer schon: Du liebst (magst) mich nicht.« Er braucht Unmengen seelischer Aufbaunahrung gegen seine Depression, seine Angst zu versagen oder sein mangelndes Selbstbewusstsein. Die müssen Sie ihm in immer neuen Variationen voller Engagement vermitteln: »Du schaffst das bestimmt«, »Du bist große Klasse«, »Das geht vorüber.« Die Energie-Übertragung hält kurz vor, dann müssen Sie wieder Nachschub liefern. Anschließend fühlt er sich erheblich aufgemuntert, während Sie niedergeschlagen zurückbleiben.

Dagegen hilft:

Machen Sie sich als Erstes von der Illusion frei, dass für ihn genug jemals genug ist. Bestimmen Sie von vornherein die Dosis selbst, in der Sie Liebe, Zärtlichkeit, Zeit oder sonstige kostbare Güter an ihn abgeben wollen, und zeigen Sie ihm klar, wo Ihre Grenzen sind. Vor allen Dingen dürfen Sie sich von ihm nicht erpressen lassen. Die beste Unterstützung ist, dass er lernt, sich selbst zu lieben.

Wenn Sie nun glauben, mit diesen Typologien wären sämtliche zu Ihren Ungunsten agierende Mitmenschen erfasst, muss ich Sie leider enttäuschen. Es gibt da noch eine spezielle Gruppe, die besonders raffiniert vorgeht: Die Manipulateure.

Manche von ihnen setzen Manipulation ganz gezielt ein, andere nutzen sie unbewusst. Das Ergebnis ist jedoch dasselbe:

Sie bringen Sie dazu, genau so zu reagieren wie sie es wollen. Was speziell bei Ihnen wirkt, hängt mit Ihrer Persönlichkeit, mit Ihrer Erziehung, Ihrer Einstellung und Ihren Werten zusammen.

## *Verweigern Sie sich Manipulateuren*

Sind Sie wirklich sicher, dass Sie Ihre letzte Entscheidung freiwillig getroffen haben? Vielleicht hat ja ein Manipulateur oder eine Manipulateurin nur geschickt den richtigen Knopf gedrückt? Etwa einen von diesen:

### Der »Wie kannst du mir das antun«-Knopf

Daniela ist Single. Seit ihr Vater vor sechs Jahren gestorben ist, hat sie jedes Jahr Weihnachten bei ihrer Mutter verbracht. Diesmal hatten Freunde sie eingeladen, mit ihnen Ski laufen zu gehen. Daniela freute sich sehr darauf. Sie versuchte, es ihrer Mutter so schonend wie möglich beizubringen. Kaum fing sie an: »Mama, ich wollte dieses Jahr Weihnachten gerne mit Erika und Philipp ...«, da griff ihre Mutter sich ans Herz, rang sich mühsam ein Lächeln ab und sagte betont tapfer: »Ja, ja, Kind, amüsier dich ruhig. Ich werde Weihnachten schon allein überstehen.« Daniela konnte ihre Mutter nicht leiden sehen und nahm sofort alles wieder zurück: »Schon gut, Mama, ich bleib hier bei dir.«

Vielleicht haben Sie Ähnliches erlebt. Ihre Freundin reagiert mit einem gekränkten »Das hätte ich nicht von dir gedacht«, weil Sie keine Zeit haben, ihre unglückliche Lovestory zum x-ten Mal durchzusprechen. Oder Ihr Kollege lässt Sie wissen, wie enttäuscht er darüber ist, dass Sie das neue Projekt nicht gemeinsam mit ihm machen.
Die Wirkung:

Tränen, ein trauriges Gesicht, stumme Vorwürfe oder Sätze wie »Du denkst nur an dich« lösen bei Ihnen Schuldgefühle aus und lassen Sie in Ihrem Entschluss wankend werden.
Gegenstrategie:

Auch wenn es schwer fällt, machen Sie sich klar, dass Ihr Gegenüber durch die Manipulation vermeidet, sich positiv zu verändern oder weiter zu entwickeln. Bleiben Sie konsequent. Sagen Sie sich, dass Sie dem anderen damit letztlich etwas Gutes tun: Sie geben ihm die Möglichkeit, Verantwortung für sein Leben zu übernehmen und unabhängig zu werden.

**Der »Lass das lieber sein«-Knopf**

Doris' kleiner Sohn musste wegen einer chronischen Harnweginfektion zum Facharzt. Der Mann war ein anerkannter Experte, aber Doris gefiel die unsensible Art, mit der er ihr Kind behandelte, überhaupt nicht. Der Kleine schrie vor Angst wie am Spieß. Als Doris daraufhin sagte, sie wolle die Untersuchung doch lieber in einem Krankenhaus machen lassen, das für sanftere Methoden bekannt war, sagte der Arzt drohend: »Dann müssen Sie es verantworten, wenn Ihrem Kind etwas passiert.«

»Das werden Sie alleine nie schaffen.« »Bist du dir eigentlich klar darüber, dass du damit deine Zukunft (unsere Liebe, deinen guten Ruf) zerstörst?« »So eine Gelegenheit bekommen Sie nie wieder.« »Darüber wird der Chef aber gar nicht glücklich sein.« Ähnliche Sätze hören Sie etwa von einem Rechtsanwalt, der Sie als Klientin behalten möchte, von Ihrer Konkurrentin im Job, dem Verkäufer, der Sie zum Kauf überreden will.
Die Wirkung:

Nichts gegen wohlmeinende Ratschläge, aber hören Sie bitte genau hin: Sobald Ihnen jemand seine Hinweise mit einem drohenden Unterton gibt, will er Ihnen Angst einjagen – und das meist aus massivem Eigeninteresse.

Gegenstrategie:

Lassen Sie sich nicht den Schneid abkaufen. Wenn Sie sich alles gründlich überlegt haben und gut vorbereitet sind, sagen Sie sich selbst und Ihrem Gegenüber: »Leben bedeutet nun mal Risiko. Sollte wirklich etwas schief gehen, kann ich immer noch aus meinen Fehlern lernen.«

**Der »Du bist die Größte«-Knopf**

»Sie sind die Einzige, der ich das zutraue.« Damit drückt Ihr Chef Ihnen das schwierige Projekt aufs Auge. Ihre Freundin überredet Sie zum Babysitten: »Der Kleine hängt doch so an dir.« »Schatz, du kannst das einfach am Besten«, schmeichelt Ihr Partner und bringt Sie dazu, seine Hemden zu bügeln.

Die Wirkung:

Lob tut jedem gut. Doch bei Ihnen hat es noch eine Extrawirkung: Sobald man Ihnen mit Ihren Fähigkeiten schmeichelt, fühlen Sie sich gezwungen, zu beweisen, dass Sie die Wertschätzung tatsächlich verdienen.

Gegenstrategie:

Nehmen Sie Lob an, ohne sofort eine Gegenleistung zu bieten. Bedanken Sie sich freundlich für das Vertrauen, das man in Sie setzt. Lehnen Sie dann die gewünschte Aktivität mit guten Gründen ab. Etwa so: »Es freut mich wirklich, dass Paulchen mich mag. Aber leider habe ich am Wochenende schon etwas vor.«

**Der »Ich bin wie du«-Knopf**

Herr Kaiser von der Versicherung hatte einen Besuch bei Silke und Rainer vereinbart. Er wollte sie über die Vorzüge eines Bausparvertrages beraten. Als Erstes bewunderte Herr Kaiser das Klavier im Wohnzimmer. »Sie spielen Klavier?«, fragte er begeistert, »ich auch.« Schon war man im lebhaften Gespräch über die Schönheit der Goldberg-Variationen und funkte auf einer Wellenlänge. Klar, dass Silke und Rainer bei ihrem neuen Musikfreund den Vertrag unterzeichneten. Erst später merkten sie, dass sie viel zu hoch abgeschlossen hatten.

»Ach, Sie sind auch Wassermann?« »Sie sind aus Ingolstadt? Stellen Sie sich vor, da kommt meine Mutter her.« »Herr Ober, bringen Sie mir bitte das Gleiche wie der Dame.« »Sie lieben Brahms? Mein Lieblingskomponist.«

Schon hat Sie der Langeweiler auf der Party gekrallt, die redselige Mitreisende Sie im Zug in ein Gespräch verwickelt oder der Autoverkäufer Ihr Vertrauen gewonnen.

Die Wirkung:

Sie erinnern sich gewiss noch an den »Affinity-Faktor«? Gleichheit baut eine Brücke und führt dazu, dass wir Vertrauen entwickeln. Menschen, die uns ähnlich sind, fühlen wir uns besonders verbunden. Diese Tatsache nutzen manche geschickt aus, um Nähe herzustellen, wo sie normalerweise nicht vorhanden wäre.

Gegenstrategie:

Bleiben Sie höflich, aber reserviert, wenn Unbekannte Sie allzu schnell nach Hobbys, Sternzeichen, Lieblingsspeisen, Reisezielen oder sportlichen Aktivitäten fragen. Falls Ihnen Ihr Gesprächspartner nicht von vornherein sympathisch ist, gehen Sie auf eine angebotene Ähnlichkeit nicht weiter ein. Sagen Sie nur: »Interessant« oder »Wie nett.«

**Der »Das tun doch alle«-Knopf**

Tina und Bert kamen sich wie Aliens vor. Es ging um den Kabelanschluss fürs Fernsehen in ihrem Haus. Sie sahen nicht ein, warum sie für noch mehr Programme Gebühren zahlen sollten, wo sie schon die bereits vorhandenen nicht besonders reizvoll fanden. »Aber alle anderen im Haus haben schon zugestimmt«, führte der Verwalter vorwurfsvoll an. Jetzt haben Tina und Bert Kabelanschluss.

»Das trägt man so.« Mit diesem Argument will Ihnen die Ladenbesitzerin den Blazer mit zu kurzen Ärmeln andrehen.

»Nicole und Vera dürfen bis Mitternacht auf der Party bleiben, nur ich muss so früh gehen«, argumentiert Ihre Tochter.

Die Wirkung:

Wir neigen dazu, etwas für gut zu halten, wenn andere es auch tun. Außerdem ist es ein unangenehmes Gefühl, ausgeschlossen zu sein.

Gegenstrategie:

Anstatt sich als Außenseiterin zu fühlen, sagen Sie sich: »Ich bin etwas Besonderes.« Seien Sie stolz auf Ihre konsequente Haltung. Schließlich ist sie die Grundlage jeder Zivilcourage.

Falls es Ihnen um Zusammengehörigkeit geht: Betonen Sie im Gespräch, dass es sich nur um einen kleinen Unterschied handelt und Sie ansonsten viele Gemeinsamkeiten haben. Etwa: »Sie wissen doch, dass ich immer für gute Nachbarschaft bin, aber bei dem Kabelanschluss möchten wir nicht mitmachen.«

**Der »Das kannst du nicht«-Knopf**

»Aber vielleicht ist diese Tasche ja für Sie etwas zu kostspielig«, sagt die Boutique-Verkäuferin schnippisch. Der arroganten Schnepfe werden Sie es zeigen! Lässig blättern Sie das Geld auf den Tresen.

»Ich weiß nicht, ob Sie das Problem überhaupt lösen können«, zweifelt Ihr Chef. Schon werfen Sie sich voller Energie auf die Aufgabe und überlegen nicht, wie viel Zeit und Energie Sie dafür aufwenden müssen.

Die Wirkung:

Abwertungen stellen immer eine persönliche Kränkung dar. Je geringer Ihr Selbstbewusstsein ist, desto eher reagieren Sie darauf. Sie fühlen sich bei Ihrer Ehre gepackt und wollen beweisen, wie fähig Sie sind.

Möglicherweise sind Sie aber auch ein Mensch, der die Herausforderung liebt. Sie messen sich gerne mit anderen und verlieren dabei leicht den Überblick, ob Ihnen dieser Wettkampf überhaupt etwas bringt.

Gegenstrategie:

Wenn unterschwellige Aggression im Spiel ist, lächeln Sie entwaffnend und sagen Sie: »Vielleicht haben Sie Recht.« Damit beweisen Sie Souveränität.

Nehmen Sie die Herausforderung nicht automatisch an. Fragen Sie genau nach: »Was ist denn an der Aufgabe so schwer?« »Welche Fähigkeiten muss ich denn dazu haben?« Bitten Sie um Bedenkzeit und wägen Sie ab, ob Sie wirklich wollen und können.

**Der »Ich weiß das besser«-Knopf**

Sabine hatte ihren guten Silvester-Vorsatz tatsächlich umgesetzt und war Mitglied in einem Fitness-Studio geworden. Sie merkte schnell, wie ungeübt sie war. In ihrer ersten Gymnastikstunde pfiff sie aus dem letzten Loch und fühlte sich völlig ausgepowert. Die Fitnesstrainerin war davon völlig unbeeindruckt. Streng trieb sie Sabine an: »Los, los, Sie schaffen noch mehr!«

»Das ist doch alles Brimborium«, urteilt der Arzt, den Sie auf ein Naturheilmittel ansprechen.

»Sind Sie hier der Chef oder ich?«, schnauzt Ihr Vorgesetzter, als Sie eine Idee zur Verbesserung einbringen.

»Wollen Sie mir sagen, wie ich mit Kindern umzugehen

habe?«, fragt die Lehrerin pikiert, als Sie sich über ein in Ihren Augen unpädagogisches Verhalten beschweren.

Die Wirkung:

Wir haben schon früh gelernt, Autoritäten zu respektieren. Ein weißer Kittel, eine Uniform, eine bedeutende Funktion, ein Diplom oder Titel entfalten auch dann ihre Wirkung, wenn der Träger oder die Trägerin nicht zu den fähigsten ihrer Zunft zählen oder selbstherrlich nur die eigene Meinung gelten lassen.

Und: In Situationen, in denen wir uns unsicher fühlen, fallen wir leicht in ein kindliches Verhalten zurück. Wir wünschen uns, dass Papa oder Mama uns an die Hand nehmen und sagen, was wir tun sollen.

Gegenstrategie: Haben Sie keine Scheu, sich etwas ganz genau erklären zu lassen. Machen Sie sich klar, dass die meisten Autoritäten Dienstleister sind. Also müssen sie auch für Sie da sein. Fallen Sie nicht innerlich vor Wissenschaft und Bildung auf die Knie. Fragen Sie nach der Kompetenz Ihres Gegenübers: »Wie lange machen Sie das schon?« »Wie viele Fälle dieser Art haben Sie bisher behandelt?« »Woher wissen Sie das?« »Wo steht das?«

Last but not least: Vergessen Sie nicht, dass hinter Überheblichkeit und Arroganz fast immer ein Minderwertigkeitsgefühl steckt.

Zugegeben, das Verhalten schwieriger Mitmenschen ist unangenehm und kann Ihr Leben beeinträchtigen. Doch es ist Ihnen immerhin möglich, sich davon zu distanzieren und das Problem von vornherein beim anderen zu sehen. Anders ist es bei einem Angriff. Der kommt meist aus heiterem Himmel und trifft mitten ins Herz. Oder in die Magengrube. Sie fühlen sich im wahrsten Sinne des Wortes betroffen und reagieren heftig mit seelischen und körperlichen Empfindungen.

## Schützen Sie sich vor Angriffen

Ein überraschender Angriff hat Sie in inneren Aufruhr versetzt. Durch Ihren Kopf zucken Gedanken wie: »So eine Gemeinheit!« »Wirklich unverschämt.« »Eine bodenlose Frechheit.« »Mir so etwas anzutun!« Sie sind geknickt oder sehen rot. Vielleicht schwören Sie innerlich schon Rache: »Das vergesse ich ihm (ihr) nie.«

### *Ist es wirklich ein Angriff?*

Halt! Ehe Sie sich mächtig aufregen, möchte ich Ihnen einen Vorschlag machen: Prüfen Sie erst einmal, ob man Ihnen wirklich Böses wollte. Es kann nämlich durchaus sein, dass Sie hinter einem harmlosen oder unbedachten Verhalten einen gezielten Angriff vermuten. Sie glauben, man wolle Sie verletzen, kränken, ärgern oder quälen. Entsprechend heftig rumort es in Ihnen. Dabei ist Ihnen nicht bewusst, dass es sich um eine bloße Unterstellung handeln könnte.

Der Kommunikationswissenschaftler Paul Watzlawik erzählt in seinem Buch »Anleitung zum Unglücklichsein« dazu eine schöne Geschichte:

Ein Mann will ein Bild aufhängen, besitzt aber keinen Hammer. Er beschließt, sich den bei seinem Nachbarn auszuleihen. Doch dann kommen ihm Bedenken. Neulich war der Nachbar auf der Straße schon so abweisend, gestern hat er ihn im Treppenhaus nicht gegrüßt. Langsam steigert sich der Mann in die Vorstellung hinein, sein Nachbar habe etwas gegen ihn. Bei dieser Vorstellung wird er immer ärgerlicher. Als er schließlich doch bei dem Nachbarn klingelt und der nichts ahnend die Tür öffnet, schreit er ihn wütend an: »Behalten Sie doch Ihren blöden Hammer!«

Bevor Sie wie der Mann mit dem Hammer auf die Zinne steigen, überprüfen Sie erst einmal die Realität. Fragen Sie nach, ob Ihre Interpretation richtig ist. Etwa so: »Du bist vorhin grußlos an mir vorbeigelaufen. Hast du etwas gegen mich, oder warst du einfach nur im Stress?«

Häufig sind Sie auch nur das zufällige Opfer von Menschen, die in eigenen Schwierigkeiten stecken: Wenn Ihnen jemand im Supermarkt den Einkaufswagen in die Hacken fährt und Sie auch noch beschimpft, dass Sie im Weg stehen. Wenn Ihr Partner explodiert, weil kein Kaffee im Haus ist. Wenn Ihr Kollege Ihnen wütend zuschreibt, dass die Präsentation daneben gegangen ist. Wenn Ihre Freundin Ihnen aus heiterem Himmel unter Tränen vorwirft, Sie würden sie unterdrücken.

Bei besonders heftigen Reaktionen von anderen dürfen Sie davon ausgehen, dass Sie nur die Projektionsfläche für deren eigene Probleme sind. Man benutzt Sie als Blitzableiter für schlechte Laune, Stress, Unzufriedenheit oder wunde Punkte aus der Vergangenheit. Ziehen Sie sich den Schuh nicht an. Sagen Sie sich: »Das ist nicht mein Problem.« Oder, wie es so schön in einem arabischen Sprichwort heißt: Die Hunde bellen, die Karawane zieht weiter.

## Sich wehren, ohne Porzellan zu zerschlagen

Manchmal scheint es so, als hätten Sie keine Möglichkeit, sich gegen einen Angriff zu wehren. Etwa dann, wenn Ihr Gegenüber die Macht hat und sie voll ausspielt. Doch der Schein trügt. Auch wenn Sie die äußeren Bedingungen nicht ändern können, sind Sie kein armes Opfer. Sie haben immer noch in der Hand, wie Sie darauf reagieren. Sie können sich entscheiden, Ihre Würde und Ihre innere Ruhe zu bewahren.

Ein beeindruckendes Beispiel dafür ist Mahatma Gandhi. Er

musste sich zunächst dem Druck der englischen Kolonialherren beugen. Trotzdem fühlte er sich nicht als Opfer. Er sagte: »Sie können uns unseren Selbstrespekt nicht nehmen, wenn wir ihn nicht hergeben.« Das Gleiche meinte Eleanor Roosevelt, als sie bemerkte, niemand könne einem ohne eigene Zustimmung wehtun. Denken Sie also auch in Konflikten daran, dass keiner einen Zugriff auf Ihr Innenleben hat. Wählen Sie, wie Sie sich fühlen wollen.

Nachdem Sie sich innerlich auf Ihren Standpunkt besonnen haben, entscheiden Sie, wie Sie sich wehren wollen. Die Art und Weise hängt von Ihren Zielen ab. Falls Sie Ihren Arbeitsplatz sichern, mit Ihren Nachbarn in Frieden leben oder einen Kunden behalten möchten, sollten Sie eine der sanfteren Methoden wählen:

### Weisen Sie einen Angriff elegant zurück

Rena ist seit 23 Jahren Redakteurin bei einer Zeitschrift. Im Laufe der Zeit hat sie schon einige Chefredakteure kommen und gehen sehen, aber der Neue ist ein richtiges Ekel. Das heißt, er kann auch ganz reizend sein – aber nur zu dem hübschen blonden Journalistinnen-Nachwuchs. Als Rena kürzlich in der Konferenz eine begründete Kritik an einem Artikel vorbrachte, sagte ihr Chef: »Ach was, alte Fossile wie Sie verstehen davon doch gar nichts mehr.« Rena blieb ob dieser Frechheit die Luft weg. Am liebsten hätte sie messerscharf zurückgeschlagen. Doch selbst wenn ihr so schnell eine glänzende Erwiderung eingefallen wäre, hätte sie sich auf die Zunge gebissen. Sie wollte schließlich ihren Job nicht verlieren.

In solchen Fällen ist es angebracht, Haltung zu bewahren und zu zeigen, dass der eigene Stil dem des anderen weit überlegen ist.

• Überhören Sie eine unpassende Bemerkung.

Auf einen groben Klotz müssen Sie nicht unbedingt einen groben Keil setzen. Souveräner ist es, sich gar nicht erst auf das Niveau des Gegners zu begeben. Tun Sie so, als hätten Sie die provozierende Bemerkung nicht gehört. Das gilt besonders für obszöne und beleidigende Aussprüche.

• Schweigen Sie bewusst.

Wenn Ihr Gegenüber etwas für Sie Unannehmbares sagt, wenn Sie irritiert sind oder nicht wissen, wie Sie reagieren sollen, schauen Sie ihn einfach schweigend an. Die meisten werden daraufhin unsicher und fühlen sich verpflichtet, ihre Worte zu erläutern oder sie zurückzunehmen.

• Zwingen Sie Ihren Gegner, sich zu erklären.

Eine einzige negative Bemerkung oder verbale Attacke geht Ihrem Gegner leicht über die Lippen. Peinlich kann es jedoch für ihn sein, darauf festgenagelt zu werden. Das erreichen Sie durch genaues Nachfragen. Folgende Fragen haben sich bewährt:

– »Was genau meinen Sie damit?«
– »Wie definieren Sie … ?«
– »Interessant. Können Sie mir das bitte näher erläutern?«
– »Warum sagen Sie mir das gerade jetzt?«
– »Was möchten Sie mit dieser Bemerkung erreichen?«

### Wehren Sie sich mit Witz

Souverän erscheinen Sie auch, wenn Sie mit Humor kontern. Doch ist das nicht ganz ungefährlich. Nicht jeder verträgt es, auf den Arm genommen zu werden. Gerade diejenigen, die gnadenlos austeilen, sind oft Mimosen, wenn es ums Einstecken geht. Die folgenden Methoden eignen sich deshalb eher dort, wo Sie deutlich zeigen wollen, dass man mit Ihnen nicht beliebig umspringen kann.

- Verstehen Sie den Angriff wörtlich.

Diese Taktik bewährt sich vor allem bei drastischen Angriffen wie »Sie dumme Gans«, »blöde Ziege« oder Ähnlichem. Sehen Sie sich z. B. erstaunt um, und fragen Sie: »Wo sehen Sie denn hier eine Ziege? In unserer Firma war bisher noch nie eine. Das würde sich der Tierschutzverein auch bestimmt verbitten.«

- Benutzen Sie die Therapeuten-Methode

Wenn Ihr Gegenüber sich über Sie aufregt und ausfallend wird, geben Sie sich betont besorgt. Sagen Sie mit sanfter Stimme: »Würde es Ihnen besser gehen, wenn ich Ihnen zustimme?« Oder »Was kann ich um Himmelswillen bloß tun, damit Sie sich nicht so aufregen?«

- Machen Sie ein Kompliment daraus.

Machen Sie den Angreifer lächerlich, indem Sie ihn für seine Bemerkung loben. Etwa so: »Das haben Sie aber wirklich mutig vorgebracht.« Oder: »Wirklich beachtlich, wie hart und durchsetzungsfähig Sie sein können.«

### *Steigen Sie aus Machtspielen aus*

Eine verdeckte Variante des Angriffs sind Machtspiele. Manche Menschen haben es nötig, andere klein zu machen, um sich selbst größer zu fühlen. Dabei nutzen sie die Abhängigkeit ihres Gegenübers aus. Besonders häufig wird das Territorium des anderen verletzt oder seine Dienstleistungen missbraucht.

Elena arbeitet als Sekretärin. Wenn ihr Chef Termine mit ihr durchspricht, setzt er sich breit auf ihren Schreibtisch und spielt mit ihrem Kugelschreiber.

Die Abteilungsleiterin hat Jutta, Sachbearbeiterin in einer Krankenkasse, zu sich bestellt. Sie lässt sie an der Türe stehen und führt in aller Seelenruhe ein Privatgespräch am Telefon.

Der Teamleiter schickt Wilma, promovierte Chemikerin, zum Kaffeeautomaten, um für die ganze Belegschaft Kaffee zu holen.

Wenn Sie Affronts dieser Art einfach hinnehmen, wird am Ende eine Gewohnheit daraus. Dann dürfen Sie immer Kaffee holen. Wehren Sie deshalb den Anfängen.

- Sagen Sie, was Sie stört.

Sprechen Sie direkt an, was Sie stört. Wenn man Sie bewusst auf einen zu niedrigen Stuhl setzt oder Sie ins grelle Licht blinzeln lässt, bitten Sie darum, das zu ändern. Etwa: »Dieser Stuhl ist so niedrig, haben Sie einen anderen Stuhl für mich?« »Die Lampe blendet mich. Ich möchte mich gerne woanders hinsetzen.« Falls man Sie in unhöflicher Weise stehen lässt, fragen Sie nach einer Sitzgelegenheit: »Es ist so ungemütlich, zu stehen. Darf ich mich setzen?«

- Übernehmen Sie die Initiative.

Dringt jemand in Ihren Raum ein, z. B. indem er sich auf Ihren Schreibtisch setzt, dann bieten Sie eine Alternative an. »Bitte nehmen Sie doch den Stuhl, das ist bequemer.«

Lässt Sie jemand warten, so sagen Sie: »Ich kann gerne ein andermal wiederkommen. Wollen wir einen neuen Termin machen?«

Will Sie jemand auf einen Botengang schicken, machen Sie die Besorgung zur eigenen Sache: »Ich hole mir selbst einen Kaffee (ein Sandwich, Zigaretten) und bringe Ihnen gerne etwas mit.«

## Nehmen Sie einem Angreifer den Wind aus den Segeln

Überlegen Sie sich gut, ob Sie einen Angriff überhaupt mit einem Gegenangriff parieren wollen. Schließlich kommt es nicht nur darauf an, dass Sie überlegen erscheinen und Ihren

Triumph auskosten. Es nutzt Ihnen wenig, wenn Sie einen Kunden, Nachbarn oder Freund mit geballter Abwehr schachmatt setzen, in der Folge dadurch jedoch große Nachteile haben.

Hier fahren Sie mit Diplomatie und emotionalem Aikido besser. Die japanische Kampfsportart Aikido geht davon aus, dass man auf einen Angriff nicht mit Gegenwehr reagiert, sondern die Energie des Gegners geschickt zur Abwehr nutzt. Übertragen auf Ihre Situation bedeutet das: Reagieren Sie nicht von vornherein ablehnend, empört oder aggressiv, sondern erst einmal verständnisvoll.

- Versetzen Sie sich in die Lage Ihres Gegenübers.

Unbewusst erwartet er, dass Sie genauso reagieren wie er und Ihre Position durchsetzen wollen. Tun Sie stattdessen genau das Gegenteil: Sehen Sie das Problem mit seinen Augen, und teilen Sie ihm das Ergebnis mit.

Beispiel: Ein Anrufer ist wütend, weil er zum vierten Mal vergeblich versucht, Ihren Chef zu erreichen. Sie sagen: »Ich verstehe, dass Sie darüber aufgebracht sind.«

- Geben Sie Gelegenheit zum »Dampfablassen«.

Konzentrieren Sie sich auf die Ausführungen Ihres Gegenübers. Lassen Sie ihn ausreden. Für einen Kontrahenten ist es befriedigend und erleichternd, die eigenen Gefühle ausdrücken zu dürfen. Danach ist meist die Luft raus.

- Schenken Sie, was Sie sich wünschen.

Wenn Sie Verständnis erwarten, seien Sie als Erste verständnisvoll. Wenn Sie möchten, dass man Ihre Argumente wahrnimmt, hören Sie sich zunächst die des anderen an. Wenn Sie einen höflichen Ton wünschen, seien Sie höflich. Meist setzen Sie mit Ihrem Verhalten den Maßstab.

- Respektieren Sie den Standpunkt des anderen.

Das bedeutet nicht, dass Sie die Meinung Ihres Gegenübers

auch gutheißen oder ihr zustimmen. Sie nehmen sie jedoch mit Respekt wahr. Sprechen Sie das auch deutlich aus. Etwa so: »Ich kann Ihren Standpunkt durchaus nachvollziehen.« Damit haben Sie noch kein Zugeständnis gemacht, sondern nur Ihre Flexibilität bewiesen.

- Erkennen Sie Ihr Gegenüber an.

Geben Sie nicht der Verlockung nach, Ihren Gegner als unwissend, unfähig oder inkompetent darzustellen. Also nicht: »Sie müssten doch eigentlich wissen, dass Herr Sondermann auf der Messe ist.« Oder: »Du hast doch keine Ahnung, wie der Laden hier läuft.«

- Gehen Sie aus der Schusslinie.

Wenn jemand dabei ist, sich auf Sie einzuschießen, wechseln Sie einfach das Thema. Z. B. so: »Sagen Sie mal, was ist eigentlich aus dem Kunden geworden, der gestern unbedingt den Chef sprechen wollte?« Oder entfernen Sie sich unter einem Vorwand: »Oh, da fällt mir ein, ich habe meiner Mutter versprochen, sie anzurufen. Entschuldige mich.«

- Fragen Sie scheinbar um Rat.

Um einen aufgebrachten Gesprächspartner zu beruhigen, müssen Sie erst einmal wissen, was er will. Fragen Sie deshalb: »Was soll ich Ihrer Ansicht nach denn jetzt tun?«

- Bitten Sie um Entschuldigung.

Ihr Gegenüber ist auf eine Abwehr eingestellt. Wenn Sie sich stattdessen entschuldigen, wirkt das sofort entwaffnend.

Etwa so: »Tut mir Leid, dass ich vergessen habe, den Wein zu besorgen. Du bist wirklich zu Recht verärgert.«

- Benennen Sie das Spiel der Gegenseite.

Wenn man versucht, Sie auszutricksen oder zu manipulieren, sollten Sie zeigen, dass Sie den Vorgang durchschauen. Tun Sie das möglichst mit Charme und ohne Vorwürfe. Zum Beispiel so: »Herr Köhler, Sie sind aber wirklich ein ganz gewiefter Taktiker. Jetzt drohen Sie mir, damit ich unsicher werde. Aber sehen wir das Ganze doch mal sachlich …« Auf diese Weise signalisieren Sie Durchblick und Souveränität.

### Wenn alles nichts nutzt

In manchen Fällen ist einfach das Ende der Fahnenstange erreicht. Der Angriff ist so unfair, so unter der Gürtellinie oder unverschämt, dass Sie nicht länger nach einer besonderen Taktik suchen sollten, sondern ihn glasklar zurückweisen – notfalls mit einem Gegenangriff.

Ich erinnere mich noch gut daran, wie wir im Deutschunterricht »Maria Stuart« durchnahmen. Eine ziemlich langweilige Lektüre für Teenager, aber von einer Szene war ich wirklich beeindruckt: Elisabeth I. von England besucht ihre gefangene Rivalin Maria von Schottland im Gefängnis. Im Gefühl ihrer Überlegenheit piesackt sie die arme Maria mit gemeinen Angriffen auf ihre Ehre. Die nimmt sich eine ganze Weile zusammen, weil sie sich ihrer Abhängigkeit von Elisabeths Wohlwollen durchaus bewusst ist. Doch schließlich platzt ihr der Kragen. Mit den Worten: »Fahr hin, lammherzige Gelassenheit …« schlägt sie mit voller Wucht verbal zurück.

Schlucken Sie die unangemessenen Bemerkungen nicht einfach um des lieben Friedens willen herunter. Kontern Sie scharf und deutlich:

- »Ich wünsche nicht, dass Sie so mit mir sprechen.«
- »Ich bin mit Ihrer Aussage (Ihrem Ton) absolut nicht einverstanden.«
- »Ich bitte Sie, sachlich zu bleiben.«

Nicht immer handelt es sich um eine einmalige Konfrontation. Es kann passieren, dass sich die Gegensätze zu einem Konflikt verdichten. Um ihn zu lösen, ist ein komplexeres Know-how erforderlich.

## Meistern Sie Konflikte

Schließen Sie bitte die Augen. Denken Sie an Ihren letzten größeren Konflikt. Lassen Sie die Situation wie einen Film ablaufen. Was sagen und tun Sie? Wie fühlen Sie sich? Wahrscheinlich zeigen Sie eine der folgenden Reaktionen:

- Sie reagieren aggressiv.

Sie fordern Ihr Recht, sagen, was Ihnen nicht passt. Die Gegenseite zeigt wenig Einsicht. Irgendwann brennt bei Ihnen die Sicherung durch. Sie werden furchtbar wütend und auch ziemlich laut.

Christina ist es satt, dass die Hausarbeit immer an ihr hängen bleibt. Ihr Freund Sebastian fühlt sich schon überfordert, wenn er bloß den Müll zum Container bringt. Dabei hat sie einen genau so anstrengenden Job wie er. Als er zum x-ten Mal sein schmutziges Frühstücksgeschirr stehen lässt, platzt ihr der Kragen. Sie faucht, dass er ein fürchterlicher Macho ist und gefälligst seinen Teil erledigen soll. Sebastian schaltet auf stur. »Du bist einfach zu pingelig. Ich habe keinen Bock, mich deinem Putzzwang zu unterwerfen.« Wütend knallt Christina das Geschirr in den Ausguss. »Dann such dir gefälligst eine neue Putze«, schreit sie und rauscht ab, Mordlust im Herzen.

- Sie reagieren hilflos.

Sie hassen Streit und würden am liebsten abtauchen. Diplomatisch und vorsichtig sagen Sie, was Sie gerne hätten. Kaum Entgegenkommen auf der anderen Seite. Sie fühlen sich ohnmächtig. Selbstzweifel und Schuldgefühle tauchen auf. Sie ärgern sich über sich selbst, dass man Sie so matt setzen kann. Am liebsten würden Sie losheulen.

Die Kinder von Melanie und ihrer Freundin Sigrid, beide vier Jahre alt, spielen häufig zusammen, meist bei Melanie, weil sie die größere Wohnung hat. Melanie nervt es zunehmend, dass Sigrid ihrem Kind alles erlaubt. Der kleine Kevin kritzelt auf die Tapete und fasst die Bilderbücher mit Nutella-Fingern an. Melanie hasst Streit. Behutsam sagt sie Sigrid, dass sie diese Freizügigkeit nicht mag. Sigrid kann das nicht verstehen. »Willst du etwa zur autoritären Erziehung zurück? Sei doch nicht so empfindlich, Kinder brauchen ihre Freiheit. Das tut deinem Tobias auch nur gut.« Melanie fühlt sich hilflos, ihr fällt partout nichts ein, was sie dagegen sagen kann. Vielleicht ist sie ja wirklich zu streng? Als Sigrid sich das nächste Mal mit ihr verabreden will, schützt sie einen Behördentermin vor.

- Sie reagieren rational.

Ihr Kontrahent will nicht so wie Sie. Prompt schalten Sie Ihr Herz ab und den Kopf an. Ihre Stimme klingt kühl. Ihr Gesicht zeigt keine Regung. Sie bleiben sachlich bis zur Schmerzgrenze, werden höchstens ironisch.

Kristin, Mitarbeiterin eines Architekturbüros, ist ganz sicher, dass sie mit diesem Entwurf den Wettbewerb für die Ladenpassage gewinnen werden. Ihr Kollege Paul findet ihn zu streng und besteht darauf, zur Auflockerung Rundbögen in die Fassade einzufügen. Der heimliche Machtkampf tobt mal wieder. Kristin erläutert kühl, warum sie die Bögen für überflüssig hält, und fügt ironisch hinzu: »Wenn du es unbedingt kitschig machen willst, kannst du auch Gartenzwerge in der Passage verteilen.« Ihr ist klar, dass sie arrogant wirkt, aber das ist ihr im Moment egal.

Lassen Sie noch ein paar weitere Konfliktfilme aus Ihrem Leben vor Ihrem inneren Auge ablaufen. Sie werden merken, dass sie einander ähneln. Fast immer reagieren Sie auf die gleiche Weise: Aggressiv, hilflos oder rational. Möglicherweise zeigen Sie auch nur auf einem bestimmten Gebiet immer dieselbe Haltung: Ihren Partner schreien Sie an, beim Chef werden Sie stumm, im Umgang mit anderen reagieren Sie kalt.

### *Ihr Konflikt-Muster ist erlernt*

Ihr Verhalten ist mehr als nur eine Temperamentsfrage. Es handelt sich um Ihr individuelles Muster, nach dem Sie bei Konflikten vorgehen. Muster sind jedoch nicht angeboren, sondern angelernt. Deshalb lohnt sich ein Blick in die Vergangenheit. Frage: Wo haben Sie das her?

Wir lernen am Modell. Wenn Ihre Mutter bei Auseinandersetzungen meist ausgerastet ist und Ihr Vater mit schmalen Lippen den Raum verließ, dann stehen die Chancen gut dafür, dass Sie sich unbewusst für eine dieser beiden Verhaltensweisen entschieden haben, je nachdem, an wem Sie sich als Kind orientierten.

Es kann auch sein, dass Ihr Muster nach dem Belohnungs- bzw. Bestrafungssystem entstanden ist: Lautstarkes Auftrumpfen kam im Konfliktfall zu Hause nicht gut an. Also verlegten Sie sich aufs Schmeicheln und Liebsein. Oder: Mit ruhigem Aushandeln konnten Sie neben Ihren Geschwistern keinen Blumentopf gewinnen. So lernten Sie, sich mit Power und Tricks durchzusetzen.

Manche Muster entstehen auch sehr komplex aus der Familienatmosphäre. Wenn man damals Ihre Gefühle nicht ernst nahm, Ihnen vermittelte, unwichtig zu sein, oder Ihren Willen durch eine strenge Erziehung unterdrückte, dann haben Sie kaum gelernt, wie man sich selbstsicher für die eigenen Wünsche einsetzt.

Last but not least ist Konfliktscheu ein Gemeinschaftsmuster, an dem die ganze Gesellschaft gestrickt hat. Wie Sie ja wissen, haben wir Frauen verbal und von unserer Einstellung her in diesem Punkt von Hause aus schlechte Karten. Im Gegensatz zu den Männern stürzen wir uns nicht lustvoll in den nächsten Konflikt, sondern fühlen uns damit unbehaglich.

### *Schluss mit Mustern*

Ob die Muster nun individuell oder gesellschaftlich entstanden sind, sie sitzen fest wie Kaugummi auf einem Wollpullover. Das muss nicht in jedem Fall ein Handicap sein. Schließlich ist es auch angenehm, wenn man nicht immer wieder das Rad neu erfinden muss, sondern sich auf sein Verhalten verlassen kann. Sie kennen sich und wissen, wie Sie reagieren. Falls Sie also mit Ihrem Muster zufrieden sind und damit gut durchkommen, bleiben Sie dabei.

Anders ist es, wenn Sie sich häufig über sich selbst ärgern. Wenn Sie merken, dass Sie sich mit Ihrem Muster immer wieder ein Bein stellen, etwa indem Sie zu nachgiebig sind, zu schnell die Nerven verlieren oder einen falschen Eindruck hinterlassen. Dann ist Veränderung angesagt. Leider funktioniert das nicht nach dem Motto »Gefahr erkannt, Gefahr gebannt«. Sie brauchen schon Geduld und festen Willen, um die alten Reaktionen nach und nach aufzulösen. Am besten gehen Sie in drei Schritten vor:

*Erkennen:* Nehmen Sie sich die Zeit, durch Erinnern und Nachdenken Ihr(e) Muster herauszufinden. Wie reagieren Sie gewöhnlich im Konfliktfall? Woher stammt Ihr Verhalten?

*Benennen:* Machen Sie sich zu Beginn einer Konfliktsituation, noch bevor Sie voll in Ihr altes Verhalten hineinrauschen, bewusst: »Jetzt bin ich wieder drauf und dran, auszurasten (zu lieb zu reagieren, eiskalt und verletzend zu werden etc.).«

*Trennen:* Unterbrechen Sie den Automatismus, indem Sie einen Puffer einschalten. Z. B. indem Sie tief durchatmen, kurz den Schauplatz verlassen, sich mit einem bestimmten Satz beruhigen.

Nun können Sie bewusst eine bessere Strategie einsetzen. Am Anfang ist das noch mühsam, weil es Sie wie am Gummiband in die alte Verhaltensweise zurückzieht, doch je häufiger Sie die neuen, wirkungsvolleren Strategien anwenden, desto schneller gehören sie zu Ihrem Repertoire, über das Sie nicht mehr groß nachdenken müssen.

Es liegt auf der Hand, dass die Strategien für die verschiedenen Lebensbereiche variieren. Mit Ihrem Partner sollten Sie anders verhandeln als mit einem Kunden, Kollegen oder Nachbarn.

Deshalb finden Sie im Folgenden für jedes Gebiet die strategischen Schwerpunkte. Trotzdem sind Querverbindungen möglich. Sie können jede Methode überall dort anwenden, wo es Ihnen sinnvoll erscheint.

### Konflikte im Alltag

Täglich gibt es kleine und große Reibungspunkte mit Menschen, die Ihnen persönlich nicht nahe stehen, mit denen Sie sich aber irgendwie arrangieren müssen:

- Sie haben einen stressigen Tag hinter sich und wollen sich entspannen. Geht leider nicht, weil Ihr Nachbar seine Stereoanlage mal wieder bis zum Anschlag aufgedreht hat.
- Im Hausflur stolpern Sie regelmäßig über das Fahrrad Ihrer Nachbarin, die zu bequem ist, es in den Abstellraum zu tragen.

– Der teure Pulli erweist sich zu Hause vor dem Spiegel als absoluter Fehlgriff. Sie wollen Ihr Geld zurück, die Verkäuferin sagt: »Wir geben nur Gutscheine.«
– Auf der Party grapscht Sie ein angetrunkener Gast an und wird pampig, als Sie ihm auf die Finger klopfen.
– Sie haben sich extra einen Urlaubstag genommen, doch die bestellten Handwerker tauchen erst nach Stunden auf.
– Ihr Frisör hat Ihnen die Haare verschnitten und tut so, als hätten Sie keine Ahnung von modischem Hairstyling.

In solchen Konflikten geht es vor allem darum, dass Sie gewinnen. In manchen Fällen, etwa wenn es sich um Nachbarn oder die Verkäuferin in Ihrer Lieblingsboutique handelt, möchten Sie gleichzeitig ein entspanntes Verhältnis erhalten.

Bei anderen wiederum ist Ihnen egal, wie sich Ihr Sparringpartner fühlt, Hauptsache er tut, was Sie wollen. Gut also, wenn Sie ein Repertoire von zart bis hart haben, auf das Sie jederzeit zurückgreifen können. Hier sind Strategien, mit denen Sie sich optimal durchsetzen können:

- Wenden Sie die Demo-Methode an.

Oft ist die andere Partei nicht bösartig, sondern ahnt nicht, wie sich ihr Verhalten auf die Umgebung auswirkt. Eine Vorführung kann da wahre Wunder wirken. Bringen Sie Ihren Kontrahenten dazu, das Problem mit Ihren Augen zu sehen oder Ihren Ohren zu hören.

Ihr Nachbar hat seine Musik zu laut aufgedreht? Bitten Sie ihn in Ihre Wohnung und lassen Sie ihn selbst beurteilen, wie stark die Bässe seiner Anlage bei Ihnen wummern.

Zeigen Sie Ihrer Nachbarin, wie Sie sich mit Ihren Einkaufstüten an ihrem Fahrrad vorbeidrücken müssen. Das bleibt stärker in Erinnerung als Ihre bloße Bitte.

- Servieren Sie einen emotionalen Hamburger.

Für einen Hamburger nehmen Sie erst eine Brötchenhälfte, legen die Zutaten drauf und klappen dann eine Brötchenhälfte darüber. Nach dem gleichen Rezept können Sie Ihrem Gegenüber Kritik oder eine Forderung trotz aller Deutlichkeit schmackhafter machen. Beginnen Sie mit einem Kompliment, äußern Sie dann die Kritik und enden Sie wieder mit einem Kompliment.

Etwa so: »Ihre Firma ist mir als sehr zuverlässig empfohlen worden. Nun warte ich schon seit einer Stunde auf Ihre Mitarbeiter. Gewiss ist das ein Missverständnis, das Sie bei Ihrer Professionalität sofort beheben können.« Das ist nicht geschleimt, sondern schlau: Kritik pur erzeugt garantiert Abwehr (»Was soll ich denn machen, wenn die halbe Belegschaft Grippe hat? Da müssen Sie eben warten.«), Kritik nach Hamburgerart macht dagegen offen und spricht die gute Seite im anderen an.

- Sprechen Sie Klartext.

Manche Menschen verwechseln Höflichkeit mit Schwäche oder reagieren erst, wenn man Tacheles mit ihnen redet. Sobald Sie das merken, empfiehlt es sich, den Sprachstil zu wechseln. Switchen Sie von Frauensprache auf Männersprache. Sie erinnern sich? Typisch für den weiblichen, verbindlichen Stil ist es, häufig den Konjunktiv zu benutzen: »Würden Sie so freundlich sein ...«, »Könnten Sie bitte ...«, »Es wäre nett, wenn Sie ...« Außerdem relativieren Frauen oft, was sie sagen: »Eigentlich möchte ich lieber mein Geld zurück.« Männer sagen direkt, was sie wollen. Von Konjunktiv keine Spur. Selbst Bitten werden im Befehlston ausgesprochen: »Gib mir mal das Salz.« Ihre Sätze sind meist kurz, ohne längere Einleitung und verbalen Schlangentanz.

Schwestern, das können wir auch! Also nicht: »Wäre es möglich, dass Sie morgen pünktlich hier sind?«, sondern: »Morgen sind Sie bitte pünktlich hier.« Statt »Eigentlich müssten Sie die Reinigung bezahlen«, besser: »Sie haben den Fleck gemacht, also müssen Sie auch die Reinigung zahlen.«

- Nutzen Sie die Papageien-Methode.

Ein Papagei wiederholt stur und ungerührt den einen Satz, den er gelernt hat. So sollten Sie es auch machen, wenn Sie Ihren Willen durchsetzen wollen. Lassen Sie sich auf keinen Fall in eine Diskussion verwickeln. Damit geben Sie dem Anderen nur die Chance, Sie mit Argumenten matt zu setzen. Überlegen Sie sich, was Sie unbedingt durchdrücken wollen. Z. B. »Ich möchte keinen Gutschein, ich will mein Geld zurück.« Oder »Das Steak ist nicht durchgebraten. Bitte bringen Sie mir ein neues.« Wiederholen Sie immer wieder mit kleinen Variationen diesen Satz, egal, was man Ihnen entgegenhält. Die meisten Kontrahenten geben irgendwann entnervt auf, weil sie dieser Hartnäckigkeit nicht gewachsen sind.

### *Konflikte in der Partnerschaft*

Bei manchen Paaren hängt schon früh am Morgen der Haussegen schief, weil er mal wieder vergessen hat, den Deckel auf die Zahnpasta-Tube zu schrauben. Im Laufe der Zeit kann sich das zur Krise ausweiten.

Sie finden das reichlich übertrieben? Dann nehmen wir eben ein paar andere Beispiele: Ob er im Haushalt hilft, ob er genügend Zeit für Sie hat, ob er mit anderen Frauen flirtet, ob er den Job in einer anderen Stadt aufgibt, ob er Ihre Eltern mag, ob der Sex mit ihm gut ist, ob er Kinder will, oder ob er mit Geld richtig umgeht.

Der Kampf um solche Dinge erreicht oft eine Heftigkeit, als ginge es ums Überleben. Das wird verständlich, wenn wir die Wurzeln unserer Liebesbeziehung berücksichtigen. Jede enge

Verbindung ist eine Wiederholung, eine Übertragung der kindlichen Liebe zu den Eltern. Wenn wir als Erwachsene lieben, brechen unsere Ursehnsüchte nach bedingungsloser Zuneigung wieder auf. Das mag für Sie jetzt reichlich psychoanalytisch klingen, doch diese Vorgänge laufen unbewusst in uns ab. Das Vertrackte ist, dass sich unsere Wünsche zu Beginn der Beziehung tatsächlich erfüllen, und wir deshalb wissen, wie sich vollkommene Harmonie anfühlt. Im Stadium der Verliebtheit gehen wir wunderbar aufeinander ein. Leider verwirklicht sich dieser Traum nur für begrenzte Zeit, dann vertreibt ihn die Realität. Normalerweise passen wir uns allmählich den Gegebenheiten an. Wir erkennen, dass der Partner kein Märchenprinz ist, und können damit leben. Wenn er allerdings Verhaltensweisen zeigt, die bei uns alte Wunden aus der Kindheit aufreißen oder unsere Sehnsucht frustrieren, dann gelingt uns das nicht mehr. Wir fühlen uns wie ein verstoßenes Kind, einsam, hilflos, verlassen, wütend. Entsprechend heftig reagieren wir. Nachgeben wird als Liebesbeweis gewertet, nach dem Motto: »Wenn du mich wirklich liebst, dann dürfte es dir doch nicht schwer fallen, zu tun, worum ich dich bitte.« Nur: Am anderen Ende der Wippe sitzt ebenfalls ein Kind, das seinen Traum von der bedingungslosen Liebe nicht aufgeben will und Einsicht verlangt. Patt.

Je länger der Machtkampf dauert, desto mehr verhärten sich die Fronten. Schließlich bekommen wir den Tunnelblick und sehen nur noch: Er ist starrköpfig, unkooperativ, unordentlich, egoistisch, bindungsunfähig. Er ist schuld, dass die Beziehung nicht funktioniert. Wir haben Recht, und das werden wir auch durchsetzen.

### *Wollen Sie Recht haben – oder wollen Sie glücklich sein?*

Genau hier ist der Ansatzpunkt zur Lösung der Konflikte. Die Überlegung, wer Recht hat, führt garantiert in eine Sackgasse. Ebenso, wer an dem Problem schuld ist. Es gibt nämlich kein Richtig oder Falsch, sondern nur unterschiedliche Sichtweisen, die aus der eigenen Lebensgeschichte stammen. Und beim Schuldroulett rollt die Kugel sowieso immer zum anderen.

Beide Partner müssen wieder einen weiten, offenen Blick für einander bekommen. Statt unfruchtbarer Machtkämpfe ist es deshalb besser, sich zu einem Lerngespräch zusammenzusetzen. So bezeichnet der Kommunikationsberater Douglas Stone von der Harvard Law School ein Konfliktgespräch, in dem jeder erkundet, was hinter dem Verhalten des anderen steckt. Neugier für einander bringt Sie dazu in die richtige Stimmung. Bisher glaubten Sie zu wissen, welche Absichten und Motive Ihr Partner hat. Sind Sie sicher, dass Sie damit richtig liegen? Das ist selten der Fall. Nehmen Sie sich deshalb Zeit. Machen Sie sich und Ihren Partner mit den Regeln des Lerngesprächs vertraut und halten Sie sich beide daran. Diese Art der Konfliktlösung beruht weniger darauf, spezielle Techniken anzuwenden, als vielmehr, eine veränderte Sichtweise einzunehmen:

- Verzichten Sie auf Urteile.

Unterstellungen, Schuldzuweisungen und Interpretationen sind in diesem Gespräch für beide tabu.

- Gehen Sie vom Beitrags-Prinzip aus.

Der Konflikt besteht zwischen zwei Menschen. Deshalb lautet die Frage: »Wie haben wir beide zu dem Status quo beigetragen?« Übernehmen Sie die Verantwortung für Ihren Anteil. Zum Beispiel: »Es stimmt, ich reagiere heftig, wenn ich dich gebeten habe, den Geschirrspüler auszuräumen, und du es erst Stunden später tust.«

- Erzählen Sie Ihre Geschichte.

Erklären Sie ganz genau, wie Sie sich fühlen, wie Sie das Verhalten des anderen für sich interpretieren, eventuell auch, was es vor dem Hintergrund Ihrer Lebensgeschichte für Sie bedeutet. Sagen Sie, was Sie sich wünschen. Etwa so: »Wenn du dich weigerst, mit mir zum Geburtstag meines Vaters zu kommen, habe ich das Gefühl, du lässt mich im Stich. Das ist wie damals, als meine Mutter niemals zu einer Schulaufführung mitgekommen ist.«

- Erkunden Sie die Version Ihres Partners.

Als Nächstes ist Ihr Partner dran. Geben Sie ihm Zeit, seine Geschichte ausführlich auszubreiten. Um aus der Sackgasse der Meinungsverschiedenheiten herauszukommen, müssen Sie sie so gut verstehen, dass Sie die innere Logik seines Verhaltens nachvollziehen können. Männer tun sich erfahrungsgemäß schwerer, ihre Gefühle zu erkunden, doch mit sensiblem Nachfragen sind sie dazu durchaus in der Lage.

Vielleicht sagen Sie nun: »Okay, dann wissen wir am Ende alles über uns. Aber damit ist das Problem noch nicht gelöst.« Lassen Sie sich überraschen. Indem Sie die verhärteten Fronten mit Verständnis aufweichen, werden ganz andere Lösungen möglich als bisher. Oft ist sogar einer von beiden danach in der Lage, nachzugeben, ohne sich als Verlierer(in) vorzukommen. Zumindest können Sie auf dieser Basis einen guten Kompromiss aushandeln, mit dem beide zufrieden sind, weil ihre tiefer liegenden Bedürfnisse respektiert werden.

## *Konflikte im Job*

Konfliktsituationen im Job gibt es genug: Ihre Kollegin telefoniert so laut, dass Sie sich nicht konzentrieren können. Ihr Kollege gibt eine gemeinsame Arbeit als seine aus. Sie sind auf Zuarbeit oder Informationen angewiesen und erhalten sie nicht rechtzeitig. Ihr Chef putzt Sie in der Konferenz vor versammelter Mannschaft herunter.

Ziehen Sie schon mal die Boxhandschuhe an. Das Berufsleben ist ein Kampf, bei dem es darum geht, andere erfolgreich zu besiegen. Ich zeige Ihnen jetzt ein paar fiese Tricks, mit denen Ihnen das garantiert gelingt.

Falsch! Das Berufsleben ist ein Spiel, und es geht darum, die Spielregeln zu kennen. Solche, mit denen Sie Ihre Interessen wahren, ohne sich Ihre(n) Kontrahenten zum Feind zu machen. Solche, bei denen Sie gut aussehen, weil Sie klar und eindeutig Forderungen stellen. Solche, bei der vielleicht sogar beide Parteien gewinnen. Die Zeiten der knallharten Konfrontation sind vorbei, auch wenn die Böse-Mädchen-Liga das noch nicht eingesehen hat. Inzwischen sind sanfte Fähigkeiten gefragt. Sie heißen Verhandlungskunst und konstruktive Problemlösung. Erst wenn man Sie trotz aller Bemühung unfair behandelt, können Sie harte Bandagen erwägen.

### Programm für eine konstruktive Auseinandersetzung

• Leugnen Sie den Konflikt nicht.

Es hat keinen Sinn, sich selbst zu beschwichtigen: »Das meint sie nicht böse«, »Er hat halt seinen schlechten Tag«, »Das gibt sich schon wieder.« Ob ein Konflikt vorliegt, sagt Ihnen vor allem Ihr Körper. Herzklopfen, Magendruck, Kopfweh, Schweißausbruch oder Nackenverspannungen sind deutliche Hinweise.

• Verabreden Sie ein Konfliktgespräch.

Ergreifen Sie die Initiative. Bitten Sie um ein klärendes Gespräch unter vier Augen oder mit einem loyalen, besonnenen

Moderator. Wenn möglich treffen Sie sich dazu auf neutralem Terrain, etwa in einem ruhigen Lokal nach Feierabend oder einer stillen Ecke der Kantine, damit keiner einen Heimvorteil hat. Klären Sie vorab, wie viel Zeit voraussichtlich für das Gespräch nötig ist. Vereinbaren Sie, dass Sie ungestört bleiben, schalten Sie Handys auf Mailbox.

- Stellen Sie das Problem aus Ihrer Sicht dar.

Sprechen Sie darüber, wie Sie den Konflikt wahrnehmen. Teilen Sie auch maßvoll mit, wie Sie sich fühlen. Z. B. so: »Ich fühle mich unwohl, wenn Sie in meiner Abwesenheit an meinen Aktenschrank gehen. Bei mir entsteht dann der Eindruck, dass ich kontrolliert werde.« Zugegeben, damit gehen Sie das Risiko ein, dass man Sie als empfindlich abstempelt oder Ihnen Ihre Wahrnehmung ausreden will. Doch überwiegend erreichen Sie auf diese Weise mehr Verständnis. Außerdem erleichtern Sie es dem anderen durch Ihre mutige Vorleistung, ebenfalls über seine Gefühle zu sprechen. Weisen Sie notfalls souverän darauf hin, dass Gefühle für eine Konfliktlösung wichtig sind, und dass Sie eben einen hohen emotionalen Intelligenzquotienten besitzen.

- Bleiben Sie sachlich.

Vermeiden Sie unbedingt Vorwürfe (»Wie können Sie einfach an meine Akten gehen!«), Unterstellungen (»Sie wollen ja nur herumschnüffeln«) oder Belehrungen (»So etwas gehört sich einfach nicht«). Auch Drohungen und Erpressungen (»Wenn ich Sie noch mal dabei erwische …«) bringen nicht weiter. Damit erreichen Sie mit Sicherheit nur Abwehr. Nennen Sie nur die Fakten.

- Hören Sie der Gegenseite aktiv zu.

Ihr Kontrahent hat das gleiche Recht wie Sie, die eigene Meinung zu äußern. Versuchen Sie, sich in seine Lage zu versetzen. Checken Sie immer wieder, ob Sie ihn richtig verstanden haben, indem Sie nachfragen. »Habe ich richtig verstanden, dass der Zeitplan für dich zu eng ist und du dich von mir unter Druck gesetzt fühlst?« Lassen Sie sich nicht provozieren. Überhören Sie Vorwürfe und Anschuldigungen. Führen Sie das Gespräch beharrlich auf eine sachliche Ebene zurück.

- Drücken Sie Ihre Wünsche deutlich aus.

Sie haben ein Recht darauf, Ihre Wünsche oder Vorstellungen zu äußern. Je klarer Sie das tun, desto besser kann Ihr Gegenüber dazu Stellung nehmen. Verzichten Sie auf typisch weibliche Wischiwaschi-Formulierung wie »Es wäre wirklich sehr nett von Ihnen, wenn Sie mir in Zukunft die Unterlagen ein bisschen früher geben würden«. Nehmen Sie sich auch hier die Männer-Sprache zum Vorbild und geben Sie ein direktes Statement ab: »Geben Sie mir die Unterlagen demnächst bitte spätestens zwei Tage vor der Konferenz.«

- Machen Sie Änderungsvorschläge.

Nicht in jedem Fall ist es sinnvoll, auf dem eigenen Standpunkt zu beharren. Die besten Verhandlungen sind ohnehin meist die, bei denen es keine Verlierer gibt. Schlagen Sie eine Lösung vor, von der beide Seiten profitieren. Überlegen Sie, worauf Sie am leichtesten verzichten können und was Sie unbedingt erreichen möchten. Formulieren Sie daraus einen Kompromissvorschlag. Ebenso günstig ist es, den anderen die Alternative zum Status quo selbst finden zu lassen. Fragen Sie: »Was können wir Ihrer Meinung nach tun, um das Problem zu lösen?«

- Klopfen Sie die Lösung fest.

Wenn Sie ein Ergebnis erzielt haben, fassen Sie es am Schluss mündlich zusammen und holen Sie die Zustimmung Ihres Gegenübers dazu ein. Fixieren Sie es später noch einmal schriftlich und lassen Sie es der Gegenseite als Notiz zukommen. Etwa so: »Ich möchte Sie noch einmal an unser Gesprächsergebnis vom 12. 3. erinnern. Wir haben uns darauf geeinigt, dass Sie meinen Anteil am Projekt mit meinem Namen kennzeichnen. Vielen Dank für Ihre Kooperation.« Dann können Sie sich jederzeit darauf berufen.

- Lassen Sie Meinungen nebeneinander stehen.

Es ist eine Illusion, zu glauben, dass es immer eine Lösung gibt. Manchmal sind Ansichten so konträr oder die Umstände so zwingend, dass auch die geschickteste Verhandlungskunst sie nicht unter einen Hut bringen kann. Dann bleibt nur, mit Anstand auseinander zu gehen. Benennen Sie noch einmal die Unterschiede und trennen Sie sie deutlich von der Person. Sagen Sie etwa: »Leider kommen wir in dieser Sache nicht zusammen. Ich hoffe aber, dass das unserem gegenseitigen Respekt (unserer guten Beziehung, weiteren Zusammenarbeit) keinen Abbruch tut.«

### *Mobbing ist ein Sonderfall*

Im Zusammenhang mit Konflikten im Beruf kommt man leider nicht umhin, auch über Mobbing zu sprechen. Die Zahl der Mobbingopfer nimmt drastisch zu. Es kann jeden treffen, das ist keine Frage der Persönlichkeit. Hier ist es mit guten Methoden zur Konfliktlösung und Techniken, um sich vor Verletzungen zu schützen, allein nicht getan. Die wirken in dem Fall nur wie Aspirin bei Kopfweh. Es lindert, behebt aber nicht die Ursache. Wenn Sie ein Mobbingopfer sind, sollten Sie sofort Alarm schlagen. Agieren Sie nicht tapfer allein gegen die Mafia. Informieren Sie Ihre Vorgesetzten und den Betriebsrat, wenden Sie sich an eine kompetente Person, der Sie vertrauen. Suchen Sie sich Verbündete. Inzwischen haben auch schon viele Krankenkassen ein »Mobbing-Telefon« eingerichtet, an dem Sie sich psychologisch und juristisch beraten lassen können. Machen Sie sich klar, dass schwere Schikanen Sie seelisch traumatisieren können. Wenn Sie keine Unterstützung bekommen: Nichts wie weg! Auch dann, wenn Sie Ihren Traumjob aufgeben müssen oder fürchten, so schnell keine neue Stelle zu bekommen. Ihre Gesundheit und Ihr psychisches Wohlbefinden sind wichtiger.

### *Machen Sie beim Gewinnspiel mit*

Gegenwärtig ist vor allem in der Wirtschaft eine neue Art der Konfliktlösung Trend. Bei Verhandlungen pokern Manager nicht mehr knallhart um den eigenen Erfolg, sondern setzen sich auch für den der Gegenseite ein. Man bezeichnet das als die »Win-Win«-Methode. Eigentlich ist es weniger eine Technik als eine Philosophie. Wir haben gelernt, in Gegensätzen zu denken: Stark oder schwach. Sympathisch oder unsympathisch. Gut oder schlecht. Und eben auch: Gewinnen oder verlieren. Die Win-Win-Methode geht darüber hinaus. Sie ist der Glaube an eine dritte Alternative. Es geht nicht darum, dass Sie Ihre Interessen auf Teufel komm raus durchboxen oder Ihr Kontrahent seine, sondern dass Sie gemeinsam eine Lösung auf einer besseren, höheren Ebene finden.

Angenommen, Sie besitzen eine Boutique. Eine Kundin hat bei Ihnen ein Kleid gekauft. Sie lässt es drei Wochen im Schrank hängen und bringt es dann zurück, weil es ihr doch nicht gefällt. Natürlich können Sie den Umtausch ablehnen. Das Recht ist voll auf Ihrer Seite. Doch wenn Sie hart bleiben, sehen Sie diese Kundin bestimmt nie wieder. Win-Win könnte in dem Fall bedeuten, dass Sie das Teil zurücknehmen und ihr statt Bargeld einen Gutschein geben.

Win-Win sieht das Leben als kooperatives Feld, nicht als Arena des Wettstreites. Der amerikanische Unternehmensberater Stephen R. Covey beschreibt das so: »Gewinn/Gewinn heißt, dass alle Abmachungen und Lösungen für beide Seiten zuträglich und befriedigend sind. Alle Parteien fühlen sich mit der Entscheidung wohl und sind innerlich dem vereinbarten Vorgehen verpflichtet.«[28]

Nicht immer ist Win-Win möglich. Wenn Sie mit einer Freundin ein Tennismatch spielen, wird eine gewinnen, die andere verlieren. Doch in vielen Fällen lohnt es sich, das alte Schema »Einer wird gewinnen« aufzugeben. Nicht weil Sie zu einem Gutmenschen mutieren wollen, sondern weil kurzfristige Gewinne oft langfristig ein Verlust sein können. Das gilt in der Liebe genauso wie im Job oder in der Nachbarschaft.

### Grenzen der Konfliktlösung

Sie sehen es in der Tagesschau, lesen es in der Zeitung: Es gibt Situationen, in denen keine friedliche Konfliktlösung möglich ist. Auch dann nicht, wenn sich professionelle Unterhändler dafür engagieren. Eine Veränderung ergibt sich erst, wenn die Zeit dafür reif ist oder sich genügend Gegenkräfte entwickelt haben.

Was für die große Politik gilt, kommt auch in Ihrem Umfeld vor. Manche Menschen sind durch Worte einfach nicht erreichbar. Sie sind psychisch krank, bösartig, dumm oder fanatisch, so dass es mit ihnen keine friedliche Konfliktlösung geben kann. Hier helfen nur zwei Strategien: Den Konflikt aussitzen oder den Schauplatz verlassen. Meist ist Letzteres die beste Lösung.

Über Johanna wohnt eine psychisch gestörte Frau. Ihre Krankheit ist nicht so stark, dass sie in der Psychiatrie untergebracht werden müsste, aber schlimm genug, um Johanna das Leben schwer zu machen. Immer wieder schlitzt diese Nachbarin heimlich die Reifen von Johannas Fahrrad auf, wirft Abfall in den Briefkasten oder dreht ihren Fernseher auf extreme Lautstärke. Der Vermieter kümmert sich nicht darum, die Polizei verwarnt höchstens, Gespräche haben keinen Sinn. Jetzt ist Johanna auf Wohnungssuche.

Kündigen Sie, trennen Sie sich, brechen Sie den privaten Kontakt ab, bevor Sie Ihre Lebensfreude und Energie verlieren. Machen Sie sich klar, dass Sie nicht versagt haben, weil Sie den Konflikt nicht lösen konnten. Manchmal ist es klüger als jede Strategie, rechtzeitig zu erkennen, wann alle Liebesmüh vergeblich ist.

Angriffe und Konflikte sind nicht das Einzige, was unser seelisches Gleichgewicht erschüttert. Auch auf Kritik reagieren wir sehr sensibel. Das ist kaum verwunderlich, denn schließlich bemühen wir uns ständig, unser Bestes zu geben. Wird das Ergebnis angezweifelt, sind wir am Boden zerstört. Wir glauben versagt zu haben oder fühlen uns als Person abgewertet.

Von daher lohnt es sich, den Umgang mit Kritik ebenfalls gründlich unter die Lupe zu nehmen. Es gibt nämlich weitaus mehr Möglichkeiten, als eingeschnappt zu sein oder sich heftig zu verteidigen.

### Der souveräne Umgang mit Kritik

Wohl kaum jemand sagt: »Herzlichen Dank für den Tipp, dass ich in meinem grünen Kleid aussehe wie ein Käsekuchen«, oder »Vielen Dank für den Hinweis, dass ich zu laut rede.«

Jede Kritik, ob freundlich, sachlich oder gemein vorgebracht, ob gerechtfertigt oder nicht, tut erst einmal weh. Sie verunsichert uns. Sie kratzt an unserem Selbstbewusstsein. Sie löst Schuldgefühle aus und schürt unsere Selbstzweifel. Falls sie einen wunden Punkt trifft, kann sie uns sogar in frühere Zeiten zurückkatapultieren. Plötzlich fühlen wir uns wie ein hilfloses kleines Mädchen, voller Scham, ohnmächtig. Mit dickem Hals schlucken wir die Tränen runter.

Die Wechselwirkung »Kritik – Reaktion« läuft in Sekundenschnelle ab. Meist bleibt uns keine Zeit, um erst einmal in Ruhe zu sortieren: Ist der Vorwurf überhaupt berechtigt? Wie verhalte ich mich jetzt am geschicktesten? Stattdessen greifen wir reflexartig auf vertraute Verhaltensweisen zurück: Wir beißen uns auf die Lippen und schweigen betroffen. Wir fahren eine Retourkutsche. Wir verteidigen uns heftig. Wir entschuldigen uns kleinlaut. Wir sind beleidigt und schwören heimlich Rache.

Nur um hinterher festzustellen, dass wir nicht angemessen reagiert haben. Nachkarten hilft dann allerdings wenig. Zu spät, Sie haben dem arroganten Kollegen schon Ihre Schwäche gezeigt, anstatt ihn souverän in die Schranken zu weisen. Sie haben Ihrer wohlmeinenden Freundin wütend vorgeworfen, sie sei ja nur neidisch. Sie haben geredet, wo Sie besser geschwiegen hätten, und geschwiegen, wo Sie den Mund hätten aufmachen sollen. Zu dumm.

### *Ihre Reaktion auf Kritik ist gelernt*

Falls Sie bisher auf Kritik nicht optimal reagiert haben, dürfen Sie sich das großmütig verzeihen. Es liegt nämlich mit ziemlicher Sicherheit daran, dass die Werkzeuge, die für diese Fälle in Ihrem geistigen Handwerksköfferchen lagern, schon reichlich veraltet sind.

Ihren speziellen Umgang mit Kritik haben Sie bereits als Kind gelernt. Damals hat sich vielleicht Ihr autoritärer Vater jedes Widerwort energisch verbeten. Oder Ihre Klassenlehrerin in der Grundschule wurde butterweich, wenn Sie sich einsichtig zeigten. Oder Sie kamen in der Geschwisterrunde am besten durch, wenn Sie lauthals alles abstritten. Gelernt ist gelernt. Noch heute greifen Sie automatisch auf das Altbewährte zurück. Je heftiger in der Gegenwart Ihre Reaktion auf Kritik ausfällt, desto eher können Sie davon ausgehen, dass frühe Erinnerungen nachwirken. Sie projizieren sie unbewusst auf jeden, der Sie kritisiert.

Auf diese Weise wandelt sich Ihr Chef zum strengen Vater, die Freundin zur missgünstigen Schwester, die Kollegin zur hämischen Mitschülerin, auf die Sie in altbewährter Manier reagieren.

Auch Ihr Selbstbewusstsein stammt überwiegend aus der Kindheit. Es bestimmt mit, wie tief Sie Kritik berührt und wie lange Sie sich damit beschäftigen.

Zum Glück ist Ihr Verhalten nicht festgeschrieben. Die alten Instrumente lassen sich jederzeit gegen neue, praktische eintauschen. Sie können wirkungsvollere Formen, mit Kritik umzugehen, wählen. Allerdings müssen Sie sich mit ihnen vorab gründlich vertraut machen, wollen Sie sie im Ernstfall parat haben. Am besten lernen Sie die Methoden auswendig wie ein Geburtstagsgedicht. Denn nur wenn Sie sämtliche Möglichkeiten im Schlaf herunterbeten können, werden Sie auf Kritik automatisch passend reagieren.

Darüber hinaus können Sie auch trainieren, indem Sie einen Trockenkurs in der Phantasie durchführen: Stellen Sie sich eine Situation vor, in der Sie bisher in punkto Kritik ungünstig abgeschnitten haben. Ändern Sie diese Szene vor Ihrem inneren Auge ab, indem Sie optimal reagieren. Auf diese Weise proben Sie den nächsten Ernstfall. Und der kommt garantiert! Auch wenn Sie eine Weile darauf warten müssen.

So ging es mir jedenfalls: Vor Jahren hielt ich einen öffentlichen Vortrag zum Thema »Ausstrahlung«. Mir lag daran, komplizierte psychologische Fakten verständlich auszudrücken. Als ich anschließend den Saal verließ, kam ein Herr auf mich zu und sagte: »Na ja, was Sie da gesagt haben, war ja ziemliche Hausfrauenpsychologie.« Ich war so perplex, dass ich irgendetwas wie »... muss auch für Laien nachvollziehbar sein« stotterte. Der Herr entfernte sich mit leutseligem Kopfnicken. Auf dem Weg zum Hotel kroch der Ärger in mir hoch. Was bildete der sich eigentlich ein? Kompliziert reden kann schließlich jede(r), aber sich allgemein verständlich auszudrücken, ohne banal zu werden, ist eine Kunst! Im Geiste gab ich ihm contra – und bereitete mich damit auf die nächste Kritik dieser Art vor. Die kam fast identisch drei Jahre später: In der Diskussion nach einem Vortrag meldete sich ein Herr und sagte: »Was Sie da erzählen, ist doch genau der Quatsch, den man immer in den Frauenzeitschriften liest.« Das Publikum reagierte auf seine Worte empört. Ich sah ihn nur freundlich an und sagte ganz gelassen: »Wissen Sie, alle großen Dinge sind einfach.«

### *Wenden Sie ein neues Programm an*

Wenn Sie sich innerlich vorbereiten, besitzen Sie ein Repertoire, das Ihnen jederzeit zur Verfügung steht. Ein angenehmer Nebeneffekt: Je häufiger Sie es benutzen, desto selbstsicherer werden Sie.

Eine Garantie für lückenlosen Erfolg gibt es natürlich trotzdem nicht. Auch in Zukunft kann es passieren, dass Sie gelegentlich von einer Kritik völlig überrascht oder auf dem linken Fuß erwischt werden. Doch für die meisten Fälle sind Sie mit den folgenden Strategien bestens gewappnet:

- Gewinnen Sie Zeit.

Kritik bringt Sie in Zugzwang. Weil jedoch spontane Reaktionen selten klug sind, sollten Sie sich wenigstens ein paar Sekunden Pufferzeit verschaffen. Die brauchen Sie, um blitzschnell zu entscheiden, wie Sie sich verhalten wollen.

Atmen Sie als Erstes bewusst tief ein und aus. Das hilft, den Schock und Verkrampfung zu lösen. Lenken Sie dann den Pfeil, der auf Sie abgeschossen wurde, sofort auf den Schützen zurück, indem Sie eine allgemeine Frage zu der Kritik stellen.

Zum Beispiel: »Kannst du mir bitte noch mal genau sagen, was dich stört?« »Ist Ihnen (dir) das schon seit längerem aufgefallen?« Oder einfach: »Wie bitte?« Wichtig ist nur, dass Ihr Gegenüber weiterredet. Währenddessen können Sie sich etwas beruhigen, Ihre Gefühle sortieren und eine passende Reaktion überlegen.

- Vertagen Sie Ihre Reaktion.

Wenn Sie merken, dass es Ihnen nicht gelingt, sich schnell zu fangen, fordern Sie einen Aufschub. Etwa so: »Ihre Kritik überrascht mich. Darüber muss ich erst einmal nachdenken.« Oder: »Tut mir Leid, aber dazu kann ich im Augenblick nichts sagen. Das muss ich erst einmal verdauen.« Wenn möglich verlassen Sie dann den Schauplatz. Allerdings dürfen Sie die Kritik später nicht stillschweigend auf sich beruhen lassen. Das wäre ein Zeichen von Schwäche oder stört die Beziehung. Greifen Sie sie bei passender Gelegenheit wieder auf: »Ich habe über Ihre Worte nachgedacht und bin zu dem Schluss gekommen, dass …« oder »Ich habe mir deine Kritik noch mal durch den Kopf gehen lassen und finde …«

- Bestimmen Sie den äußeren Rahmen.

Niemand kann Sie zwingen, ungünstige Bedingungen zu akzeptieren. Sie müssen es keineswegs hinnehmen, dass man Ihnen Kritik zwischen Tür und Angel mitteilt oder Sie vor Unbeteiligten abkanzelt. Schlagen Sie in dem Fall Ort und Zeit vor, die Ihnen für eine Aussprache geeigneter erscheinen.

Etwa so: »Darüber möchte ich mit dir gerne ausführlicher sprechen. Wie wäre es morgen Nachmittag bei einer Tasse Kaffee?« »Darüber möchte ich mit Ihnen lieber unter vier Augen sprechen. Wann haben Sie einen Termin frei?« Ist eine solche Absprache nicht möglich, stoppen Sie Ihre Kritiker mit einem knappen »Bitte nicht jetzt und hier!«

• Lassen Sie sich die Kritik präzise nennen.

Mit vagen Beschuldigungen können Sie wenig anfangen. Aussagen wie »Nie bist du für mich da, wenn ich dich brauche« oder »Seit Sie im Büro sind, ist das Betriebsklima schlecht«, sind viel zu allgemein. Wenn Sie tatsächlich etwas ändern wollen, müssen Sie exakt wissen, was man Ihnen vorwirft. Fragen Sie deshalb intensiv nach, und bitten Sie um konkrete Belege. Zum Beispiel: »Ich möchte gerne genau wissen, was Sie stört. Können Sie mir sagen, wo Ihnen das in letzter Zeit aufgefallen ist?« »Bitte erläutern Sie genau, was Sie an meinem Verhalten falsch finden.«

• Wiederholen Sie die Kritik mit Ihren eigenen Worten.

Auf ernst zu nehmende Kritik möchten Sie gewiss reagieren. Um sicherzugehen, dass Sie genau verstanden haben, was man Ihnen vorwirft, sollten Sie Rückmeldung geben. Fassen Sie die Kritik zusammen, und erkundigen Sie sich, ob Sie damit die Meinung Ihres Gegenübers getroffen haben. Z. B. so: »Du findest, dass ich zu ungeduldig bin und dir keine Zeit lasse, die Dinge in deinem Tempo zu tun. Ist das richtig?« Das kann der andere bestätigen oder korrigieren.

• Prüfen Sie das Motiv Ihres Kritikers.

Dass man Sie kritisiert, bedeutet noch lange nicht, dass Sie tatsächlich einen Fehler gemacht haben. Ziehen Sie sich nicht unbesehen jeden Kritik-Schuh an. Prüfen Sie nach dem Motto »Guck mal, wer da spricht«, warum sich Ihr Gegenüber kritisch äußert: Andere Wertvorstellungen, schlechte Laune, Neid, Rache oder Arroganz sind oft die Triebfeder. Da lohnt es sich kaum, lange zu diskutieren oder darüber nachzudenken. Wappnen Sie sich für solche Fälle innerlich mit einem Spruch, den Sie sich zur Beruhigung, wie ein indischer Guru sein Mantra, vorsagen. Z. B. »Das ist *dein* Problem.« »Das hat mit mir überhaupt nichts zu tun.«

- Lassen Sie boshafte Kritiker auflaufen.

Wenn Sie aus purer Gemeinheit kritisiert werden – z. B. »Für so was sind Sie doch viel zu alt (jung)« oder »Sie passen doch gar nicht hierher« –, reagieren Sie cool und zurückhaltend. Schauen Sie Ihrem Gegenüber gerade in die Augen, und kontern Sie nur kurz: »Ach ja?« Oder »Interessant!« Wirkungsvoll ist es auch, die Aussage präzise als Frage zu wiederholen: »Sie glauben also, dass ich hier nicht herpasse?« Meist ist Ihrem Gegenüber die Konfrontation mit seinen eigenen unhöflichen Worten dann doch peinlich.

- Weisen Sie ungerechtfertigte Kritik zurück.

Es nutzt wenig, sich über Ungerechtigkeiten aufzuregen. Nennen Sie stattdessen ruhig Ihren Standpunkt. Bieten Sie notfalls Nachweise an. Z. B: »Es stimmt nicht, dass ich während der Arbeitszeit privat telefoniere. Herr Meyer kann Ihnen bestätigen, dass ich nur einmal wegen eines Arzttermins ein Privatgespräch geführt habe.« Achten Sie dabei unbedingt auf einen sachlichen Ton, damit es nicht nach hektischer Verteidigung klingt.

- Stimmen Sie gerechtfertigter Kritik zu.

Es zeugt von Stärke, wenn Sie in der Lage sind, Fehler zuzugeben. Dabei müssen Sie sich weder klein machen noch sich selbst bezichtigen. Sie haben mehrere Möglichkeiten, souverän zu reagieren:

Entschuldigen Sie sich, und schlagen Sie gleichzeitig eine Verbesserung vor. Z. B. » Es tut mir Leid, dass du dir Sorgen gemacht hast. Wenn mir demnächst etwas dazwischenkommt, rufe ich dich sofort an.«

Bedanken Sie sich ohne weiteren Kommentar freundlich für den Hinweis. Z. B. so: »Vielen Dank, dass Sie mir das so offen gesagt haben. Ich werde darüber nachdenken.«

Mit Kritik umzugehen ist nicht der einzige weibliche Schwachpunkt. Genauso schwer fällt es uns, Nein zu sagen und Grenzen zu setzen.

Davon konnte ich mich gründlich überzeugen: In den Seminaren, die ich zum Thema Selbstsicherheit durchführte, sammelte ich zu Beginn, welche Inhalte gefragt waren. Reihum nannten die Teilnehmerinnen ihre Präferenz. Dreimal dürfen Sie raten, was die Hitliste anführte: »Nein sagen!«

## Sagen Sie Nein und setzen Sie Grenzen

Ob im Beruf oder im Privatleben, kaum ein Wort geht uns so schwer über die Lippen wie das Wörtchen Nein. Erspart bleibt es uns trotzdem nicht. Wer es nicht zu sagen wagt, versinkt in einem Meer ungewollter Verpflichtungen, muss Zeit, Energie und Lust opfern.

Angelika hat einen stressigen Tag hinter sich. Die Kinder waren quengelig, die Waschmaschine gab ganz plötzlich den Geist auf, die Steuererklärung hatte sie auch noch nicht fertig. Als sie endlich todmüde im Bett liegt, streichelt Claus zärtlich ihre Schulter und signalisiert ihr, dass er mit ihr schlafen möchte.

Rita nutzt ihre knappe Mittagspause, um in der Stadt Einkäufe zu erledigen. »Wenn du sowieso ins Kaufhaus gehst, kannst du mir eine schwarze Strumpfhose Größe 40/42 mitbringen?«, fragt ihre Kollegin.

Dagmar ist freie Journalistin. Bis Ende des Monats ist sie mit Aufträgen voll eingedeckt. Die Redakteurin einer Zeitschrift, für die sie normalerweise gerne arbeitet, ruft an und bittet: »Können Sie das Interview nicht doch noch dazwischenschieben?«

Täglich gibt es Situationen, die ein klares Nein erfordern. Dass es so schwer fällt, hat seinen Grund.

### *Gute Gründe, warum Sie ungern Nein sagen*

• Neinsagen tut den anderen weh.

Schon als kleines Mädchen haben Sie gelernt, sich um das Wohl Ihrer Umgebung zu kümmern. Sie möchten niemanden enttäuschen, kränken oder verletzen. Tun Sie es doch, werden Sie von Schuldgefühlen gequält.

• Neinsagen kratzt am Ego.

Sie sehen sich gerne als treue Freundin, gute Mutter, loyale Kollegin, phantasievolle Geliebte. Dazu passt es schlecht, eine Bitte abzuschlagen oder sich zu verweigern.

• Neinsagen macht unbeliebt.

Ihr Image als guter Mensch wird zerstört. Am Ende schätzt oder liebt man Sie weniger, weil Sie so abweisend sind.

• Neinsagen ist gefährlich.

Indem Sie ablehnen, schaffen Sie sich Feinde. Das könnte sich negativ auf Ihre Karriere, das Familienklima oder die Nachbarschaft auswirken.

Um solche Konsequenzen zu vermeiden, sagen Sie entweder Ja und ärgern sich hinterher über sich selbst. Oder Sie erfinden Notlügen und Ausreden, warum etwas leider nicht geht. Dadurch verschaffen Sie sich zwar kurzfristig Luft, geraten auf die

Dauer aber noch mehr unter Druck. Ihr Nein ist nur aufgeschoben, nicht aufgehoben.

Sie kommen nicht darum herum, gelegentlich ein Nein auszusprechen. Sagen Sie sich: Neinsagen tut gut. Es stärkt Ihre Selbstachtung, schützt Sie, spart Ihnen Zeit und Kraft. Und die Folgen sind meist viel weniger schlimm, als Sie es sich vorstellen. Vor allem, wenn Sie wissen, wie Sie sich diplomatisch äußern können. Es ist nämlich gar nicht nötig, Ihrem Gegenüber ein knallhartes Nein um die Ohren zu schlagen. Sie können eine Ablehnung so verpacken, dass sie nicht schmerzt und dennoch eindeutig ist.

## Zehn Arten, diplomatisch Nein zu sagen

Im Folgenden finden Sie verschiedene Varianten, mit denen Sie höflich und trotzdem klar Nein sagen können. Die Beispiele zeigen Ihnen, bei welcher Gelegenheit sie sich besonders bewähren. Gewiss wird es Ihnen nicht schwer fallen, sie auf ähnliche Situationen zu übertragen.

- Appellieren Sie an die Rücksichtsnahme Ihres Gegenübers.

Gerd und Heike sitzen in der Kantine und unterhalten sich über den Job. Aus den Augenwinkeln sehen sie das Unheil nahen. Ein Kollege, der für seine Klatschsucht bekannt ist, steuert mit seinem Essenstablett geradewegs auf sie zu. »Kann ich mich zu euch setzen?« Heike lächelt ihn freundlich an und sagt: »Normalerweise gerne, aber wir besprechen gerade etwas Persönliches. Dafür hast du bestimmt Verständnis.«

- Verweigern Sie mit Witz und Humor.

Sabine rekelt sich genüsslich in der Sonne. Nur schade, dass es im Schwimmbad so voll ist. Der Typ neben ihr liegt schon fast auf ihrem Handtuch. Und nun fragt er auch noch, ob sie wohl so nett ist, ihm mal den Rücken einzucremen. Sabine findet das entschieden zu intim, will aber auch nicht zickig wirken. Also sagt sie: »Sorry, aber meine Mutter hat mir verboten, fremde Männer anzufassen.«

- Verweisen Sie auf ein Prinzip.

Der neue Abteilungsleiter findet Frida offenbar nicht nur als Sekretärin beachtlich. Jedenfalls lädt er sie zum Abendessen in ein Luxusrestaurant ein. Frida schwant nichts Gutes. Sie lehnt mit den Worten ab: »Vielen Dank für die Einladung. Aber ich habe es mir zur Regel gemacht, Berufliches und Privates strikt zu trennen. Davon möchte ich nicht abgehen.« So vermeidet sie, dass ihr Gegenüber sich persönlich abgelehnt fühlt.

- Schrecken Sie wirkungsvoll ab.

Katrin und Lissy kennen sich noch vom Studium her. Der Kontakt ist nie ganz abgerissen. Alle Vierteljahre treffen sich die beiden zu einem gemütlichen Klönabend in der Kneipe. Katrin schwärmt von Paris. Nach ein paar Gläsern Rotwein fragt Lissy: »Sag mal, wollen wir nicht mal zusammen nach Paris fahren?« So groß ist Katrins Sympathie für Lissy denn doch nicht, aber das kann sie natürlich nicht sagen, ohne sie zu kränken. Deshalb behauptet sie: »Lissy, das kann ich dir nicht antun. Schließlich möchte ich dich als Freundin behalten. Du hast mich noch nicht auf Reisen erlebt. Da muss immer alles nach meinem Kopf gehen.«

- Schützen Sie ein persönliches Problem vor.

Manche Leute sind mit dem Du schnell zur Hand. Eine aufdringliche Nachbarin, mit der Xenia lieber auf Distanz bleiben möchte, leiht sich bei ihr Zucker aus und bietet ihr bei der Gelegenheit gleich das Du an. Xenias Antwort: »Vielen Dank, ich finde das sehr schmeichelhaft, aber ich tu mich mit dem Duzen immer furchtbar schwer. Bitte haben Sie dafür Verständnis.«

- Versüßen Sie die Ablehnung mit einem Kompliment.

Wandas Ex-Partner verlangt zum x-ten Mal eine Aussprache.

Offenbar will er nicht verstehen, dass es wirklich aus ist. Sie sagt: »Da gibt es nichts mehr zu sagen. Du bist ein toller, kluger, gut aussehender Mann, aber wir passen einfach nicht zusammen.»

- Bei einem Nein im Job: Zeigen Sie sich engagiert.

Maria hat stundenlang an der Theaterkasse angestanden, um Karten für die Opernpremiere zu ergattern. Ausgerechnet am Premieren-Tag bittet ihre Chefin sie, länger zu bleiben. Maria ist klug genug, so zu reagieren: »Ich habe einen sehr wichtigen privaten Termin, den ich schwer absagen kann. Sehen Sie eine Möglichkeit, die Arbeit zu einem anderen Zeitpunkt zu machen? Ich könnte heute Nacht etwas vorbereiten oder morgen früher kommen.« Auf diese Weise zeigt sie ihr Engagement und stimmt ihre Chefin wohlwollend.

- Zeigen Sie Ihren guten Willen, indem Sie Ersatz suchen.

Der Aufzug zur U-Bahn ist defekt. Eine Mutter bittet Theresa, mit ihr den Kinderwagen die Treppe hochzutragen. Theresa hat es am Rücken und fürchtet, dass die Schlepperei bei ihr den nächsten Bandscheibenvorfall auslöst. Also erklärt sie: »Tut mir Leid, ich habe ein Rückenleiden. Aber ich frage mal den jungen Mann dahinten, ob der Ihnen helfen kann.«

Sicherheit geht vor. Riskieren Sie nicht aus Höflichkeit Ihre Gesundheit oder andere wichtige Dinge.

- Nutzen Sie die Nebel-Taktik.

Auf vage Angaben lässt sich keine(r) gern ein. Eine Kollegin, die Ulrike nicht sonderlich sympathisch findet, fragt sie: »Wollen wir morgen zusammen in die Kantine gehen?« Ulrike bedauert: »Ich habe zur Zeit so viel zu tun, dass ich gar nicht weiß, wann ich überhaupt zum Essen komme. Deshalb möchte ich mich nicht festlegen.«

- Loben Sie die Absicht, nicht das Ergebnis.

Imke bekommt von ihrer Schwiegermutter für den Garten eine

kitschige Vogeltränke aus Keramik geschenkt. Erwartungsvoll fragt die Schwiegermama: »Gefällt sie dir?« Imke sagt: »Ich bin wirklich ganz gerührt, wie lieb du an mich gedacht hast!« Die gute Absicht lässt sich immer ehrlich anerkennen.

### Bereiten Sie Ihr Nein taktisch vor

Wer zu spät kommt, den bestraft das Leben, manchmal mit einem »Ja«. In einigen Fällen ist deshalb Vorsorge angebracht. Andernfalls können Sie sich nicht ohne Schaden aus der Affäre ziehen. Überlegen Sie rechtzeitig, was eventuell auf Sie zukommt und wie Sie die Situation zu Ihren Gunsten arrangieren.

Etwa in einem solchen Fall: Beim Fortbildungsseminar kann es Ihnen passieren, dass Ihnen eine unsympathische Kollegin aufs Doppelzimmer zugeteilt wird. Verabreden Sie schon vor Beginn des Seminars mit Ihrer Lieblingskollegin, gemeinsam ein Zimmer zu belegen. Dann können Sie der anderen vor Ort ehrlich sagen: »Es tut mir Leid, aber ich habe mich schon mit Irene abgesprochen.«

### Manchmal müssen Sie in den sauren Apfel beißen

Es gibt Situationen, in denen auch das eleganteste Nein fehl am Platze ist, nämlich wenn Sie sich dadurch in Gefahr begeben, unnötig Feinde machen oder grob unhöflich sind. Wie in diesem Fall:

Auf dem Betriebsfest fordert Sie der unbeliebte Abteilungsleiter zum Walzer auf. Wenn Sie mit anderen tanzen, dann auch mit ihm. Bringen Sie es also mit Charme und Anstand hinter sich. Sollte er Ihnen dabei allerdings zu nahe kommen oder ständig mit Ihnen tanzen wollen, nutzen Sie wieder eine der bewährten Nein-Techniken: »Seien Sie mir nicht böse, aber ich bekomme beim engen Tanzen immer Beklemmungen.« »Vielen Dank, aber ich will Sie auf keinen Fall von Ihren Verpflichtungen abhalten. Die anderen möchten gewiss auch mit Ihnen tanzen.«

### *Und was ist, wenn Ihr Nein nicht akzeptiert wird?*

Wenn etwa die Freundin beteuert: »Mir macht das gar nichts aus, dass du auf Reisen schwierig bist« oder die Kollegin vorschlägt: »Ich warte gern auf dich. Sag doch einfach spontan Bescheid, wenn du zum Essen gehst.« Wenn der Chef schmeichelt: »Aber für mich könnten Sie doch eine Ausnahme machen.«

Lassen Sie sich in dem Fall auf keine Diskussion ein, denn dann haben Sie schon verloren! Halten Sie an Ihrer Position fest. Und so gelingt Ihnen das am besten:

- Zeigen Sie, dass Sie das Argument der anderen Seite verstehen und als persönliche Meinung akzeptieren.

»Ich glaube dir, dass du tolerant bist.« »Es ist nett von dir, dass du auch auf mich warten würdest.« »Ich verstehe, dass Sie mein Prinzip, Berufliches und Privates zu trennen, etwas streng finden.«

- Wiederholen Sie Ihr Nein-Argument in Variationen.

» … aber wie ich schon sagte, möchte ich nicht das Risiko eingehen, dich durch meine Launen als Freundin zu verlieren.« » … aber es setzt mich wirklich zurzeit unter Druck, mich zum Essen zu verabreden.« » … aber ich habe es mir nun mal zur Regel gemacht und möchte dabei bleiben.«

Fast immer ist der Fall damit erledigt. Sollte aber jemand tatsächlich hartnäckig bis zur Schmerzgrenze sein, bleibt Ihnen immer noch das klare, pure Nein.

### *Nein sagen ohne schlechtes Gewissen*

In meinen Seminaren zum Thema »Selbstsicherheit« lautete eine der häufigsten Fragen: »Wie schaffe ich es, Nein zu sagen, ohne mich hinterher schlecht zu fühlen?« Meine Antwort klang für die Teilnehmerinnen zunächst enttäuschend: »Das wird Ihnen kaum gelingen.« Und zwar aus gutem Grund:

Von Kindesbeinen an haben wir gelernt, dass unsere Interessen weniger zählen als die der anderen. Wann immer Sie sich nach dieser Regel verhalten, entsprechen Sie Ihrem inneren Bild von einem guten Menschen. Dem widerspricht jedoch unser gesunder Egoismus. Von Natur aus liegen uns die eigenen Bedürfnisse mehr am Herzen als die der anderen.

Dieser Gegensatz von gelerntem und natürlichem Verhalten setzt Sie in eine Zwickmühle: Entscheiden Sie sich dafür, dem Wunsch der anderen nachzugeben, handeln Sie gegen Ihre Interessen. Beschließen Sie, Ihre eigenen Bedürfnisse in den Vordergrund zu stellen, quälen Sie sich mit Schuldgefühlen, weil Sie Ihr Gegenüber nicht wichtig genug genommen haben.

Aus dieser Zwickmühle kommen Sie nur heraus, indem Sie bewusst eine Entscheidung fällen. Dazu empfiehlt es sich, erst einmal Pro und Contra zu erwägen:

- Will ich mich wichtig nehmen?

Auf diese Weise gewinnen Sie Zeit, Kraft, Geld, Selbstachtung, Respekt. Der Preis dafür ist, dass Sie Schuldgefühle durchstehen müssen, Vorwürfe hören, weniger beliebt sind.

- Will ich es anderen recht machen?

Dann fühlen Sie sich als guter Mensch. Ihre Mitmenschen sind Ihnen dankbar, mögen Sie. Der Preis dafür ist, dass Sie sich überlastet und ausgenutzt fühlen, Dinge tun, zu denen Sie keine Lust haben.

Die Entscheidung fällt Ihnen gewiss leichter, wenn Sie die folgenden Überlegungen einbeziehen:

- Schuldgefühle sind nur ein Interessenskonflikt.

Machen Sie sich klar, dass Schuldgefühle nicht bedeuten, dass Sie ein schlechter Mensch sind. Sie sind lediglich Ausdruck Ihres inneren Konfliktes zwischen gelerntem und natürlichem Verhalten. Es ist Ihr gutes Recht, die eigenen Wünsche zu verfolgen.

- Funktionieren hat mit Liebe und Achtung nichts zu tun.

Überlegen Sie, wie viel Ihnen tatsächlich an Menschen liegt, die Sie bloß auf Grund Ihres Wohlverhaltens schätzen und lieben.

Gegen das schlechte Gewissen oder die Schuldgefühle hilft nur, sie einfach durchzustehen. Und nicht wieder umzufallen! Sie werden sehen, dass sie dadurch immer geringer werden. Vor allem, wenn Sie feststellen, dass die Welt nicht untergeht, obwohl Sie Nein gesagt haben. Im Gegenteil, manche schätzen Ihre Klarheit und Offenheit und bringen Ihnen mehr Respekt entgegen als vorher.

Auch wenn wir vielleicht nie das erreichen, was ein Buchtitel so locker ausdrückt: »Sage Nein ohne Skrupel«, so können wir es doch schaffen, überzeugt Nein zu sagen.

## So bekommen Sie heftige Gefühle in den Griff

Sich zu wehren geht selten ohne heftige Gefühle ab. Sie rauszulassen kann durchaus gut tun. Gewitter reinigen die Luft, ein offenes Wort wirkt häufig Wunder. Manchmal ist es auch sinnvoll, dem anderen zu zeigen, dass man verletzt ist.

Doch es gibt Situationen, in denen das unklug wäre. Mit Tränen im Job schaden Sie Ihrem Image, und ein Wutausbruch kann private Bindungen zerstören. Nur ist es leider nicht immer möglich, sich auf Knopfdruck zu beherrschen. Heftige Gefühle sind wie wilde Pferde. Ohne die richtige Behandlung gehen sie mit einem durch.

### Zehn Strategien, Haltung zu bewahren

Bevor Sie demnächst von Frust, Zorn oder Schmerz überwältigt werden, versuchen Sie es doch einmal mit den folgenden Tricks. Sie helfen Ihnen, sich in kritischen Situationen zu beherrschen.

1. Lenken Sie sich ab.

Gedanken und Gefühl sind eng miteinander verbunden – eine Tatsache, die Sie sich zunutze machen sollten. Sobald Sie merken, dass Ihre Emotionen zu stark werden, lenken Sie sich gezielt ab. Lösen Sie im Kopf komplizierte Rechenaufgaben, sagen Sie das ABC rückwärts oder malen Sie sich Ihren nächsten Urlaub aus. Indem Sie Ihren Geist intensiv beschäftigen, schwächen Sie Ihre Gefühle ab.

2. Setzen Sie sich in Szene.

Stellen Sie sich vor, die Situation sei nicht real, sondern nur eine Filmszene. Ihr brüllender Chef oder Ihr aufgebrachter Partner sind Schauspieler, die sich bemühen, ihren Part so echt wie möglich zu spielen, ebenso wie Sie selbst. Auf diese Weise gelingt es Ihnen, die Situation aus der Distanz zu betrachten. Vielleicht entdecken Sie darin sogar eine gewisse Komik und können mit Humor reagieren.

3. Engagieren Sie einen Ghostfighter.

Wenn Sie drauf und dran sind, die Fassung zu verlieren oder sich einwickeln zu lassen, denken Sie an jemanden, der solche Situationen gewöhnlich souverän meistert. Sei es Ihre taffe Freundin, eine coole Moderatorin oder die Unternehmerin des Jahres. Wie würde sich Ihr Vorbild jetzt verhalten? Nutzen Sie es als unsichtbaren Coach. Wenn Sie wollen, können Sie sogar in seine Rolle schlüpfen. Sie werden merken, wie viel Festigkeit Ihnen das verleiht.

4. Murmeln Sie ein Mantra.

Meist sind es stets dieselben Punkte, die zu Konflikten führen oder in denen Sie sich bei Auseinandersetzungen schwach fühlen. Entwickeln Sie einen Satz, der Sie in dem Fall besänftigt oder bestärkt. Wenn Sie z. B. schnell beleidigt sind, kann er lauten: »Ich nehme das nicht persönlich.« Wenn Sie leicht dazu neigen, aufzubrausen, ist »Keep cool« sinnvoll. Wenn Sie sich schnell abfertigen lassen, kann »Ich bin wichtig« helfen. Formulieren Sie so lange an Ihrem Satz, bis er maßgeschneidert zu Ihnen passt und Sie wirklich überzeugt. Nutzen Sie ihn im Ernstfall als Mantra, das Sie innerlich gebetsmühlenartig wiederholen. Sie werden sehen, dass dieser Gedanke Ihre Gefühle positiv beeinflusst.

5. Errichten Sie einen Schutzschild.

Wenn Sie mit bösartigen Menschen im Clinch liegen, ist es nicht nur wichtig, ihnen klar entgegenzutreten, sondern auch, sich emotional gegen sie zu schützen. Dazu können wir einiges von den Schamanen und Heilern der Naturvölker lernen. Keine Angst, Sie müssen nicht Nadeln in Voodoo-Püppchen stechen oder bei Vollmond Hühnerkrallen vergraben. Sie können Ihre Vorstellungskraft benutzen, um die Realität zu verändern:

Schließen Sie die Augen. Stellen Sie sich vor, dass Sie von einem Schutzschild umgeben sind. Warten Sie ab, in welcher

Form und welchem Material er vor Ihrem inneren Auge auftaucht. Vielleicht ist es eine Metallbox mit Sehschlitzen, die Sie rundherum absichert, vielleicht ein Schild in Brusthöhe aus Plexiglas – alles ist möglich. Sobald Sie Ihrem Widersacher begegnen, malen Sie sich aus, wie Sie von diesem Schild umgeben sind. Das ist keineswegs Hokuspokus. Unser Unterbewusstsein unterscheidet nicht zwischen Vorstellung und Wirklichkeit. Wenn Sie daran denken, in eine Zitrone zu beißen, läuft Ihnen genauso die Spucke im Mund zusammen, als ob Sie es tatsächlich tun. Nach diesem Prinzip kann Ihr unsichtbarer Schild Sie tatsächlich vor emotionalen Angriffen schützen.

Vielleicht gefällt Ihnen auch die esoterische Variante. Wie Sie sicher wissen, ist die Aura das magnetische Feld, das unseren Körper umgibt. Diese Aura gibt es tatsächlich, wie die Hochfrequenzfotografie, die so genannte Kirlian-Fotografie, bewiesen hat. Stellen Sie sich vor, dass Ihre Aura aus lilafarbenem Licht besteht. Esoteriker schwören darauf, dass diese lila Aura auf magische Art sämtliche Anfeindungen abprallen lässt.

6. Verwandeln Sie Ihre Gefühle in Action.

Starke Gefühle bedeuten Stress, und der lässt sich durch Bewegung verringern. In der aktuellen Situation sind meist nur kleine Handlungen möglich. Trotzdem sollten Sie auch die nutzen, um sich zu lockern. Öffnen Sie das Fenster, lassen Sie Ihren Kuli fallen und heben ihn auf, gehen Sie ein paar Schritte im Raum hin und her. Wenn Sie (wieder) allein sind, können Sie sich richtig auspowern. Joggen Sie, steigen Sie auf Ihr Mountainbike, putzen Sie die Fenster oder graben Sie das Gartenbeet um.

7. Machen Sie Bodybuilding.

Nicht nur mit dem Kopf, auch mit dem Körper lassen sich heftige Gefühle stoppen, ohne dass Ihr Gegenüber es wahrnimmt. Aufsteigende Tränen unterdrücken Sie, indem Sie Ihre Pobacken zusammenkneifen. Wenn Sie Ärger und Wut ableiten wollen, pressen Sie Ihre Oberarme eng an den Körper. Spannen Sie sie so fest an wie Sie können, und lassen Sie sie dann wieder locker. Bewusstes Atmen wirkt beruhigend. Zählen Sie beim Einatmen und beim Ausatmen jeweils bis vier.

8. Nehmen Sie eine Auszeit.

Sie fühlen sich verwirrt. Ihnen ist unklar, wie Sie am besten reagieren sollen. Sie merken, dass Ihnen die Tränen kommen oder langsam die kalte Wut hochkriecht. Hier ist Rückzug angesagt. Sie brauchen unbedingt ein paar Minuten, um sich zu fangen oder zu besinnen. Entschuldigen Sie sich, Sie müssten mal eben zur Toilette. Nutzen Sie die Zeit, um sich zu entspannen. Wenn möglich, öffnen Sie ein Fenster und atmen Sie tief durch. Oder schütteln Sie Ihre Arme und Beine wie eine Marionette an langen Fäden. Ordnen Sie Ihre Gedanken, indem Sie sich auf Ihr Ziel besinnen: Was wollen Sie erreichen? Und dann gehen Sie mit neuem Schwung zurück in die Höhle des Löwen. Notfalls vertagen Sie die Auseinandersetzung: »Ich möchte gerne in Ruhe darüber nachdenken. Deshalb schlage ich vor, dass wir uns morgen noch einmal treffen.«

9. Klopfen Sie die Matratze aus.

Daheim sind ein festes Kissen oder eine Matratze hervorragende Blitzableiter für heftige Gefühle. Allerdings sollten Sie dabei auf Publikum verzichten. Knien Sie sich vor Ihr Bett oder Sofa. Schwingen Sie die Arme wie Windmühlenflügel und schlagen Sie mit beiden Fäusten so kräftig wie möglich auf die Kissen. Atmen Sie dabei tief durch. Schimpfen Sie lauthals, was das Zeug hält.

10. Sagen Sie: »Schwamm drüber.«

Trotz sämtlicher guten Hilfsmittel für mehr Gelassenheit kommt es bei Gefühlen manchmal ähnlich wie beim Zünden einer Rakete zum »point of no return«, dem Augenblick, wo sich beim besten Willen nichts mehr stoppen lässt. Ihre Gefühle gehen mit Ihnen durch. In den meisten Fällen ist das jedoch weniger dramatisch, als Sie glauben. Auch nachträglich können Sie noch beweisen, dass Sie souverän sind. Sobald Sie sich wieder gefangen haben, erklären Sie ganz sachlich, warum Sie so extrem reagiert haben. Etwa weil Sie überarbeitet oder völlig überrascht waren, Kopfweh hatten oder ein Missverständnis vorlag. Entschuldigen Sie sich für Ihre heftige Reaktion, nicht für Ihr Gefühl! Und dann vergessen Sie Ihren emotionalen Fehltritt. Umso schneller tun es auch die anderen.

## Wehren Sie sich flexibel

Sie wissen nun, wie Sie sich in den unterschiedlichsten Situationen selbstsicher verteidigen können. Wie jede Kunst verlangt auch diese konsequentes Üben. Lesen Sie immer wieder einmal nach, wie es funktioniert, damit Ihnen die Methoden in Fleisch und Blut übergehen. Und vor allem: Nutzen Sie sie flexibel. Wie es die Fabel vom Schilfrohr und dem Eichensprössling lehrt:

Eine junge Eiche tat sich viel darauf zugute, dass sie gerade und fest stand. Mit Verachtung sah sie auf das Schilfrohr am nahe gelegenen Ufer herab, das sich im Wind bog. Eines Tages fegte ein Sturm übers Land. Das Schilfrohr bog sich, die junge Eiche hielt starr dagegen. Als der Sturm sich schließlich legte, war die Eiche entwurzelt, das Schilfrohr aber hatte keinen Schaden genommen.

Am besten halten Sie es wie O Sensei, der Begründer des Aikido: Ein Schüler fragte ihn: »Meister, Sie verlieren beim Kampf nie die Balance. Was ist Ihr Geheimnis?« »Du irrst dich«, antwortete O Sensei. »Ich verliere ständig die Balance. Die Kunst besteht darin, sie immer wieder zurückzugewinnen.«

## Jetzt sind Sie dran!

Man kann schließlich nicht immer nur am Schreibtisch sitzen und schreiben. Gestern Abend war ich also auf einer Party. Eine Bekannte fragte mich interessiert, was ich denn gerade so mache. Kaum hatte ich den Titel dieses Buches genannt, da fiel sie mir schon ins Wort: »Selbstsicherheit kann man doch gar nicht lernen, die hat man oder man hat sie nicht.« Und dann haben wir heftig diskutiert. Obwohl sonst ein kompromissbereiter Mensch, gebe ich in diesem Punkt keinen Zoll breit nach. Weil ich ganz sicher bin, dass Selbstsicherheit lernbar ist. Nicht als äußerliche Fassade, sondern indem wir unseren inneren Wert wieder entdecken und das dazu passende Verhalten entwickeln. Dazu habe ich bei zu vielen Frauen erlebt, dass es funktioniert. Am Ende rauschte meine Gesprächspartnerin mit ihrem Sektglas in der Hand ab.

Macht nichts. Viel wichtiger ist mir, ob ich Sie überzeugen konnte. Wir haben schließlich nicht nur ein paar Worte miteinander gewechselt, sondern sind zusammen durch sämtliche Gebiete der Selbstsicherheit gegangen. Ich weiß wohl, dass ich es Ihnen und mir dabei nicht leicht gemacht habe. Sie mussten sich mit psychologischem Wissen auseinander setzen und sich intensiv mit sich selbst beschäftigen. Dabei wäre es so einfach gewesen, nur ein paar verblüffende Techniken zu einem gefälligen Ratgeber zusammenzustellen, mit dem blumigen Versprechen: »So werden Sie selbstsicher.« Aber das entspricht mir nicht. Und Ihnen auch nicht. Sie sind es wert, etwas Besonderes zu bekommen, das wirklich hilft. Wenn Sie es umsetzen.

Und damit sind Sie dran! Verwandeln Sie Ihr Denken Schritt für Schritt. Verinnerlichen Sie die Techniken und wenden Sie sie konsequent an. Lassen Sie sich nicht entmutigen, wenn es mal nicht gleich klappt. Üben Sie täglich. Ich garantiere Ihnen, dass man Sie nicht nur auf einer Party ansprechen wird: »Sie wirken so selbstsicher. Kann man das lernen?« Dann sagen Sie bitte: »Ja!«

# Dank

Ich bin sicher, dass jetzt einige Leute runde Augen machen. Weil sie wissen, dass ich mich lieber persönlich bedanke. Aber nun soll es auch mal in aller Öffentlichkeit gesagt werden:

Lieber Rolf, lieber Felix, ich danke euch von Herzen für euer Verständnis und für eure Unterstützung. Ihr habt euch nie beklagt, wenn ich monatelang zum Schreiben abgetaucht bin oder unterwegs war, um mein Wissen mündlich weiterzugeben. Das macht es mir leicht. Und ich verspreche euch, beim nächsten Eishockey-Spiel des ASV feuere ich wieder mit an! Alles wird gut.

Mein Dank geht auch an das Team vom Krüger Verlag und vom S. Fischer Verlag, besonders an Karin Herber-Schlapp, Ute Schöttler und Solvejg Wilhelm. Als Autorin fühle ich mich bei ihnen in den besten Händen. Meinen Büchern geht es ebenso.

Last but not least danke ich allen Frauen und Männern, mit denen ich in Seminaren arbeiten durfte und die sich von meinen Vorträgen für ihr berufliches und privates Leben inspirieren ließen. Wir sind auf demselben Weg, und ich wünsche uns, dass wir unser Ziel glücklich erreichen.

# Anmerkungen

1 »Die neuen Seiten der Dorothea Schües«, Hamburger Abendblatt, 20. 6. 2001

2 Weibliche Selbstsicherheit. Ergebnisse einer Repräsentativumfrage von 20- bis 49-jährigen Frauen im Oktober 2000, durchgeführt vom Institut für Demoskopie Allensbach für die Damen-Hygienemarke Always (Procter & Gamble). Auf der Basis dieser Studie wurde das »Always Selbst & Sicher Programm«, eine Seminarreihe für mehr weibliche Selbstsicherheit, in vielen Städten der Bundesrepublik durchgeführt.

3 »Stichworte für Amelie Fried«, Bücherjournal Heyne Aktuell, 7/8 2001, S. 11

4 Brockhaus Enzyklopädie, 19. Auflage, Mannheim 1993, S. 100

5 Dorschs Psychologisches Wörterbuch, 9. Auflage, 1976, S. 778

6 Vogue Business, 3/2001, S. 66

7 Boris Cyrulnik, Die Kraft, die im Unglück liegt, München 2001, S. 123

8 Friedemann Schulz von Thun, Miteinander reden 3, Reinbek 2002, S. 16

9 Karlheinz A. Geißler, Anfangssituationen, Weinheim/Basel 1994, S. 28

10 H. Th. Hamblin, In dir ist die Kraft, Freiburg 1977, S. 53 f.

11 Anne Morrow Lindbergh, Muscheln in meiner Hand, München 1955, S. 27

12 Leonard Pearson, Lillian R. Pearson, Psycho Diät, München 1994

13 Raymond Hull, Alles ist erreichbar, Reinbek 2002
14 Charles Foster, So entscheide ich richtig, Bern/München/Wien 2001, S. 10
15 Sabrina Fox, Die Sehnsucht unserer Seele, München 1999, S. 359
16 Phyllis Mindell, Starke Frauen sagen, was sie wollen, München 2000, S. 19
17 ebd., S. 47
18 ebd., S. 104
19 Wenn Dialogfähigkeit zur Überlebensfrage wird, Report Psychologie 10, Fachzeitschrift des BDP, 26. Jahrgang, 2001, S. 602
20 Siehe auch: Brigitte, 5/2000, S. 154 ff. Fachliche Beratung: Atem-, Sprech- und Stimmlehrerin Susanne Gauerke, Hamburg. Hinweis: Einige Trainings-Passagen in diesem Buch habe ich als beratende Psychologin der Zeitschrift bereits dort veröffentlicht.
21 Isolde Burtscher, Dress for Success, Annabelle business, 1/2001
22 Uschi Fellner, Die Geheimnisse der Klassefrauen, München 1996, S. 46
23 Harriet Rubin, Machiavelli für Frauen, Frankfurt a. M. 1998, S. 148
24 Ariane Sommer, Die Benimm-Bibel, Berlin 2001, S. 15
25 Kate White, Brave Mädchen bringen's nicht, München 1995, S. 38
26 Gail Evans, Business Games, Frankfurt a. M. 2001, S. 65
27 Maria Shriver, Wenn ich das vorher gewusst hätte …, Landsberg am Lech, 2000, S. 11
28 Stephen R. Covey, Die sieben Wege zur Effektivität, Frankfurt a. M. 1992, S. 188

Bitte blättern Sie um

Eva Wlodarek

**Spielregeln des Lebens für mehr Glück und Erfolg**

224 Seiten. Gebunden

Sind Sie rundum zufrieden mit Ihrem Leben? Sind Sie glücklich? Wenn Sie das Gefühl haben, immer wieder an Grenzen zu stoßen und nicht richtig weiterzukommen, sich mit Problemen quälen und unter Stress und Enttäuschungen leiden, dann sollten Sie sich mit den Spielregeln des Lebens befassen. Eva Wlodarek hat die Anleitung dazu geschrieben. Mit sieben elementaren Spielregeln, die für jeden gelten, bietet sie ein hervorragendes Handwerkszeug, das eigene Leben erfolgreich zu gestalten. Ihr Leben wird sich positiv verändern. Sie werden weiter kommen, als Sie es sich je erträumt haben, und glücklicher und erfolgreicher sein als je zuvor.

Krüger Verlag

Eva Wlodarek

**Jetzt geh ich's an**
**Besseren Kontakt zu sich und anderen finden**

Band 15066

Einsamkeit ist kein Schicksal, sondern eine Herausforderung, besseren Kontakt zu sich selbst und anderen zu finden. Eva Wlodarek zeigt in diesem Buch, wie sich das Leben nach den eigenen Wünschen und Bedürfnissen gestalten lässt.

Fischer Taschenbuch Verlag